陈绛口述历史

陈绛口述　郭志坤撰稿

ORAL HISTORY

上海市文史研究馆
口述历史丛书

上海书店出版社
SHANGHAI BOOKSTORE PUBLISHING HOUSE

陈绛

陈绛，著名历史学家、复旦大学历史系教授、上海市经济史学会原会长、上海市文史研究馆馆员。本书为其自述治学阅世的人生经历，除了将追述家世门风、缅怀先辈亲人的若干篇什集中安排在稿尾外，基本上依照垂髫到皓首的时间顺序展开内容，从三坊七巷到庭训诗教，从负笈“稷下”到求学“约大”，从亲历三反五反到目击潘扬冤案，从总结对资改造到“文革”投荒呼玛，直至拨乱反正后重返复旦，作师育才，治学著述，出国交流，在中国近代史、经济史研究和相关文献史料整理等多个领域，取得丰硕研究成果，以及追述家世门风、缅怀先辈亲人，莫不层次清楚，条理连贯，娓娓道来，时见深邃睿智的学术光采闪烁。

编撰说明

上海市文史研究馆成立于1953年6月，首任馆长张元济先生由毛泽东主席提名，时任上海市市长陈毅亲聘。建馆六十余年来，上海市文史研究馆由历任市长共延聘近1 200名馆员。馆员专业遍及文化历史、金石书画、新闻出版、教育学术、戏剧电影、传统医学、传统体育等多个领域，多以深邃造诣、杰出成就和一定的社会影响，成为专业翘楚乃至具有代表性的知名之士。他们在人生和事业道路上所经历蕴积的波澜起伏、经验见识和丰富阅历，是具有多重价值的宝贵的人文历史资源。

为了充分发掘文史馆馆员群体所特有的珍贵而丰厚的人文历史资源，保存历史记忆，记录时代风云，推动口述历史研究工作，上海市文史研究馆于2013年7月正式成立上海市文史研究馆口述历史研究中心。著名历史学家、上海市文史研究馆馆员姜义华和熊月之先生联袂担任中心主任。中心成立后，即聘请沪上学有专长的十位文史学者担任特聘研究员，启动上海市文史研究馆口述历史丛书（以下简称丛书）编撰项目。为了保证丛书的整体质量，在广泛征求各方面意见后，确定以下编撰原则：

一、丛书主要以上海市文史研究馆馆员、同时适当选取符合要求的馆外人士为访谈对象（即口述者）。

二、丛书恪守口述历史征集途径和开展过程的规范性。凡列选书目，概由口述历史研究中心先根据相关原则选取访谈对象。征得同意后，由口述历史研究中心约聘的撰稿人拟定采访提纲，经中心审议和口述者认同后付诸实施。访谈结束后，由撰稿人在文字笔录对比录音、影像的基础上整理成文，最终由口述者本人修订定稿。

三、丛书注重口述历史区别于一般“自传”或“回忆录”的独特性。访谈范围涉及口述者家世、经历、事业、交往、见闻等多个方面，尤其重视本人在场或参与之所历、所见、所闻、所传、所思，具有历史价值却缺乏文字资料的内容。

四、丛书本着客观的态度保存口述者的记忆。由于认识水平和记忆偏差，其内容可能与事实有出入。撰稿人应对口述中出现的人、地、物名及时、空、事件等进行必要的核对，尽量减少常识性错误，必要时可加以注释论证，亦可视具体情况在正文后面附录口述者活动年表等相关资料。

五、丛书在整理成稿并交付出版时，除了部分内容因涉及敏感暂不公开，或不得已而有所技术处理外，应努力保持资料原貌，切忌依据主观价值标准任意删除或更改，以此体现对口述者、对口述历史的尊重，同时也给口述资料的使用者保留可供继续解读和分析考证的空间。

六、丛书按照以图辅文、以图证史的原则向口述者征集和选用图片，包括照片、书信、手稿、字画、实物摄影等各种形式的图像资料，基本要求是：图片题材应该与口述内容直接关联，图片质量应该达到刊用水准，图片说明应该以新闻报道原则来撰述，时间、地点、人物、主题，基本齐全。

我们热忱希望丛书的编撰出版能拓展史料搜集的范围，能丰富读者对历史的认知，也衷心希望大家对我们编撰工作中存在的疏漏或差错，不吝批评指正，以利于口述历史的健康发展。

上海市文史研究馆

2015年6月

目　录

引　语

2008年，我八十初度，写了回忆往事的文章，题名《八十记愧》，后收入上海市文史研究馆《馆员传略》，编辑将全书各篇篇名一律作某某《自传》。流光易逝，不觉又过了五年。回想垂髫之年，备受父母宠爱、兄姐呵护；而幼小的我不觉珍贵，不知感恩；入学之后，又逢乱世，只知读书，不问世事，没有追随同学先进献身报国救世的宏志和勇气；及至进入研究所，见到当代一些学者专心致志，心无旁骛，钻研一科，皓首穷经，终成大师；反观自己，随波逐流，及今老矣，碌碌无为。清人沈复《浮生六记》记乐、记趣、记愁、记快、记历、记道；于我则唯有记愧而已。上海市文史研究馆有口述历史丛书之举，我忝列其中首批，请上海人民出版社原总编辑、同馆郭志坤先生整理，郭先生数十次驾临寒舍访谈，启发之余，复加笔录，是又增我一愧。

陈　绛

2014年夏于虹桥疗养院

一、我的“被生日”和母亲的诗教

我1929年出生在福建福州城内三坊七巷之一郎官巷。居民身份证和户口簿记载出生月日为3月27日，换算成农历为民国己巳年二月十七日，实际上是农历二月十八日，因小时母亲曾对我说，生我后一天便是观音菩萨生日。上学前年幼无知，上学后，知道同学都有个生日快乐的活动，于是我问母亲，母亲说：“观音生日前一天就是你的生日。”那观音菩萨生日在哪一天？母亲说，观世音菩萨有三个生日。一是农历二月十九，二是农历六月十九，三是农历九月十九。观音菩萨为什么有三个生日呢？母亲虽然不是佛教徒，但她和中国许多家庭妇女深受佛教的影响一样，她对有关佛教的常识也有所了解，于是她给我解释：

农历二月十九是为人的生日，这叫诞辰。这天她成了三公主；

农历六月十九是观世音菩萨证得果位，真正“成道”的日子；

农历九月十九是观世音菩萨出家的日子。

一般说来在观音生日那一天，善男信女会结伴到观音殿去烧香，顶礼膜拜。那年已是四十三岁的母亲，算是高龄产妇，那年正月元宵节过后，一直肚疼，像是处于临产前夕，她“茹素”即忌荤食素。在观音像前摆起供品，烧香礼拜。那天是农历二月十七。第二天母亲顺产，生下了我。

观音诞辰是二月十九，换算公历，应为3月28日。二十世纪五十年代初户口登记时，户籍部门农历换算公历时，错了一天，这样，我便“被生日”在3月27日。那时我还未涉足中国近代史研究，没有《近世中西史日对照表》之类的工具书，没有核对。不论后来的出国护照，还是社会保障卡，都根据户籍所载“3月27日”，更改手续麻烦，便因错就错，延误至今。

母亲生我之前，已生八个哥哥、七个姐姐（不包括夭殇），所以家中人都叫我“依九”。

绛地在山西，父亲曾给我取字“晋卿”，我觉得官气太重，不喜欢，于是父亲又给我改了字号，因为祖父宝瑄字“墨樵”，说你是墨樵的孙子，可以取字“墨孙”。唐韩愈《毛颖传》：“颖与绛人陈玄、弘农陶泓及会稽褚先生友善，相推致，其出处必偕。”陈玄是墨的别称，绛为春秋晋地，为晋国都。绛老本指春秋晋国绛县的老人，后泛指高寿的老年人。所以我觉得名“绛”字“墨孙”，很有意思，我的几个堂兄，如“岱孙”、“矩孙”、“甲孙”，也多以“孙”取字。后来有时又曾用它的谐音“默荪”作为笔名。用父亲祖辈的名字作字号，并非没有先例，比如晚清名臣、船政大臣沈葆桢的父亲名丹林，自己字幼丹，下代依次名丹孙、丹曾、丹元、丹来、丹昆……不过，沈家是长房取名。父亲说我们这个“墨”字就传给幼子吧，给我取字墨孙，我的幼子出生时父亲为他取名“传”，我便给他的字号为“墨曾”。

大约三四岁，母亲便教我唐诗，不是认字，只是朗诵，我睡在母亲的旁边，她读一句，我跟一句，便渐渐琅琅上口。她选的都是一些浅显易懂的绝句，如：

> 床前明月光，疑是地上霜。（李白《静夜思》）
> 北斗七星高，哥舒夜带刀。（西鄙人《哥舒歌》）
> ……

至于那些“斗大黄金印，天高白玉堂，不读万卷书，安得见君王”，“书中自有黄金屋，书中自有颜如玉”之类表现热衷功名的劝学励志诗，她从来没有用来教过我，母亲对这些诗词很熟悉，小时就已经背得烂熟，用不着教材；也许对我前面的兄姐都是这样教育的，用不着备课，即时即景而朗诵。

说到山就朗诵：

白日依山尽，黄河入海流。
欲穷千里目，更上一层楼。（王之涣《登鹳雀楼》）

说到鸟就朗诵：

千山鸟飞绝，万径人踪灭。
孤舟蓑笠翁，独钓寒江雪。（柳宗元《江雪》）

说到太阳下山就朗诵：

向晚意不适，驱车登古原。
夕阳无限好，只是近黄昏。（李商隐《登乐游原》）

说到草就朗诵：

离离原上草，一岁一枯荣。
野火烧不尽。春风吹又生。（白居易《草》）

这是母亲对我的诗教。母亲还常常对我讲"孟母三迁"、"王祥卧冰"之类的故事。她买了一盒"字片"，教我看图识字，这是我接触汉字的开始；她拿出父亲从日本带回来的八音钟、木琴给我玩，八音钟主要部分由滚筒和簧片两个部分组成。其原理是发条带动表面有小凸起的滚筒转动，当凸起经过簧片时会拨动簧片，先将其慢慢抬起，然后突然放下，使簧片震动发出声音，只能奏一个调子。小时好奇，八音钟，是让我接触音乐的开始。上学后，母亲又给我买了口琴和中山琴，培养我对音乐的兴趣。口琴是德国著名乐器厂“和来”制造的名牌“真善美”，中山琴是五弦弹拨的简单乐器，日本大正年间创制，又叫“大正琴”。二十世纪二十年代刚由日本传入中国不久，它们都陪我度过快乐的童年和少年时代。

我的母亲名叫吴珠端，报户口时父亲不让她的闺名示人，改作吴泰，光绪十三年丁亥九月初一（1887年10月17日）生，1956年农历十二月初七（1956年1月19日）卒。吴家也是福州望族。围棋国手吴清源是她的堂弟，根据吴清源自述，吴家“祖上几代是经营盐业的世家”，“吴府作为家境充裕的世家，与陈府、林府（林则徐）、沈府（沈葆桢），并称为福州名门四家。”（《以文会友——吴清源回忆录》，《围棋春秋》编辑部编辑出版，1985年，第2页）外祖父吴祖栋，字翼岩，曾任光禄寺署正，有一子一女，在我的舅父吴涛（字陶庵）出生后不久便去世，母亲姐弟的童年都是跟随他们的祖父吴维允（字仲翔）在广东度过的。吴维允是咸丰乙卯科（1855）亚元，曾由他的内兄、时任福建船政大臣沈葆桢荐为船政文案、提调，后来由直隶总督李鸿章奏调天津水陆师学堂总办，由两广总督张之洞奏委广东水陆师学堂总办，约在光绪二十五年（1899）殁于广州官邸，母亲姐弟两人幼年丧父，由人从广东领回福州，那时她大约只有十二三岁。她寄养在她的叔父吴继篯的家中，我叫他“十四叔公”，福州鼓山有镌刻他书写的对联。吴家的半野轩是福州的名园。吴维允，陈家和吴家的家谱都记载他曾任广东肇州、阳春、罗定道，署广东按察使。我在《清代职官表》广东按察使中并没有找到他的名字。不过，母亲曾经对我谈起，她少女时，曾经躲在衙门公堂门后看她的祖父坐堂审案，听到拍击惊堂木和衙役吆喝声，觉得十分可怕；可见他的确当过按察使之类的官。母亲还说，她的祖父书案上笔筒里养着墨猴，平时躲在笔筒里，主人字写好后，轻轻叩几下笔筒，墨猴便跳出来，吮吸砚池上的剩墨，吮干墨汁，又跳回笔筒里。我听着觉得很新奇，始终半信半疑。我在《辞海》中没有查到此物，后来读到鲁迅的《朝花夕拾》提到它，不过鲁迅也是“听父亲说过的”。从百度网上一查，果有此物，产于两广，看来母亲所说并非虚语。维允公爱书，家中藏书放在几十只樟木书箱里，上面刻着“餐石草堂藏书”、“滋九山房藏书”等。《古今图书集成》、《全上古秦汉三国六朝文》、《船山遗书》、《曾文正公全集》以及《广东通志》、同文书局《二十四史》等大部头的书，他都特别制作书箱单独贮藏。所有的书他都请人重新装订，统一用褐色的封面和封底，中间夹着一张“红丹纸”（又称“万年红”）。红丹纸据说是清代中期广东南海民间工匠发明，竹纸涂上橘红色的涂料，防止蠹鱼侵蚀的效果十分好。这种涂料《天工开物》有记载，我记得多年前《文物》杂志上曾有专文介绍过它的配料。每函书籍都配上樟木的夹板。母亲嫁到陈家后，这许多图书也随她来到陈家。父亲生前交给我一部《前四史》，分装三只小书箱，书上天头行间有维允公圈点和蝇头小楷手迹。二十世纪六十年代初父亲去世后，书半卖半送给福建省图书馆，作为丧葬费用，书箱则分给各房诸侄，作为纪念，我保存“餐石草堂藏书”十只，每个书箱上面分别镌刻欧体“东壁图书府，西园翰墨林”十个字。母亲没有姐妹，胞弟吴涛的岳父黄培松，福建龙泉人，是清末光绪六年（1880）武状元，授正三品，头等侍卫，北洋政府福建省护军使、将军府将军——培威将军，加上将衔。舅母衣着馔食都十分讲究，和母亲节俭自奉完全两样。母亲不但仁爱宽厚，待人和蔼，现在回想，她还是非常能干，父亲基本上不问家事，所有家事都由母亲张罗。十几个子女个个培养成人，女佣男仆安排妥帖，都对她心悦诚服。也许她从小失去父慈母爱，养成了独立坚强的性格。五十多岁的缠脚妇女，为了幼子就学，毅然离家伴读，没有很大的勇气，是很难做到的。离开螺洲老家，迁居城内，我估计主要是她怂恿父亲做出的决定。钱庄破产后，家中经济不但不宽裕，而且还十分拮据，她尽心筹措，摆脱了困境。后文还会谈到，是她勇敢地挺身而出，保住了我们现在三坊七巷的老屋，表现出很大的勇气。

前几年《福州晚报》有篇《记录圆明园被掠家书显身榕城》的报道，附刊母亲伯祖父吴维肃（伯敬）的家书，其中提到“弼夫素有气谊，肯为人做事”。弼夫就是我的高祖陈景亮字，我后来在《赵凤昌藏札》（赵凤昌、赵尊岳父子收藏、整理、装帧的书札集册，共计一百零九册）中读到陈宝琛给张之洞的信以及他和张佩纶通信中都提到吴维允。《明清进士题名录》记载吴伯敬和我的曾祖父陈承裘还是清咸丰壬子（1852）恩科同榜进士。从中可知陈、吴两家原是世交，并不是到我父母亲这一代才结为姻亲。

人们常说，母亲是第一个老师，就我自己体会而言，的确如此。小的时候很多事情印象都很模糊，有一件事却记得很清楚。我的六哥陈纯（致一）、七哥陈绮（与黄）当时都在福州著名的教会学校鹤龄英华中学读书，养了很多鸽子，在家里后厅天井搭了鸽子棚，每天都下鸽子蛋。有一次，我大约四五岁，为了追逐鸽子，摔了一跤，额头碰在石阶上，划出一道裂口，流了许多血。父亲便请来木匠在家中所有石阶边都用木条加上护框，免得我再次跌倒头破血流。母亲听人家说用母鸡刚生下来尚有余温的鸡蛋揉搓伤口，不致留下明显的疤痕，便特地买了两只母鸡养起来生蛋，每天在伤口上揉搓。伤好后额上留下一横伤痕，哥哥姐姐都取笑我头上有个"一"字。八十多年过去了，这个"一"字伤痕和老年额上的皱纹混在一起，已经辨别不清了，但是父母的慈爱却永远留在我的心中，追思慈恩，倍感温馨。

我开始进学校，是在抗日战争开始前后，时局动乱，因此我读的小学前后换了几个。第一次入学是进入福建省立师范学校附属第二小学。第一次离家上学，胆小特别害怕，由保姆送我到学校，保姆站在课室窗外等候，我老是向窗外张望，生怕她走了。每天放学保姆带我回家。回家后，没有什么功课要做，可母亲特地给我布置作业，还请了二姐佩琨、三姐佩瑛在福建省立师范学校的同学、也是我在附二小学的班主任（当时叫级任老师）廖淑晖来家里任教，复习当天的功课，预习下一节的课，时间都在我放学后。老师来时，已是傍晚了。母亲总是端出"鼎边糊"、"小长春"之类精致的福州小吃，她自己制作的，老师客气不肯享用。母亲说，这是点心，点点心意。有次母亲端上一盘福橘，这是福州名果，鲜红美观，甘甜可口。我挑来挑去挑了一只大的福橘给老师。老师赞道说："古有孔融让梨，今有陈绛让橘。"我开始不明其意，老师又对我讲起孔融的故事，这么一说，我就记起《三字经》"融四岁，能让梨"的句子，老师问我："这个故事，教育我们什么道理？”我回答说：“孔融让梨的故事教育我们应该懂得谦让友爱。”老师进一步问我：“那陈绛让橘说明什么？”我迟疑了一下，回答说：“这说明应该尊敬老师。”我母亲坐在旁边听了我的回答很高兴。于是母亲又给我上了一堂尊师课。母亲常常说，对老师一定要尊重，要厚待老师，老师肯尽心教好孩子，这是千金都换不来的。

廖老师除了帮我复习学校的功课，还教我国语拼音和查阅王云五“四角号码”，叫我背口诀：“横一垂二三点捺，叉四插五方块六，七角八八九是小，点下有横变零头。”这使我终身受用不尽。我福州口音重，普通话发音不标准，有些字查《新华字典》和《现代汉语词典》，很不方便，这时就要靠《四角号码字典》。

在廖老师的建议下，母亲为我订阅商务印书馆出版的《儿童时代》和中华书局出版的《小朋友》期刊，由此，我常常按期热切地等候期刊从上海寄到福州。廖老师和我之间建立了很深的感情，后来她去湖南结婚，行前同我在校内拍了照片留念，并且选购了当时福州罕见的花色绒线，亲手编结了一件背心送给我，我一直保存到结婚以后。

到小学四年级，我转学到福建师范学校附属第一小学，为什么转学，我已不记得了，可能是三哥陈经（叔常）出嗣四伯祖父宝琦一房，继承了福州名园“蒙泉山馆”，它和附一小学都在乌石山麓的白水井，中午便在三哥家用餐，餐厅是在倚山的楼上。蒙泉山馆是清朝康熙年间拓建，有围墙圈入山脚一块坡地，树木葱郁，乱草丛生，一口山泉，水声淙淙，上面浮着绿萍，我和俱侄放学后就在山坡戏玩，捉虫斗草。所谓“斗草”的草，可能是有韧性的酢浆草，两人各摘一根，剥去外皮，留下草心，互相缠绕然后相拔，断者败，不断为胜，是孩童时常玩的一种游戏。山馆有四棵高大的荔枝树，夏天荔枝成熟时，可以品啖落下的新鲜荔枝。俱侄晚年写有回忆家中采摘荔枝的散文，清新可读。屋后面山，有一所楼房，悬挂“蒙泉山馆”四字行草横匾，据说是清康熙朝进士、书法家谢曦（福州人）题署。通往后山的过道楼房夏天十分阴凉，我们常常赤膊躺在竹席上乘凉，乱翻旧刊杂书，二十世纪二三十年代著名的海上画家王西神、郑午昌等的名字和作品，我们都是从三哥从上海、北平订阅的吴湖帆主编《湖社》、故宫博物院出版《故宫周刊》（刊名是易培基题署，我们暗笑他的书法，还不如我们，却不知那叫“孩童体”）等这些期刊上第一次看到的。叔常三哥精于金石篆刻，福建人民出版社曾出版他的篆刻集，他的挚友，著名篆刻家、画家陈子奋（意芗，福州市美协主席、省美协副主席）曾长期借住在蒙泉山馆，三哥曾经邀集福州书画家来家作画，除了陈子奋，还有他的弟弟陈易新，以及吴适（任之）、张锵（凌波）、张琴（治如）、林节（坚木）、潘主兰等。陈子奋和吴适、张锵都在1953年初福建省文史馆初建时第一批受聘为馆员。

在附一和附二，后来的高中和大学，我几乎都和三哥的儿子陈俱同校同学，一直到1949年他南下。虽然他大我几个月，至今仍叫我“九叔”，但论辈分是叔侄，我们一直是十分亲密的同学和挚友。1938年六一儿童节，附小出版一本同学作品的小书《救亡文艺》，收入我的两篇日记，题目是《可怕的霍乱》和《运动会到了》，一首题为《杀敌》诗，还有一封劝同学节约糖果费支援国家抗日的信，这都是廖淑晖老师帮助修改的，这是我的幼稚的“作品”第一次用铅字排印在白纸上。1940年7月，我在闽侯县立圣庙中心学校毕业，随后考取了福州格致中学初中。这时抗日战争已经爆发三年了。

我自幼生性好静不好动，和同学的联系不多。也许受家族“慎独为尚”的影响，亲密交往的同学并不多，小学同学，现在记得起的只有一人，至今仍保持联系的也只有一人。记得起的一人就是王文富，因他住在塔巷，和我家很近，常有往来。他一家只有三人，父亲是机关职员，母亲文雅淑静，操持家务。他本人也很文静，放学后不是他来我家，便是我去他家，双方父母对我们都很喜欢。他的姑母叫王真，是与林纾合译《茶花女遗事》的王寿昌（晓斋主人）的女儿、近代诗人陈衍的弟子，福州有名的女画家。我曾请王文富向她求画，她给了一面画金鱼的团扇，没有落款，拿回家给父亲看，父亲一眼就看出不是王真亲自画的，不然为何不落款呢？父亲笑了笑说:“大概是叫她的学生画的吧!”我想想也许是这样,一个画家怎么会随便给一个不懂事的小孩子画画呢。因此我也就不珍视这幅金鱼团扇,后来不知道扔到哪里去了。抗日战争胜利台湾光复不久,王文富全家到台湾去,行前他拿出一本纪念册请父亲题词。题词所传达的是对人、物或事的积极肯定的态度,应该做到:文字简短充实,语言严谨有力。于是,我父亲写了“多闻以为富”,这是治学之道一句名言,语出于《礼记》。父亲笑着对我说,我把他的名字“文富”改成“闻富”了。他去台湾后,从此没有联系,音讯全无。我却常常怀念这童年纯真的友谊。日后我总把“多闻以为富”六个字勉励自己。想起这六个字,就想到王文富。两岸恢复来往后,我真想在台湾报纸刊登寻人广告,希望有一天会有奇迹出现。

至今仍保持联系的幼时同学是时在美国贝克莱加州大学东亚图书馆工作的张伯渊。我们恢复联系完全出于偶然。1984年我结束在哈佛大学的访问后,应伯克莱加州大学中国研究中心的邀请,前往作三个月的学术访问。一天上午,我做了中国关于洋务运动研究新进展的报告后,我的表兄、在伯克莱附近的加大戴维斯分校刘广京教授邀请我和几位出席报告会的同行学者在一家中国餐馆午餐,席间张伯渊问我:“陈俱你认识吗?”我说:“是我的侄子,也是我从小学到大学的同班同学。”张伯渊十分兴奋地说:“那就对了,你我是小学的同学。”原来他听我报告时,对我的名字有些印象,但是不敢肯定,不便冒昧问,于是兜了圈子问。我在加大一个月,常在东亚图书馆看书,他在图书馆中文部工作,两人常常利用上午十时、下午三时左右休息时间叙谈,有时他邀我到校内茶座小坐,喝咖啡,谈往事,他说,人到老了,越是近事越容易忘,越是远事越记得清楚,特别是小学老师对我们的谆谆教育。他也认为为人之道是小学阶段学会的。我们最后概括为一句话“师道无价”。

二、父亲淡泊名利的“身教”

1940年7月，我在闽侯县立圣庙中心学校毕业，随后考取了福州格致中学初中。父母对我小时的教育算是严格的，不过，父亲不太管我的学校功课。他生于光绪十二年丙戌四月初三(1886年5月6日)，1962年11月30日(农历十一月初四)去世，享年七十七岁。名懋丰，字来章，谱名泽穰。他考取清末最后一科秀才，科举制度便告废除，大伯祖父陈宝琛对他说：“你赶上关城门了。”“关城门”也就是今天人们所说的“末班车”。我推测他是因为陈宝琛的关系，在新设不久的度支部当郎中，一个低级的官员。度支部是清代掌管财政事务的机构。清代原由户部理财，光绪三十二年(1906)，改组部院各衙门，将户部更名为度支部，原掌管的民政事务划归新设的民政部，主管官为度支部大臣，另有左、右侍郎和左右丞、左右参议；下设承政、参议二厅及田赋、漕仓、税课、莞榷、通阜、库藏、廉俸、军饷、制用、会计等十司与金银库。当时(1907—1911)度支部大臣是载泽(逊敏斋)，陈宝琛著名的《落花诗》便是和他的原韵而作。父亲在陈宝琛的推荐下，进了度支部，在会计司行走，时年二十五岁。不久便去日本留学。

十九世纪末、二十世纪初中国青年掀起赴日留学的潮流，父亲和舅父吴涛(陶庵)一同去日本。父亲入日本大学(简称“日大”)，这是日本一所著名的大学，不论学生还是教授人数，都居于日本各大学的前列。前几年我托日本大学中国近代史著名学者小岛淑男教授查阅该校档案，承他告诉我，父亲是大正三年(1914)在该校商科毕业。回国后，他见到清王朝已被推翻，便居家不出。他不谋功利，淡泊仕途，随遇而安，终其一生不再担任过一官半职。我的曾祖父光禄公(陈承裘)在咸丰壬子年(1852)

考中进士以后，没有利用他的祖父尚书公（陈若霖）湖广、四川总督、工部、刑部尚书和他父亲布政公（陈景亮）山东按察使、云南布政使的官场人脉关系，而是不慕仕进，请假回乡侍亲。父亲是否多少因袭了这个遗传因子呢？不得而知。

家中生计，最初主要靠钱庄的赢利。钱庄名为“慎昌”，开设在福州城内南街郎官巷口，在南台中亭街有分号，父亲作为东家，自己并不具体经管，他也不善经营，全靠管事（一个管事名叫张子良），大约在1928年初一次挤兑风潮（福州话叫“滚票”）中收盘，只得将田产和从塔巷至郎官巷三进房屋中前两进让给伯父，才渡过难关，这是我出生前一两年的事（当时族中有人提出，三进房屋全部让给伯父，母亲挺身而出说，这样，我们子女住在什么地方呢？因而终于保留下第三进。）钱庄收盘以后很久，还有人拿钱庄开出的庄票兑现，父亲照样用现款付还。1950年土地改革中，我们这一房已从螺洲迁居福州城内，在乡下没有土地，却因祸得福，土改运动中没有波及。伯父就被评为地主兼工商业者。钱庄的庄票都成了废纸。我小时在家里还看到厅堂角落堆放着一叠叠已变成废纸的庄票。——的确是“坏事变成好事”，二十世纪五十年代初，我自报家庭成分为职员，因为家中开支初期靠出租部分余屋收入，后来几个哥哥长大做事了，靠他们的工薪资助。

父亲眼睛近视，戴着一副金丝边眼镜。他身材颀长，容貌清癯，持身严饬，谨慎平直，待人温和。他一生淡泊，与世无争。也许年轻时出仕清朝，便遭国变，其后继承祖业，又因委托非人，经营不善，负债卖田，家道中落，使他视名利为缰绳，满足于平淡的生活，别无他求。即使家务，他也少有过问，柴米油盐，全由母亲操劳。从我有记忆起，我没有见过他同人争吵过，或者厉言疾色，恶声相向；偶尔为了什么小事，和母亲龃龉，也总是低声细气，至多闷声不吭气。

稍为长大些，进了小学，父亲教我读书，也不是像一般人家的小孩启蒙，从《三字经》、《千家诗》、《幼学琼林》读起，而是读四书，但也不是按《大学》、《中庸》、《论语》、《孟子》的次序，而是先从《孟子》开始，因为父亲觉得《孟子》许多章节有故事情节，不像《论语》那样说理抽象，小孩容易接受。

我从小到大，从来没有挨过他一次叱骂，更不用说责打了。记得我在三一中学读初中时，学校所在地在市郊白沙，这是甘蔗产地，也是蔗糖产地，听同学讲，这里的蔗糖便宜。有一次我购了二三十斤蔗糖背回家，背了几十里路才到家，浑身是汗。母亲见我累得气喘嘘嘘，心疼地说："以后不要再背这样重的东西，不然，人长不高的。"父亲却借题发挥，讲了"子路负米"的故事，说子路家境贫困时，自己吃的是粗陋的饭菜，而到百里之外把米背给父母。后人遂用"负米百里"等表示奉养父母或为奉养父母在外谋求禄米，寓意孝道。我明白父亲所讲故事的用心。

父亲自己非常俭朴。他平日衣着朴素，在家夏天上下一套中式白布衣裤，春秋一袭灰色长衫，冬天换上了薄棉袍。长衫俗称"大褂"。无论是商人、官僚、文人还是平民百姓，这些都是当时常用的服装。1969年我被遣去黑龙江边陲时，八哥陈繡（公裳1924—1997）将父亲给他的旧皮袍转赠给我，说东北天气冷，长袍可以御寒防冻。这袭皮袍又肥又大，长及脚面，二十世纪五十年代，中式皮袍已经匿迹。我将它改成"文革"中风行的军大衣带到北疆。南方天气暖和，我没有见到父亲穿过这件皮袍，但我可以想象他的模样。平时，父亲戴一顶呢帽，多数时间戴一顶六块黑缎合缝的瓜皮帽，小时常听母亲叫它"小帽"，福州话"小"、"首"同音，后来读到顾炎武《日知录》"冠服"一节，才知道应写作"首帽"，即与官帽相对的便帽。我想象，父亲穿着皮袍就像前清的遗老。至于父亲穿西装或民国年间流行的中山装，我也没有见过，只是从他年轻时留学日本的照片上看到他穿日本学生装和西装。

父亲饮食简单，他不茹素、不暴食、不吸烟、不嗜酒。饭桌上除了青菜、丝瓜和福州常见的蚬、蛤之类水产品，每餐他面前常常放着一小碗肉糜炖蛋，这是母亲特地为他准备的，当然他自己并不独享，总要分一两调羹给孩子。

父亲讲究礼教，我们兄弟姐妹在房间谈笑，见到他进来，总要起身恭立，每年春节前，伯父叫人从螺洲挑几筐橘子送来（因为钱庄收盘后，我家已经没有橘田了）。伯父自己从螺洲入城，两兄弟在厅堂对立，相向跪拜，互贺新禧，那毕恭毕敬的神态，我们小孩在厅后偷窥，总觉得很可笑。

我记得父亲的书桌上经常放着三部书。一部是开明书局版本的《四书五经》。一部是《辞源》，厚厚两册，上有郑孝胥的题签。还有一本中国地图，扉页有岳飞写的草书“还我河山”四个字，“還”字笔划繁复，我不认识，问父亲为什么这样写？他告诉我，接着又同我讲起岳飞的故事。还有一部线装书，是陈衍编的《西湖志》，大概是当时新出版不久，父亲随时翻翻。

父亲给我讲岳飞的故事时，母亲接着讲岳母在岳飞背上刺“精忠报国”四字的故事。父亲特地补充说，岳飞不仅是忠臣，也是中国历史上有名的孝子。岳飞把母亲姚氏接到军营中后，唯恐侍奉不周，每天办理好军务，便到母亲住所问安。当母亲生病时，岳飞亲尝汤药，跪送榻前。岳母于绍兴六年三月病故，岳飞与长子岳云赤足亲扶灵柩行走千里，自鄂州归葬于江州庐山。岳飞认为：“若内不能克事亲之道，外岂复有爱主之忠？”这句话正是岳飞人生的写照。我读的第一部章回小说便是绣像本《说岳全传》。

父亲从“忠”说到“孝”。他说“孝道”时，用《说文解字》解释。他说：“孝字是由‘老’字和‘子’字组合而成，儿子身背老子，不是一般的抱抱，而是全身尽力背，这个背就是承担，能够承当就是孝。”他引用《诗经》中这么一段话：“父兮生我，母兮鞠我，拊我蓄我，长我育我，顾我复我，出入腹我。欲报之德，昊天罔极。”指出“孝”是“仁”的出发点。父亲还引《论语 · 为政》的记载——

子游向孔子问“孝”，孔子回答说：“今之孝者，是谓能养。至于犬马，皆能有养；不敬，何以别乎？”

父亲就是认为，孝不只是奉养父母，更为重要的是要尊敬父母。我兄弟姐妹共十六人，幼殇不计在内，父亲平生没有另娶，都是同母所生，我最幼，母亲生我时已经四十三岁。从1905年大哥出生到1929年我出生二十四年间，母亲几乎不到一年半便生一个孩子。正如《诗·小雅·蓼莪》所吟咏：“哀哀父母，生我劬劳。”即以生育子女而言，母亲一生劬劳，令我们众多子女感念罔极。

父亲就是用中华传统的道德来教育子女。有一次，我中午从圣庙小学放学回家，恰遇下大雨，我幸好带了雨伞，这时一位同学跑过来，我一见他是我平时不喜欢、不高兴一起玩的同学，我快步走开，不让他共撑一把伞。回到家，我很得意地将这件事告诉母亲，父亲在旁听了，便引《论语》中的一句话“己所不欲，勿施于人”，说：你自己不希望人家怎样对待你，你自己也就不要这样对待人家。

“己所不欲，勿施于人”这八个字留给我的印象太深了，他就这样抓住日常生活细节，对我进行人格教育。一直到五十年后在美国，有一次我和房东Jean Schreiner夫人谈起这件事，解释“己所不欲，勿施于人”这句话的含义，她告诉我《马太福音》也有类似的话：“你们愿意人怎样待你们，你们也要怎样待人。”可见做人的根本道理中西方是相通的。

郎官巷旧宅邻座天井种了两棵荆树，属常绿乔木，树高五六米，叶小为羽状，节间短，叶片密集，深绿色。父亲对我谈起种荆树的缘由和南朝梁吴均《续吴谐记》记载的故事：汉代田真、田庆、田广三兄弟分家，决定把院中的紫荆树也分三段，各家一份。第二天砍树时，紫荆已枯死。“荆树有花兄弟乐，书田无税子孙耕。”父亲把种荆树的用意就是希望兄弟和睦相处。

三、缠足母亲千里伴我行

1940年7月小学毕业，我考取福州格致中学初中。格致是美国以美教会于1853年创办、是中国历史最久的中学。校长薛廷模，燕京大学毕业，精心治校，集中许多一流的教师。这时抗日战争已经爆发三年，福州地处沿海，所有中学都迁往内地，格致也内迁福州邻县永泰。八哥读高一，我读初一，母亲舍不得离开我们，也不放心我们外出求学，就跟着我们一起到永泰，租了一间房子住了下来。当时学生全部住读，只有我们兄弟有家长陪读，住在校外，为全校所仅有。格致以管理严格著称。八哥读高一时，英文课本用狄更斯《双城记》。《双城记》是英国作家查尔斯·狄更斯，描述法国大革命一部大时代长篇历史小说，“双城”指的是巴黎与伦敦。尽管作品写于作者的晚年，但是构思巧妙，表达了作者深邃的人道主义情怀。法国人因战争从巴黎跑到伦敦。我想，我们好端端生活、学习于福州，因为日本对中国的侵略，迫我们学校内迁到永泰。福州和永泰，一个省会，一个县城，不也是双城吗？当然同伦敦和巴黎相比，相差千里。我读了中译本，不免有深深的感触。我想，我们的内迁，不也可写成《双城记》吗？

我读初一，英语课是校长薛廷模亲自来上课。他的两个女儿一个叫挺英、一个叫挺美，也在我们班级，从取名上可以看出校长对西方的崇拜。我在格致只读一年，1941年4月，福州沦陷，学校还要进一步内迁到远离福州的闽赣交界邵武。当时同福州家中音信不通，母亲决定带我们去邵武。从永泰北上，途经荒村辟野，高山峻岭，崎岖不平的山路，全靠步行。途中我们特别担心母亲少女时戴的一双碧绿的玉镯，手腕增粗，无法脱下，若遇到土匪，为了抢玉镯而砍掉双手，如何是好。何况母亲“缠足”。

常言道“小足女人难行路”，母亲怎能翻山越岭、蹚水过河，长途跋涉呢？尽管如此，最后母亲还是决意和我们徒步。同行的还有当时在福州文山女中（也是教会办的，和格致是姊妹学校）读书的大哥陈绥长女明芳。我们四人从永泰出发，一路上翻山越岭，一天走几十里山路，第一天两双脚都磨起水泡。母亲缠了的双足，走崎岖山路，哪里经得起这样的折磨。晚上下榻在小客栈，母亲烧了热水先让我们泡脚。我们过意不去，决意让母亲先泡。母亲说：“我不要紧，我会走山路。”她从来不在我们面前叫苦抱怨。到了第二天的晚上，母亲在我们泡完脚后，她小心翼翼脱了鞋，我见她脚旁水泡还有血迹，心里很难过。母亲却安慰我们说：“没什么，涂涂药水就好了！”在小客栈里，我们母子叔侄四个人住在一间，母亲常给我们讲故事，我们的话题就是家中往事。

母亲从五六岁时，开始缠足了，当时就用长布条将双脚拇趾以外的脚趾连同脚掌折断弯向脚心，使其不再生长，这样就形成了被誉为“三寸金莲”的“笋”形小脚。

那时候有一种说法，女人甭管长得丑俊，脚小就是好女人，说什么“十分人才九分脚”，不缠足，连婆家都找不到。而女孩子缠足往往是在长辈的逼迫下缠上的。争强好胜的母亲也是在祖辈的硬迫下才给自己缠出了“三寸金莲”，母亲为了缠足闹了十天十夜。

在小客栈里，我问母亲：“你为什么要裹脚？”母亲回答说：“祖祖辈辈的女人都要裹脚，不裹不好看，不裹嫁不出去。”

我又问母亲：“裹脚疼吗？”母亲说：“十指连心，怎么会不疼啊！”

为什么要叫“三寸金莲”，好奇的我总喜欢提问题。母亲知识广博，她从佛教角度做了解释说，莲花出淤泥而不染，在佛门中被视为一种美好、高洁、珍贵、吉祥的象征。菩萨多是赤着脚站在莲花上的，这可能也是把莲花与女子小脚联系起来的一个重要原因。

为什么在“莲”前又加“金”字呢？母亲说，这倒是出于中国人传统的语言习惯。因为国人总喜欢以“金”修饰贵重或美好事物，如“金睛”、“金銮殿”等。在“莲”字前面加一“金”字成为“金莲”，当也属一种表示珍贵的美称。因此，后来的小脚迷们往往又根据大小再来细分贵贱美丑，以三寸之内者为金莲，以四寸之内者为银莲，以大于四寸者为铁莲。于是言及金莲势必三寸，即所谓三寸金莲。后来金莲也被用来泛指缠足鞋，金莲成了小脚的代名词。

至于缠足起源于何时？说法不一，不过，母亲有个口口相传的说法，她说缠足之初只是将脚用布裹紧，使大脚变得纤细，但不会造成骨折和畸形，当时南方山地交通不便，推车少肩挑多，而妇女同男人一样肩挑货物，长年累月，双脚脚板压得宽大。在“劳心者治人，劳力者治于人”的社会，轻视“劳力者”，从而也轻视“脚板大者”，大人为了让女儿成为被人看得起的小足者，就逼迫女子缠足，开始限于少数女子，后来就开始逐渐在普通女性间流行，演变成残害女性身心健康的一种陋习。

在泡足时，我第一次见到了母亲的脚，看到母亲脚跟臃肿，脚掌消失，脚背凸起。脚的全长不及自然长度的一半，整只脚像一个很不规则的三角形，完全消失了一个健康人足的原始形象。足跟完全变形，四个脚趾长短不一地向外转折，围绕在以大脚趾为轴心的脚心下面。

虽然母亲缠足后也可以行走，但由于脚部畸形，行走时左右摇摆，重心不稳，所以，走得慢也走不远。

一路上虽然辛苦，但母爱驱散了所有的劳累，我们说说笑笑，过路人也没有把我们视为商人或富家母子。一路上虽然备尝千辛万苦，可未遇上土匪，我们平安到达了南平。这时四哥陈纶（季弥）和二姐佩琨都在南平，我们便挤住在一起，不再继续前往邵武了。

不久，日军撤离福州，我们急忙买棹东返。因为格致进一步内迁邵武，离福州更远，我便辍学在家，每天上午和俱侄跟林俊孙先生读国文，下午先跟林峰、后来从师廖元善（1891—1956）先生补习英文和数学。林俊孙先生听说是前清举人，教我们《四书五经》，每周交一篇文言作文；廖师英文课本用的是《伊索寓言》、《天方夜谭》，语法采用英国人为印度人学英文而编写的《纳氏文法》第四册。这是二十世纪上半叶风行一时的读本，胡适、郁达夫、施蛰存都曾用它作为课本。廖先生，日本法政大学毕业，是郁达夫的生前友好，郁1936年到福州，抗战初期只身去南洋，两个孩子郁云、郁荀便寄养在廖老师家，1940年王映霞在重庆刊登与郁离婚启事称：儿子“统归廖君教养”。我们到廖师家时常见到郁达夫两个小孩，他们的生活起居都由廖家照顾。他们年纪比我们小一些，可都很懂事，廖师上课时，他们就躲在外面，从不干扰我们。

这样的补习，相当于私塾。读完《四书》，读五经中《诗经》和《书经》，只读一半，就读《左传》，其实《左传》也没有读完，这几部书都是后来自修读毕。大约过了一年，我便转学到时在福州近郊沙堤（今福州大学城一带）的另一所教会中学——三一中学续学。三一中学是安立甘会创办，和英华、格致同为福州三大著名的教会男校（现改为福州外国语学校）。数学家陈景润、文艺理论家谢冕都是该校校友。后来，我从报章上知道与王辛笛等齐名的“九叶诗人”杜运燮也曾就读三一中。在那兵荒马乱的年头，我读书也是就学各处。虽然断断续续，可我父母对我请老师补习，让我不掉功课。所以，尽管初中没有毕业，我们还是以同等学力考入时迁闽清白云渡的福建学院附属高中，编为高十九班乙组学生。

四、新稷下学社

1942年7月我转入三一中学续学，随后又进入福建学院附属高中。战时的条件很差，学校课室借用当地一家大户的祠堂，宿舍是利用当地居民的空屋，在楼上铺地铺，一个房间七八个人。当时经常在一起的有我的胞侄陈俱，还有晚清名臣沈葆桢后人沈祖椿以及他表兄朱主（后来任福建金融学院教务长）、陈建威（海军名将陈季良侄孙）、施公亮、公坦兄弟（父亲是当时中国银行福州分行经理）等，后来林锦华、龚昭文也参加了。林的父亲是福州邮政储金汇业局局长，龚是晚清名臣龚易图的后裔，后来林、龚结为夫妻。大家都喜欢文艺，国文老师陈宗虞成为我们经常在一起活动的指导老师。我们想组织一个团体，名字叫什么？陈宗虞老师说：就叫“新稷下学社”吧！宗虞师，我们都觉得他怀才不遇，落拓不羁，穿着破旧的衣衫，自称是梁启超的学生。他在课堂上说过，他年轻时写文章，受到梁启超的赞赏。在上课时喜欢大声朗诵（全用福州话），有时会说些笑话，很受同学的欢迎。有一次在课堂上问我们：“你们知道‘蹄包’（福州话‘肘子’）国语怎么说吗？”那时普通话叫国语，我们都被问哑了；他用手拍着大腿说：“叫‘蹄膀’。”引起满堂“哈哈”大笑。他还出了一副对联，上联是“目焦（眼睛）咕隆豹”，接着自己不无得意地说：下联是“头拨（头发）布隆狮”。“咕隆豹”和“布隆狮”都是福州土音俚语，前者形容眼睛睁大如豹，后者指披发散乱如狮。这的确是绝妙的对子，我们无不叹服。他能诗，但不常见。福州沦陷时他做了几首七绝，其中有句云“草堂将母亦心安”。原福建学院院长、著名律师林仲易院长离任时，他写了一首送别辞，由音乐老师王耀亭谱曲，词意苍凉，音调铿锵：“弦诵兮蜚声，风雨兮笛笙。青莪茂而长扬，溪月依恋松扃。六稔而苦心经营兮，弁髦受惠迄今。任届而暂别兮，骊笛其永系余心。”我们常请他题字（条幅或匾额），他也爱写，对我们有求必应，我们都敬重他，也亲近他，他单身住在一个房间，墙上贴着许多摘录文句的小字条，他说读书有了心得，便写下来，贴在墙上，这是做学问的方法。《福建印人传》有他的小传，称他“书宗六朝，书碑无体不精”。俱侄在《蒙泉山馆》回忆说：“九叔来到我家，和我们一起住了一段时间。他和我年龄相仿，经常在一起读书、玩耍，一直是我学习的榜样。记得我们常常大清早登上乌石山，坐在大岩石上，高声朗读古文，《滕王阁赋序》、《秋声赋》、《前后赤壁赋》等等，读到滚瓜烂熟。望着山下城中密密的房屋，一时高兴，用碎瓦片在岩石上写了《滕王阁》一文中的‘闾阎扑地’四个大字。这般读书的乐趣，简直不是笔墨所能形容。”我们常常到他的住房听他聊天。尽管海阔天空，但给我们的教育，特别是做学问要严谨要勤勉的教导影响很深。

我和平时接近较多的同学除了上面提及的外，还有杨佩霖、欧阳宗馨等几位，全班二十多人，女生五名。后来徐莺和施公亮、丁绮蘋（福州著名律师之女）和沈祖椿结为秦晋之好。我们同学住在一起。白云渡景色幽美，溪浅流急，溪中一块大岩石，上刻“白云渡”三个大字，据说是朱熹笔迹。我们课余之时，白天常到溪边玩耍，晚上躺在地铺上天南地北神聊侃大山，彼此取笑作乐，倒也不觉离家有寂寞之感。我们几位都喜欢议论喜欢钻研，对陈宗虞老师取名“新稷下学社”，当时不太了解是什么意思。

陈老师讲了稷下学宫的历史，说“稷”是齐国国都临淄城（今山东省淄博市）一处城门的名称，“稷下”即齐都临淄城的稷门附近百家争鸣之地。齐国君主在此设立学宫，因学宫地处稷门附近而得名为“稷下学宫”。

我后来查了有关资料，才明白“稷下学宫”是世界上第一所由官方举办、私家主持的特殊形式的学术机构，它有力地促成了战国时代学术争鸣局面的形成。当时到稷下学宫讲学的学者，无论其学术派别、思想观点、政治倾向以及国别、年龄、资历等如何，都可以自由发表自己的见解。学者们互相争辩、诘难、吸收，成为真正体现战国“百家争鸣”的典型。更可贵的是，当时齐国统治者采取了优礼的态度，允许文人学士“不治而议论”、“不任职而论国事”。

陈老师还强调“稷下学宫培养了不少人才”。我领会陈老师为我们的学社取名，就是希望把我们培养成有用之才。陈老师旧学基础深厚，能写一手好隶草，他不修边幅，落落不羁，愤世嫉俗，他喜欢我们，我们也都敬爱他。新稷下学社的主要活动就是出墙报，发表我们几个人的作文作品，以及朱庄的国画，陈俱和公亮、公坦的篆刻等。学校内迁图书中，有一套商务印书馆的《万有文库》，全部开架，可以自由取览，我由此增进了许多中外古今的知识。但是这时我更沉湎于巴金的《家》、《春》、《秋》“激流三部曲”，巴金热情酣畅的文笔，深深打动了我少年的心，他以封建大家庭为背景，引起我的共鸣。我由此受到安那其思想的感染，进而阅读了他翻译的克鲁泡特金《自传》。我那时深受巴金无政府主义思想影响，大家多少也都受此思潮的感染，主张学社不要什么章程，也不推社长、干事之类，组织十分松散，没有什么分工，也没有什么背景，只是大家自发组织，情投意合在一起玩，课余时间躺在宿舍地铺上侃大山而已。回想这一阶段的活动和阅读，新文学中我最喜欢的就是巴金的作品，旧文学中我最喜欢的散文是庄子，韵文是元曲小令。我还学着写一些刘大白式的半文半白的小诗。

对于庄子的《逍遥游》，我特别喜欢，因为《逍遥游》是庄子学说的最高理想。其中最吸引我：一是语言吸引我。庄子的语言不仅直率质朴，豪放不羁，而且有一种散文诗般的节奏与韵律。闻一多说，庄子是“最真实的诗人”，“他的思想的本身就是一首绝妙的诗”。其语言有豪迈奔放之势，音节有一唱三叹之韵，境界的飘忽起落之态，读之让人惊诧于刹那间的畅快淋漓，感悟到其中的疏落有致，壮观气派。二是想象力吸引我。庄子的文章，想象力特别强，文笔变化多端，具有浓厚的浪漫主义色彩，并采用寓言故事形式，富有幽默讽刺的意味，对后世文学语言有很大影响。其超常的想象和变幻莫测的寓言故事，构成了庄子特有的奇特的想象世界。三是人生观吸引我。当时我对于人生哲学问题的考虑，十分赞赏庄子主张采取一种逍遥自然的生活态度，将个人的宠辱得失、世事人情以至生死都排除于心。

“新稷下学社”，留下我们记忆的一件事便是出墙报，它后来还代替了班级的壁报，新来的级任老师将壁报取名《陶冶》，意在对同学性格的锻炼和培养。抗日战争胜利后，回到福州，我们高中毕业，都升入福建学院。读“大一”那一年，曾在宫巷沈宅花厅和我郎官巷旧家厅堂上继续编排壁报，张贴在白水井福建学院校内东墙上，登些朱庄的国画，陈俱和公亮、公坦兄弟的篆刻，祖椿还记得我写过一篇关于风车的小文。我写过什么东西，自己一点也记不得了，我们自制了连史纸的便笺，左下角印上浅灰色仿宋体“新稷下学社”五字，比较雅致，还准备做徽章，后来没有做成。二十世纪八十年代陈俱从福建省科委副主任任上离休，他的篆刻曾发表在《书法》杂志上。朱庄曾任福建金融学院教务长，他的书画连续六年获得文化部老年书画协会主办的比赛金奖。

1946年初，我们几个高中毕业生都升入福建学院经济系。福建学院是福建历史悠久、颇负盛名的法政专门学校，1911年创办，创办人为林长民（林徽因的父亲）、刘崇佑。前身为福建法政学堂，原院长林仲易（1893—1981），日本早稻田大学毕业，著名律师，新中国成立后曾任全国政协委员、民盟中央委员、《光明日报》总经理。我就读时的院长为郭公木（1891—1969），也是早稻田大学毕业，曾任南京国民政府时期的县长。教我们大一国文的老师陈遵统（易园）是前清举人，国学基础深厚，伯祖父陈宝琛的入室弟子，是协和大学中文系主任，在学院兼课，新中国成立后受聘为福建省文史研究馆馆员。教大一英文的林天兰先生，美国普林斯顿大学哲学博士，也曾在协和大学任教。记得有一次作文，我将“我们中国人”（we Chinese）写成our Chinese，他在课堂上指出应用同位词，给我留下深刻的印象。

五、抗战胜利那一天

1945年8月，抗日战争胜利了。1945年9月2日，参加对日作战的同盟国代表接受日本投降签字仪式在停泊于日本东京湾的美军军舰“密苏里”号上举行。日本代表在无条件投降书上签字，中、美、英、苏等九国代表相继签字。至此，八年艰苦的抗日战争终于胜利了。1945年9月3日，举国挂旗庆祝。这是中华民族近代史上第一个扬眉吐气的一天，也是全世界反法西斯战争取到最后胜利的日子。

9月3日那天，福州市鞭炮齐鸣，晚上提灯游行。内迁学校的师生更是无比喜悦。亚里士多德说过，诗歌具有净化人心和鼓舞意志的作用。简单来说，诗歌是最有意境，最能抒情的文学体裁。它对于语言的淬炼、运用，表达的思想感情，往往能够融入国民的血液中，成为精神传统。杜甫诗就能这样。我一回到家，父亲便拿出《杜工部集》。《杜工部集》是杜甫的诗文集，杜甫曾任检校工部员外郎，因而得名。现存诗一千四百余首，其诗歌立足于忠厚，其风格雄浑高古，自成一家，被尊称为“诗圣”。他的诗标志着中国古典诗歌现实主义的最高峰。父亲翻到《闻官军收复河南河北》这一首，用福州话大声朗读，要我跟着背诵这首诗：

剑外忽传收蓟北，初闻涕泪满衣裳。
却看妻子愁何在，漫卷诗书喜欲狂。
白日放歌须纵酒，青春作伴好还乡。
即从巴峡穿巫峡，便下襄阳向洛阳。

父亲朗诵之后解释说，在剑南外忽然听到官军已经收复了河南、河北一带，高兴得连泪水都沾湿了衣裳，再回头看看妻子儿女的忧愁也都不知道跑到哪儿去了，我随意地翻卷书本，高兴得简直要发狂了。我巴不得在这阳光明媚的日子里纵情高歌，开怀畅饮，一路春光可以伴我返回故乡。我准备即刻从巴峡穿过巫峡，又直下襄阳回到洛阳。

读到“却看妻子愁何在，漫卷诗书喜欲狂”，“白日放歌须纵酒，青春作伴好还乡”时，父亲流露出无限的欣慰和喜悦。父亲不会饮酒，也不擅言辞，只会吟诗以表心情。从杜甫这首诗中回想八年来的苦难日子，就不禁感慨万千。可是，这一场浩劫，终于像恶梦一般过去了，诗人可以返回故乡了，人们将开始新的生活，全诗痛快淋漓地抒发了返回故乡的无比喜悦心情，正表达了父亲和家人的情感，读着读着就觉得杜甫这首诗好像为千年之后的我们写的。我将“白日放歌须纵酒，青春作伴好还乡”一句又用福州话朗读多遍。

回福州后，学校功课不算多，原来“新稷下学社”几位同学的家多数在三坊七巷，南后街是三坊七巷中轴，开设很多裱褙店，放学后，我们常常从学校所在地白水井沿着南后街边走边谈，走到南门兜，有时见到裱褙店内墙壁上正在装裱的书画，便走进店内，观赏评点一番。店主也不以为忤，有时谈兴未尽，又从南门兜走回头路，如是来回往返，兴尽才各自回家。同学杨佩霖家有许多林语堂主编的《论语》、《宇宙风》、《语丝》等杂志合订本，征得主人同意后，我把这些杂志借回家里细读，同时我又在家中角落里发现历年《小民报》的合订本，以及上海广益书局出版的《包公案》、《三侠五义》等旧小说，这些都成为我在课余时间消遣的读物。在这段时间里，虽然乱翻杂览，但丰富了学校课本上许多学不到的知识。

我从《小民报》上一篇文章中第一次知道《剑南诗稿》这部诗集。陆游的诗作很快吸引了我，《关山月》、《书愤》、《农家叹》、《示儿》等篇均为世人传诵的佳作，我特别喜欢。陆游的诗抒发了政治抱负，反映了民众疾苦，风格雄浑豪放，表现出渴望恢复国家统一的强烈爱国热情，唱出了那个时代的最强音。后世许多爱国志士都从他的作品中汲取精神力量。

这时，我和俱侄开始向报纸投稿。当时福建《中央日报》副刊主编是周问苍，周是地下民盟盟员，和郭风同为福建进步作家，新中国成立后受聘为福建省文史研究馆馆员。我们并不认识他，他也不知道我们。我们只是自由投稿，常常被采用。

当年写些什么，大多已不记得。只记得曾从英文课本上一篇小说翻译《他来了吗？》和雪莱《小夜曲》，还写了一篇题为《关于〈大学〉作者问题》的文章与人商榷。当时文章刊发时标题还用我的笔迹制版，所以记得，以自己浅薄的国学知识，竟然敢写这样的文章，少年气盛，今天回想，觉得汗颜。不过，这全赖稷下学社所提倡商榷质疑精神的发扬。

当时这个副刊上常常发表笔名“墙外行人”的文章，我们不知作者何许人，“墙外行人”出自苏东坡《蝶恋花·春景》，原文作“墙外行人，墙里佳人笑”，陈俱便用“佳人”笔名，挑剔他文章中小毛病，同他开个玩笑。

六、父亲不希望我读医学法

父亲用福州话朗读杜甫诗，表达了他对抗日战争胜利的喜悦之情。当时父亲这种兴奋神态是少见的。父亲是非常规矩的人，平时寡言慎行、拘束，近乎拘谨。他给我讲了他小时候的事。他小时给光绪丁丑状元、陈宝琛的内弟王仁堪作义子，在王家作客时，他只就近拣饭桌上放在面前的菜吃，不敢把筷子伸到远点的菜碟，人家还以为这位“干少爷”就喜欢吃这道菜。从这件事可看出他性格拘谨的一斑。高中毕业要报考大学，我自己心里也有两个志愿：一是法律专业，觉得毕业后可去当律师，这是崇高的职业，可以接受委托或者指定，直接为当事人鸣冤叫屈的。还有一个是医学专业，毕业后可去当医生。医生，古代称大夫或郎中，这是从事救死扶伤的职业，也是非常崇高的。当时正在冬季，福州各所大学的招生只有福建学院。前面已谈过，福建学院是福建历史悠久，也是很有名望的法政学校，校友在福建政法界尤有影响，学院只设法律和经济两个系。当我把报考的志愿告诉父亲时，父亲说：“你喜欢读甚么就考什么，就是不要报考法律，因为律师替人告状，无理也得说成有理。”父亲不希望我读法律，也不希望我学医，他还说：“最好也不要学医，当医生万一不慎，开错药方或手术有误，要伤人生命的。”当我要解释时，他说了一句“就这样吧”，便转身走了。口气斩钉截铁，没有一点商量余地。在父亲的干预下，我没有办法实现自己的理想。不过，我的儿子为我实现了当医生的理想，这也是我父亲他料想不到孙子（我的次儿）长大后却当上了医生。我当时读了一些进步书籍，对马克思主义一知半解，觉得经济是基础，决定上层建筑，读经济也好，便报考了经济系，当时倒不是考虑为了将来经商赚钱。

父亲为人谨小慎微，做事仔细认真，这同他个人的经历、性格有关。终其一生，父亲没有外出任事，更没有参加任何党派组织，可是不能因此说他不关心政治。他年轻时思想倾向康梁维新，他认为，以康有为为首的改良主义者通过光绪皇帝所进行的资产阶级政治改革，是比较平和和实在的。维新的主要内容是：学习西方，提倡科学文化，改革政治、教育制度，发展农、工、商业等。历时仅一百零三天的变法虽然失败了，但对于中国人的思想启蒙起了极大的作用。父亲对法国大革命惨烈，对孙中山倡导革命颇不以为然。这当然与家庭出身和留日切身体会明治维新的思想影响有关。

二十世纪六十年代初他病重时，我从上海回福州探观，他躺在病榻上嘱咐我说："我百年以后，你们可以称我度支公。"十四世祖陈若霖官居刑部尚书，我们称他"尚书公"；高祖陈景亮当过云南布政使，我们称他"布政公"；曾祖陈承裘，诰封光禄大夫，我们称他"光禄公"。他大概效法大伯祖父陈宝琛清亡不仕民国，更拒绝去东北伪满政权任职．父亲想念的仍是五十年前短短一段在度支部的小京官经历。抗日战争爆发前后，大哥陈绥（伯履、百里〔1905—1958〕）在报馆工作，和当时也在福州的著名报人高拜石（1901—1969，《古春风楼琐记》作者）是好朋友，每天晚上回家，在母亲住的后房，泡一壶茶，和父亲谈论当天的新闻，我躺在母亲床上，迷迷糊糊睡着了，尽管我那时还小，听不懂他们谈些什么，但是他们当时关心日本步步侵略华北时局进展的情景不时回荡在我脑海中。

父亲对几位哥哥和姐姐的教育怎样，我不甚了解；对于我自己的教育可以说宽松到放任，对于我的前途选择除了前面说的不要学医学法外，其他都不干预。对于我平时的学习也显得很放松。他不检查我每天的功课，更不检查我的成绩单，也许认为有母亲关心，他可以甩手不管了，而且他相信我每门功课不会不及格，用不着他来操心。更重要的是他不主张单纯的知识教育，重视今天我们所常说的"素质教育"。父亲有次对母亲说："让孩子自然成长。"所以，对于我的教育近乎放任自由，其目的让我自然成长。但在一些细节上却似乎抓得很紧。记得我到外地读初中时，一次家书的信封上写了父亲的名讳，下面用“□□先生展”，觉得用“展”字比用“收”或“启”字新奇，没想到放假回到家里，父亲拿出这个信封，对我说：对长辈不能用“展”字，这是不恭敬的，提醒我日后对用字遣词要注意长幼有序。

我十二三岁时有一段时间对学写毛笔字兴趣很浓，每天一清早便磨墨临帖，还用大笔蘸水在方砖上写大楷，听说楷书要先学颜体。颜体楷书结体方正严密，笔画横轻竖重，笔力强劲圆厚，气势庄严雄浑。我非常喜欢，于是，便花了许多时间临《麻姑仙坛记》、《多宝塔碑》，后来又听说颜体很难学、学不好，画虎类犬，字会写得臃肿难看。我想想也是，再看看自己临的颜体确实不好看。我又找来欧阳询《九成宫碑》、《皇甫君碑》、《爨宝龙碑》临摹，没多久又喜欢上了褚遂良和《兰亭序》。换来换去，卒无所成。父亲见我朝三暮四，没有说什么，只说“随你便，你喜欢什么就学什么”。只是父亲最初叫我学练字时，是让我在王仁堪楷书《千字文》木刻描红本上描红而已（家中藏有一大叠王的千字文描红本）。父亲对我说：“兄弟中，毛笔字七哥（陈绮，与黄〔1921—1986〕）写得最好，钢笔英文字你写得最好。”我初学英语时，没有教材，七哥用钢笔抄写在练习本上给我当课本。我不知道父亲是在表扬我，还是揶揄我。父亲虽然不过问我在校的功课，却常常利用我放学或放假的时间教我读儒家经籍。他整理一些经典名句，让我背诵，七八十年过去了，他编选的古文警句数百句，虽然没有连惯性，但有教育意义，我常常默诵它们，激励自己。这里不妨摘录若干，以展示父亲的心径：

高山仰止，景行行止。（《诗经·小雅·车辖》）

从善如登，从恶如崩。（《国语·周语下》）

多行不义必自毙。（《左传·隐公元年》）

言之无文，行而不远。（《左传·襄公二十年》）

人非圣贤，孰能无过？过而能改，善莫大焉。（《左传·宣公二年》）

言必信，行必果。（《论语·学而》）

不愤不启，不悱不发。（《论语·述而》）

学而时习之，不亦乐乎。（《论语·学而》）

工欲善其事，必先利其器。（《论语·卫灵公》）

君子坦荡荡，小人长戚戚。（《论语·述而》）

学而不思则罔，思而不学则殆。（《论语·为政》）

知者不惑，仁者不忧，勇者不惧。（《论语·子罕》）

人谁无过？过而能改，善莫大焉。（《左传·宣公二年》）

知之为知之，不知为不知，是知也。（《论语·为政》）

三人行，必有我师焉：择其善而从之，其不善者而改之。（《论语·述而》）

凡事预则立，不预则废。（《礼记·中庸》）

学然后知不足，教然后知困。（《礼记·学记》）

路漫漫其修远兮，吾将上下而求索。（《离骚》）

长太息以掩涕兮，哀民生之多艰。（《离骚》）

生于忧患，死于安乐。（《孟子·告子下》）

得道多助，失道寡助。（《孟子·公孙丑下》）

有一次他带我到福州孔庙（乡人俗称“圣人殿”）观看孔子诞辰庆典，向我详细解释庙内演出的“八佾舞”和庙外红墙上端“金声玉振”四个大字的意义，对我进行形象的儒学教育。他还在福州南街书店见到一张报纸大小的彩色画像，买回来给我，我至今记得上面第一个是伊尹，下面还有诸葛亮、魏征、狄仁杰、岳飞、文天祥、史可法等，大约十几个人，都是名臣贤相，父亲给我讲了他们的生平事迹，这就是我从父亲那里接受到的最初的历史教育。

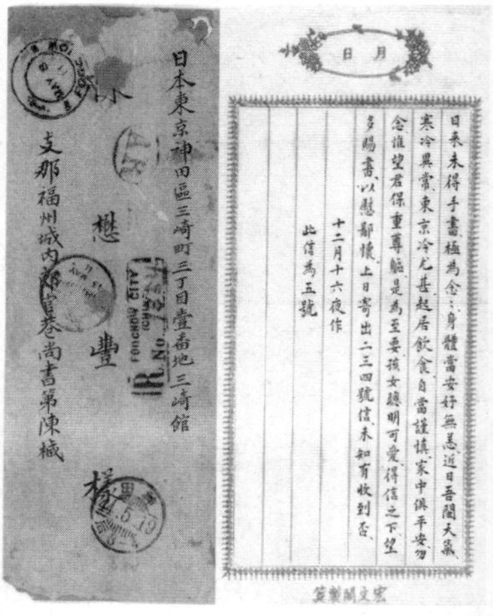

日本東京神田區三崎町三丁目壹番地三崎館

林懋豐様

支那福州城内郎官巷尚書第陳緘

月　日

日來未得手書，極為念念。身體當安好無恙。近日吾聞天氣寒冷異常，東京冷尤甚，起居飲食自當謹慎。家中俱平安，勿念。惟望君保重尊軀，是為至要。孩女聰明可愛。得信之下，望多賜書，以慰鄙懷。上日寄出二三四號信，未知有收到否。

十二月十六夜作

此信為五號

宏文閣製箋

图1：留学日本时的父亲
图2：母亲晚年遗照
图3：母亲给父亲家书
图4：母亲娘家（福州半野轩）旧景

1	2	3
4		

图1：五岁时与八哥陈繍（公裳）
图2：小学生时代
图3：少年与俱侄（左）
图4：与廖淑晖老师离沪赴湘前在附二小学

1	2
3	4

1 | 2 | 3

4

图1：新稷下学社同学（1944）

图2：新稷下学社同学

图3：高中时代

图4：高中时在闽清白云渡，二排右三为陈宗虞（1944）

七、侥幸考入圣约翰大学

在父亲的影响下，我逐渐对文史产生兴趣。1945年9月，我在福建学院经济系读了一年，很想离开福州外出求学。当时八哥陈繍就读的暨南大学已从福建建阳迁回上海，1947年夏天我同俱侄一起乘海轮到上海。随身带的行李只有行前从旧货店买的一只旧皮箱和装放洗脸盆、雨伞、热水瓶之类的大竹筐。我们到上海，便住在宝山路暨南大学宿舍。当时报考了几所学校，最后我们俩都被圣约翰大学录取。这年报考的人很多，再说考前没有很好的准备。不料竟被录取，自己也不敢相信。“约大”以严格的英语教学著称。我在福州学英文，英文的程度比起与“约大”有联系的如上海圣约翰中学、苏州桃坞中学等校毕业的同学相差很远，尤其听力和口语方面，自觉相形见绌。后来猜想大概因为国文试题卷中作文的题目是写一篇读书笔记得了好成绩，题目自定，恰巧不久前我在福州报纸上发表过一篇巴金译A·托尔斯泰《丹东之死》的读后感，考场上便不必另起炉灶，依样画葫芦凭着记忆写下来。

《丹东之死》是A·托尔斯泰根据德国现代戏剧的创始人、现实主义戏剧先驱毕希纳的同名悲剧改编，以法国大革命为背景。我的“读后感”具体写些什么不记得了，但主题和思路是清晰的。法国大革命中，不论雅各宾党，还是吉伦特党，他们许多领导人在惨烈的斗争中表现出来的高尚、热忱、勇敢无畏、忠于自己的理想，为了“共和国万岁”而义无反顾，视死如归地走上断头台。托尔斯泰的剧本歌颂了他们的崇高精神和美德。我据此发挥，也许因此得到阅卷老师的首肯，占了很大便宜。

约翰大学校园优美，校内许多建筑中西合璧，如著名的怀施堂、格致室(又称科学馆)、思颜堂、思孟堂。“思颜”、“思孟”的“颜”和“孟”不是指颜渊和孟轲,前者指创建圣约翰出力最多的中国牧师颜永京(颜惠庆的父亲),后者指在“约大”教哲学的美国牧师孟嘉德(1907年在庐山旅游时因营救一位落水的中国朋友而同溺于瀑布中)。这些楼宇有人说它们的建筑风格是中国前所未有的,被称为约翰式的中国高等学府著名建筑群。大草坪上的大樟树和小教堂,是校园的标志。大樟树枝干四张,有的同学可以坐在上面谈心;周末走读的同学都已回家,校园清静,我从罗氏图书馆(Low Library)借了书出来,有时就坐在小教堂外石阶上阅读。经过一个世纪的沧桑,自从二十世纪约园被改作华东政法学院校址后,矗立在绿茵草坪上攀缠着藤蔓的哥特式的小教堂理所当然地被拆毁,荡然无存;浓荫覆盖的大樟树也早已枯死。但是它们深深引起约翰人(Johanneans)的怀念,前几年一次世界校友联谊大会时,一个自海外归来的校友情不自禁地跪吻怀施堂前的土地。校友们动议在大樟树原址附近补种一棵小樟树,寄托对母校的怀思,但是不知何年何月它能够长得和原有大樟树那样硕壮挺拔。

“约大”留给我最突出的印象,不完全是优美的校园,而是它的英语环境。英语是校园语言。入学不久,注册处递给我一张“通知”,规定我此后在校就读期间使用罗马拼音的英文姓名,学校的布告栏张贴的布告全部是英文,进校园如入异域。此后上课,即使是中国教授,也都是用英文讲课或提问。1949年读暑期班上陶绍渊教授的中国地理课,他说到闽江或岷江时,总要说Min Kiang in Fukien或Min Kiang in Szechuan。有些课老师点名时,点每人姓名前,都客气地加了Mr.,使学生感到受宠若惊。其实,这不仅出于西方礼貌,而是重视人的尊严,使学生意识到自己已经长大成人,不再是孩子了,应该懂得自重、自爱。

“约大”非常注重体育,学生在上海体坛十分活跃,多次得到比赛奖状。我一向笨拙,最怕上体育课,投篮、跑步都不能达标,只是靠着每堂课必到,没有缺课,才得了C,勉强及格。“约大”D不及格,我们叫“大肚皮”;得了E,我们叫“吃横山”,能够得到C,在我已很不容易了。第一堂体育课穿着皮鞋到体育馆，体育老师李明炀（Michael Lee）叫我下次上课要穿球鞋，当场让我十分尴尬。

"约大"采取学分制。开学注册时，每个老师在交谊室大厅摆个桌子，挂个牌子，像小菜摊，让学生前来自由选择登记，名额满了，老师便将牌子收起来走了，迟来的同学便选不上这门课了。同课堂上往往不是同班级的同学，班级可以伸缩，读满规定的学分便可以毕业，我每学期总是多选一些课，多些学分，到了1949年上半年，我离毕业还差六个学分，便读了暑期班（Summer school），选了两门课，凑满学分毕业。"约大"主张liberal education，也就是现在通常说的"通识教育"。为了拓宽学生的知识面，学生除了主修课程（Major Course），还可以自选辅修课程（Minor Course）。经济系的必修课程：经济学由李炳华老师授课，国际贸易课郑惠益老师讲授，教会计和统计两门的是赵绍鼎老师。赵是美国芝加哥大学硕士，上海著名的注册会计师，他的赵绍鼎会计师事务所，承揽怡和洋行、上海电力公司等外商企业和江海关业务。李炳华和郑惠益两位教授都是留学美国的博士。后来讲授会计学的还有王宝元和朱新宝（女）两位副教授，都比较年轻。

各位老师讲课各有各的风格和特点。赵老师常常简要地讲了课本的内容之后，便离题"嘎山胡"，谈起生活上和社会上的趣事逸闻（有一次讲到北火车站的"红帽子"）。讲到兴起时，就不用英语说了，夹杂着绍兴腔的上海话，听他上课，一两个课时很轻松地过去了，一点也不觉得沉闷。第一次上课，他一进课堂，就亲切地笑着对我和陈俱说："你们家的陈纲过去也是我的学生"，一下子拉近了我和俱侄同他师生的距离（陈纲是我的堂兄，1940年"约大"经济系毕业，已在美国去世。"约大"校友中父子、兄弟、姐妹、表兄弟姐妹都在"约大"就学的情况很多）。"约大"毕业后，我再也没有见到赵老师，猜想他在十年动乱中必定蒙受苦难。俱侄电邮告诉我，多年前他在福建省科委，一位同事的夫人是赵的侄女，谈及赵在"文革"中的遭遇，不胜悲怆；俱侄还记得，赵在一次课堂上还赞扬过我的试卷，我却一点也不记得了。李炳华老师用的是美国大学常用的Furniss、Fairchild和Buck三人合编的*Elementary Economics*，他基本上是按课本讲解，简要清晰，也很有条理。李、郑两人都是福建人，他们讲英语，我特别容易听进去。郑讲课除了用英语，有时会插上大段福州腔的普通话，他说：福州是三十万人口的城市，可是没有一辆汽车（指私人汽车，那时的确没有），和美国比，相差太远了。王宝元的会计课安排在上午第一节，常常早上匆匆赶来上课，新中国成立后才知道他是中共地下党员，大概是夜间忙于地下工作之故。他后来常用名王子成，曾担任上海市教育工会的负责人，后调北京。

"约大"所有课程（除国文外）全部用英语讲授。除了主修经济系的课程，我对文史更感兴趣，又选修历史系和英文系的课。历史系的课，世界史是必修，由Donald Roberts讲授，用的是Hayes and Moon合编的*Modern History*，也是美国学校通用的课本；还选修一门"俄国史"，由Charles E. Perry讲授。Perry教授十分和善，班上有个男生张龙，女生张珑（张元济孙女），读音相同，他微笑地问，哪一位是Mr.，哪一位是Miss？他上课娓娓而谈，不用课本，只在课堂上分发他自己编写和打字的讲义提纲，可惜这些提纲我都没有保存下来。我后来才知道美国当今著名的中国近代史专家、哈佛-燕京学社社长，在第六届世界中国学论坛上，获得"世界中国学"贡献奖的裴宜理（Elizabeth J. Perry）是他的女儿，1948年出生，正是那一年，她的父亲给我们讲授俄国史。二十世纪八十年代，我在上海社会科学院见到裴宜理，不知道Perry教授就是她的父亲，没有向她提起，问1949年回美国以后的情况。2015年10月，在"约大"第十一届世界校友联谊会上，我无意中与她邂逅，（她是作为"约大"员工子女来参加的，）还谈起当年她父亲给我们上课的事。除了历史系的课程，我和俱侄还同选了英文系的"英诗选"。老师是曾任英文系系主任的E. H. Falck，她采用的课本是美国"现代丛书"（Modern Library）大版本的《英美诗选》（*An Anthology of American and English Poetry*）。春日和煦的阳光从窗户射进课堂，她领我们诵读William Blake一首英国人十分喜爱的诗歌：

Tiger, tiger,
Burning bright in the forests of the night,
What immortal hand or eye,
Could frame thy fearful symmetry?
………….

四五十年来自己有时默念这首诗，当年顿挫铿锵的音调，仍常在耳际回荡。一次，一首英文诗中提到pansy（三色堇），那时校园路径三色堇盛开，她摘了一朵，带到课堂上，问我们："你们看，像不像孩儿脸？"从此我见到此花，总想起那堂课。Ms Falck有时还约学生课余个别到她家谈话，既是交流，也算是测验。在她班上，几个英文系的女生总是坐在第一排，常常向老师提问。其中一位申葆青（1927—2009），后来成为著名的英语语音专家，在北京国际关系学院任教，二十世纪五六十年代主持中央广播电台《星期日英语讲座》，很受听众欢迎。我从网上得知，她原籍苏州，是明朝嘉靖状元、万历宰相申时行的后人。她打扮入时，穿着鲜艳，我坐在后排，她的色彩斑斓的上衣背面，夺人眼球，给我留下深刻的印象。一次英诗课作业，是论述英国湖畔诗人华滋华斯（William Wordsworth）。湖畔诗人（the Lake Poets）是十九世纪英国浪漫主义运动中较早产生的一个流派。华滋华斯的诗作赞美大自然的湖光山色，抒发缠绵的爱情，歌颂纯真的友谊，清新自然，富有哲理。我在作业中将华滋华斯同中国田园诗人陶渊明加以比较，得到Ms Falck的赞许，给我试卷A-，非英语系的学生能够得到这个分数，我很满足了。

在学校，我浏览文史书籍，心无旁骛，除了课堂作业，便是到图书馆借阅大量文艺作品。当时，我对屠格涅夫的小说和散文诗十分喜爱。屠氏是十九世纪有世界盛誉的批评现实主义作家和诗人。他的作品我大都读了，我用手边并不宽裕的钱款购齐他的长篇小说《罗亭》（1856）、《贵族之家》（1859）、《前夜》（1860）、《父与子》（1862），《烟》（1867）和《处女地》（1877）等六部的中译本（巴金、丽尼、陆蠡各译两本），向图书馆借出

Constance Garnet夫人的英译本，逐句对照阅读，我还选录不少英诗和好的中译文，竟积成一本小册子，想从中学到一些英译中的技巧。我的宿舍在怀施堂楼下大房间，同寝室的同学胡明扬（1925—2011，中国人民大学教授，著名的语言学家，北京市语言学会名誉会长）是英文系的，他有部打字机，我常常向他借用，学会了英文打字。今天我使用电脑，敲打键盘，还得益于当年学会英文打字。我看不惯那些家庭富裕的纨绔子弟，因为他们不爱读书，平时关心的就是吃喝玩乐。我接触的多是生活朴素、读书用功的同学。正由于家庭的教育和影响，使我接受了儒家传统思想洁身自好的一面和老庄的避世思想，以及巴金所宣传的安那其思想，应该说，巴金所宣传的安那其主义对我的影响很大。我崇尚没有政府的社会，人人享有绝对的自由，以达到太平康乐的乌托邦（Utopia）（前面已谈过，我在福建时就认真读过他翻译的克鲁泡特金的自传，知道巴金的笔名来自巴枯宁和克鲁泡特金的首尾两个字）。在这种思想影响下，我没有投身到激烈的革命斗争中去。当时在地下党员孟纪青的引导下，我和几位喜欢读书的同学参加了读书联谊会，这是中共地下党的一个外围组织。孟纪青（1926—2009），也是福州人，和我同乡，二十世纪五十年代参加创办外文刊物《中国建设》（后改为《今日中国》）杂志，任杂志社社长兼总编辑，作为中国作家代表团翻译出访，为老舍作同声翻译，据说老舍十分赞赏他的纯正英语发音和流利翻译。他比我只大三四岁，但非常老练，和蔼热情。我从他身上看到一个共产党员的优秀品质。他每次从北京到上海，总是找我和施正洪等几个过去“读联”同学聚叙。他去世后我从外甥邵光宇一次无意谈话中才知道他们原来是亲戚，两人小时过从甚密，往来很多；遗憾的是，我已不能起他于地下，告诉他了。当时经常参加“读联”活动的，除了我和陈俱叔侄、汝仁、汝信兄弟，我记得有施正洪（在中共上海市委学校工作部工作，已故）、史强国（1949年南下福建，改名史钢，已故）、佘小波（1949年北上，改名佘浩，在总参工作，现离休在上海）、饶余庆（香港大学教授，著有《现代货币银行学》，列为“西方货币金融学经典名著”)、温业湛(1949年北上,曾任外交部副部长)等人。

我们阅读进步著作,如《辩证唯物主义和历史唯物主义》等,交流读书心得,讨论时局,如平津战役和淮海战役的进展,传播新华社播放的消息,时常在汝仁、汝信兄弟兆丰别墅家里举行读书心得和时事讨论会,汝氏兄弟的父亲汝葆彝是公共租界工部局有名的律师,为我们活动起了很好的掩护作用。新中国成立前夕,读书联谊会同学在史强国家里制作迎接新中国成立的标语和小旗帜;上海解放后第二天,我到了校园,发给我一只上海各人民团体“人民宣传队”的白布红字臂章,我一直保留至今,作为迎接上海解放的纪念。

在此之前,我在自学俄文和世界语。环龙路法国总会(今址南昌路科学会堂)法语学校招生,我和俱侄以及“读联”几位同学都去报名参加,一位法籍女士任教,从字母学起,“r”用小喉舌发音,我觉得特别难,没上几课,眼看解放军就要渡江,我们都停学了。

我还学过世界语和俄文。俱侄从当年我在送给他的《世界语高等文典》的扉页上写的题记复印给我,题记写着:“……你一定会记得,去年(1948)夏天的一个下午,我从河南路商务馆买了这两册小书回校时,你很懊悔而且惋惜地说,‘怎么我上趟去的时候,竟没有发现它们!’现在让我把它们送给你,作为圣诞的微小礼物,固然我们都不是基督徒。我自己最近正开始学俄文,希望你的世界语和我的俄文,不会再跟去年冬天我们冒着风雨,在寒峭的夜晚,到法国学校读法文一样,只读了一个月,便因为淮海大战的展开而中辍了。赠俱。绛,一九四九圣诞,上海。”

最近我从旧箧中翻检到二十世纪五十年代初汝信离校参加第九兵团、赴朝鲜参战途中给我的一封信,信的开首是用俄文写的问候语,这时我们虽都已离校,不妨摘录在这里可以约略看出我们当年读书求知的情况:

陈绛:

你俄文学得如何?请写信来给我!我这里一切都好,勿念。

我拟在学外国语外，攻一下经济学，以里（李）嘉图的“经济学及赋税原理”及“俄国资本主义的发展”为基本教科书，你看好不好？哲学方面拟以“唯物论与经验批判论”为基本读物，这样范围可能太广了。

正洪碰见没有？请你告诉他我的情况。我最近不写信给他了。纪青离沪时未遇到，请代告知。

屠格涅夫的小说读得如何？你再读俄文半年便可拜读原著，他的俄文，典雅有力，美丽明晰，是加里宁所称道的。能真正读屠格涅夫的人，便有毕生的幸福！

汝信　十、十九

前面已经谈到，我那几年正醉心于屠格涅夫的散文诗和小说，用 Constance Garnet 的英译本和巴金、陆蠡、丽尼三人的中译本对照读屠氏的六部小说名著；还选用契科夫小说《赌》作为课本学俄文；在此之前，还自学世界语几年。法文、俄文、世界语，都是半吊子。今天回想六七十年的勤学，剩下的只有惭愧。

1948 年底、49 年初时局已十分混乱，许多同学都已离校，无心上课。我也搬出学校，暂住在时任商务印书馆总经理的十一叔父陈懋解（夙之，美国康奈尔大学毕业，比胡适毕业还早一年）的兆丰别墅家里。5 月 25 日上海解放，许多同学革命热情很高，纷纷“北上”、“南下”。我因还缺六个学分，便留校读了学校暑期班，选两门课，于 9 月毕业。“约大”毕业典礼一般每年举行两次，一次为前一年冬季班毕业生举行，一次为春季班举行，在六月末，有时还在九月为暑期班修满学分的毕业生举行一次毕业典礼。历次毕业典礼都是在思颜堂举行，1913 年 3 月孙中山就任临时大总统时，曾在这里作过演讲。1949 年 9 月，我这一届暑期班毕业典礼仍在思颜堂举行。毕业典礼由代理校长赵修鸿教授主持，由董事长颜惠庆授予学士学位证书。我从他手中接受了证书，这是我第一次、也是唯一一次见到这位誉满宇内的我国外交界元老。毕业证书是用花体英文印制，只有姓名单独填入，也是用同一的花体，大概是经过注册主任张祖錩精心描饰的。这应是圣约翰大学有史以来颁发的最后一届英文毕业证书。以往毕业典礼上都要唱国歌（国民党党歌），到我们这一届就只唱校歌“Light and Truth”了。

八、二十一岁被复旦研究所录取

1949年9月我大学毕业了，我往何处去？新中国成立后，国家非常需要人才。《解放日报》上刊载复旦大学经济研究所招生广告。原来为了培养上海财经理论干部，以适应新中国成立初期百废待兴的迫切需要，在陈望道和许涤新的倡议下，复旦大学成立经济研究所，市委委任许涤新为所长兼教政治经济学，李铁民为副所长，8月开始筹备，学习期限一年，供给制待遇。

我去报名。经过笔试、口试，我被录取了。第一期共录取八十七名研究生。10月正式开学。除了我、汝仁、王士章、方俊英几位是应届大学毕业生外，多数同学已在复旦本校、唐山工学院、西南联大等校毕业、并且参加工作多年。所以我们四位年龄最小，我当时只有二十一岁，同学们都叫我“小陈绛”。班上年纪最大的叫孙以堃，他的女儿已和我一样大。我们这一班可以说是“老少咸集”，班上只有一名从香港来的中共地下党员黄慧明（已故）。我们都住在复旦淞庄，这是几座日本式的宿舍，大家带着不同的社会经历来到一起，面对着新社会的许多新问题，常常引起激烈的争论，台上争得脸红耳赤，台下相亲相敬，共处非常和谐。有的还互取善意的绰号，一位喜欢高谈阔论的姓洪同学，便叫他“洪夸夸”（夸夸其谈），一位姓薛的同学喜欢唱康定情歌，便叫他“薛遛遛”（歌词中有“跑马遛遛”句）。改革开放以来，原来分配到外地的同学，退休后大多陆续回到上海，当年满腔热情应东北招聘团招聘而去东北的同学，几乎被一网打尽，戴上“右派”或“历史反革命”的帽子，也都一一获得平反。毕业后多年，我们的老师、原复旦经济研究所所长许涤新（1906—1988，后调北京，历任中央工商管理局局长、中央统战部副部长），每次从北京到上海来，我们常常组织聚会，既是“谢师宴”，也是同学联谊活动。许是经济学家。广东揭西棉湖人。1926年后，先后在中山大学、厦门大学、上海劳动大学学习。抗日战争时期，任武汉、重庆《新华日报》编辑，《群众》杂志主编。是很有学养的经济学家，是我们敬重的老师。我们很珍惜这个聚会，大家都已七老八十，最年长的已过九十，每聚会一次，便少几位，自从许涤新1988年去世后，就曲终人散，不再有人牵头组织了。

其实，我们这一期，与其说是研究所，不如说是培训班。共分工业、农业、财贸等几个组，采取大课报告、分组讨论的教学形式。讲课者多为各领域的著名学者，如哲学由胡曲园授课、《资本论》由漆琪生授课、对外贸易由武育幹授课、财政由周伯棣授课、中国经济史由朱伯康授课、外国经济史由夏炎德授课，华东农业部长刘瑞龙也来做过农业问题的报告。周有光是银行家，当时还没有转行语言学，也被请来给我们上课。许涤新所长自己讲《政治经济学》。

那时，他的《广义政治经济学》第一卷和第二卷1949年刚出版不久（第三卷后来于1954年出版），同学们都把它当作重要的参考书。他按专题讲，大体上讲了政治经济学是工人阶级争取解放的武器、政治经济学是历史的科学、对原始公社的认识、历史上第一个剥削形式、自由民的独立小生产、奴隶社会的商人资本和高利贷资本、商品与货币、价值形态及其发展价值规律对商品生产的作用、货币与商品流通、货币的职能等专题。我在课堂上不大做笔记，只是记了大纲以及关键词和新术语。后来他在一次毕业后的聚会上，见到有些同学分配在相关单位做资料工作，他语重心长地以自己抗战时期在重庆《新华日报》资料室的经历，告诫我们，做学问要扎扎实实，不要看轻资料工作，要重视资料工作。他说的几句话，一直铭刻在我脑海里：

“做人，就应当像‘人’字一样，永远向上而且双脚踏地，踏踏实实。”

“搞研究如修塔，如果只要往上砌砖，而没有打牢基础，塔总有一天会倒塌的。”

“古往今来，凡能获得成就，对人类有所作为的无一不是脚踏实地、艰苦攀登的结果。”

许涤新老师对我们这一期的同学谆谆教导，对同学提出的问题一一不厌其烦地解答。许涤新夫人方卓芬也是广东人，1937年参加中共，和许涤新一同从事中共地下工作。1949年8月离开香港，先任上海市工商局调研室副主任，后调华东局统战部。她和我们这一期许多同学都比较熟悉，在《回忆许涤新》一书中对我们这一班研究生做了高度评价："第一期研究生班时间虽短，但教学效果较好，学生质量较高。这些毕业生多半分配在财经部门和各大专学校。许多人成为财经战线和社会科学院的骨干。"（海天出版社2002年版，第185—186页）

事实也的确如她所说，我们这期同学后来成了许多经济研究单位的骨干和领导。如洪文达任复旦经济学院院长、蒋家骏任复旦经济系系主任、潘纪一是复旦人口研究所所长。西南联大毕业的徐新吾分配在上海市工商局，后来调上海社会科学院经济研究所，主持行业史调查研究，组织出版了一系列上海行业史著作，他和同在上海社会科学院经济研究所的汝仁承担了许涤新、吴承明主编的三卷本《中国资本主义发展史》撰写，为中国近代经济史的研究做出了宝贵的贡献。除汝仁和我同龄健在外，蒋家俊、潘纪一、徐新吾都于前几年去世，洪文达也于2014年2月逝世。当年全班八九十个同学，现在健在的屈指可数只有十人左右。

九、最初工作：编写《反映》内刊

我在研究所只读一年，也许由于研究所所长许涤新时兼中共中央华东局工商处处长的关系，我提前毕业，分配到统战部，开始了最初的机关生活。

1950年夏天，我和汝仁、叶庆楠（女，已故）、王雅平（已故）等几位同学一出校门，便被调入中共中央华东局这个中共党委部门，投身于新政权的建设。大家都很兴奋，我也充满荣誉感和幸福感。华东局统战部是在上海解放后不及一周（6月1日）成立的，兼管上海市的统战工作，由市长陈毅亲兼部长，副市长潘汉年兼副部长，周而复为秘书长，最初只有潘、周和潘的夫人董慧等七个人，后来又陆续来了著名的救国会“七君子”之一的沙千里和潘汉年地下时期情报工作的得力骨干刘人寿等二十来人。1950年3月成立上海市委统战部，但仍与华东局合署办公，两块牌子，一班人马。我们来报到时，统战部已初具规模，设有秘书处，处长由秘书长周而复兼任，下设秘书科（科长董慧，后为薛若梅）、调研科（科长潘子康）、编审科（科长王达非）；党派处，处长初为沙千里，后由副处长刘人寿升任；政治协商处，处长梅达君；后来又增设工商处（处长初由许涤新兼，后由秘书科科长董慧升任）。梅达君主要工作在市政协。他是地下党员，参加民进，和赵朴初熟悉，大家戏称他“梅居士”，离开统战部后调任驻苏联大使馆参赞，后曾任上海市民族事务委员会副主任，上海财经学院副院长等。部内的老同志大多是新中国成立前潘汉年情报系统的地下党员，我们几个研究生加入不久，又从大夏大学调来三位女毕业生，包括后来成为我的妻子、教育系毕业的任佩仪，还有在中学地下时期就已入党的马韫芳（“文革”结束后任联络处处长)。

我们几个同学第一天一起从江湾复旦大学乘电车来到外滩苏州河畔百老汇大厦(今上海大厦)报到。时为统战部秘书长的周而复从电梯出来迎接,他穿着夏天两用衫,很和气地领我们上十一楼。从此开始了我此后六年的机关生活。

登上十八层的观景平台,浦江两岸的风情尽收眼底。熙熙攘攘的外白渡桥是它的姐妹,共同构筑了一道美丽的风景线。滔滔东去的黄浦江水和江边连绵的万国建筑群诉说着半个多世纪的骄傲和屈辱,外滩夜晚通明的灯光展示着历史新篇章的辉煌。百老汇大厦这座英国式的近代建筑风格让它无处不散发着一份尊贵与独特。

统战部办公在百老汇大厦十一楼,宿舍在十二楼。工作人员有二十余人,科里有顾瑞英和陈南燕两位女同志,她们是在南洋从事革命活动刚回到上海的。当时人数少,老同志在新中国成立前地下时期多已认识,现在又加上我们几位青年学生,虽然有点陌生感,但对我们爱护有加。我们对老同志也非常尊重,有什么难题多向他们请教。大家吃住都在上海大厦,都沉浸在共和国新生的欢乐之中。大家生活愉快,气氛和谐,像个大家庭。我们这里还有个俱乐部,下班之后可去打乒乓,打康乐球,每星期还请人来教唱歌,举行舞会。陈毅有时周末也到百老汇大厦参加舞会。周而复与其说是共产党高级干部,不如说更是文化人。他晚上有时就带我们到百老汇大厦后面小街吃小笼包子、鸭血线粉汤之类。有一次夏天晚上自己开车带我们在南京路兜风后到大世界附近吃郑福记酸梅汤。

我们住在百老汇大厦,就像住宾馆,早起有工友为你整理床铺、打扫房间等等。这样的机关生活,显然同共产党提倡艰苦朴素的精神大相径庭。于是不久,就搬到江西中路福州路口建设大厦五楼,记得市委办公厅和宣传部也都在这幢大楼。集体宿舍则搬到陕西路一幢小洋房。我和佩仪婚后就从集体宿舍搬出来,先后分配到华山路常熟路口的瑞华公寓、巨鹿路常熟路口原亚细亚洋行员工宿舍,以及二十世纪五十年代初市委新盖作为干部宿舍的五原路73弄公房，后来又住进丁香花园隔壁的武康路2号。后者原是一个莫姓大丝业资本家的洋房，隔壁就是丁香花园，柯庆施曾在这里住过，“文革”中成为上海机关造反派写作组的据点，徐景贤在他的回忆录里对它有过详细描述（这幢洋房改革开放后由莫姓后人回国收回）。

当时我和机关多数同事一样，拿的是供给制，吃饭穿衣都由公家提供，每月只发给两三元钱购买毛巾、肥皂、牙膏之类的日用品，生活上没有奢侈的要求，却也不觉得拮据，领导曾征求过我们意见，要不要改薪给制，我因为六哥在邮局工作，八哥在中学教书，家中生活都由他们负担，佩仪也是拿供给制，她的父亲是资本家，也没有家庭负担，我们都婉拒了。不久改为包干制，多发几块钱，衣服之类不发了。一直到大儿子出生后，按规定，每个孩子出生，可以雇请一个保姆，发给保姆费，大约二十多元，到第二个儿子出生，又增加二十多元。佩仪请来她娘家老女佣，后来两个孩子都送入中国福利会托儿所和市委机关托儿所，我们手头比较宽裕。我有些余钱，每逢假日或下班后，常到宿舍附近几家旧书店觅购旧书（那时外侨撤退离沪，西区旧书店常有他们卖出的外文旧书），打发我的业余生活，这些也都得到佩仪的支持。我曾写了《人向乱书堆中瘦——关于淘书的一些杂忆》，这里就不再详谈了。我们两人一齐拿供给/包干制，一直拿到1957年全国最后取消了包干制，才改成薪给制。

我在统战部，开始在秘书处调研科，科长潘子康，同时担任机关支部书记，广东人，是二十世纪三十年代老党员，喜欢文艺，很幽默，又和我同有集邮嗜好，和我很相投。电影《永不消逝的电波》中的主角原型李白被捕时，他和夫人何复基（也是广东顺德人，中共地下党员）就是由组织安排，住在李白的楼下作掩护。他躲过了国民党反动派的一劫，却躲不过后来潘汉年冤案中的狱灾。改革开放后平反出狱，我去看望他，他已垂垂老矣，原来就有肺病，身体衰弱，不久便去世。临终前对他的子女（一男两女，长女是著名的邮票设计家潘可明〔1940—2008〕，曾和画家刘旦宅共同创作《红楼梦——金陵十二钗》的特种邮票，已因肺癌病逝）说，以后你们如果有事可去找陈绛叔叔。我很感激他对我的信托。

在统战部，我主要从事部内文字工作，得到领导的信任，有一年，部的年终总结还叫不是党员的我来撰写。每届上海市人代会或市政协会议期间，白天各小组讨论，晚上我便根据各小组记录，综合编写《反映》。《反映》是部里印发不定期的内刊，我们的稿件由潘子康初审后送到编审科，由科长王达非审定，最后送市委印刷厂排印。王达非（1906—1956）是地下党员，曾创办《时事新刊》，任总编辑，后任成都《新民报》、《华西日报》总编辑，1955年也因潘案受株连，含冤病逝（1982年平反昭雪）。在市人代会或市政协会议期间，《反映》都是当晚交市委印刷厂排印，第二天早上便送到市委领导和有关负责人手里。我当时年纪轻，笔头快，干劲足，连续开几天夜车，只觉得兴奋，从不叫苦，同事还给我“快笔头”的称誉。

内刊《反映》的内容，除了市人代会和政协会议讨论情况，二十世纪五十年代初期，许涤新每星期都在部内主持一个小会，研究上海工商界动态和经济状况，有市工商局、税务局、人民银行、工商联等部门的党内负责人参加，我记得常来参加的有蔡北华、杨延修、勇龙桂、杨叔铭、谢寿天等，可以说是当时上海高层次的内部财经会议。潘子康常常叫我去列席作会议记录，会后整理讨论情况刊在《反映》上。调研科取消后，新成立干部处，我便留在干部处，担任整理编写党外统战人士的资料。

编辑《反映》等工作，让我对上海上层资本家如荣毅仁、刘鸿生、郭琳爽、刘靖基、胡厥文等以及他们企业情况有了一些感性认识，对我后来研究上海经济史有着很大的帮助。

十、为小说《上海的早晨》提供素材

由于身在机关内部，又是担任文字内勤工作，新中国成立初期几个社会上重大的运动，除了在部内政治学习，我都没有亲历其境。土改运动，前已述及，老家在福州城内，又没有土地，因而没有波及；镇压反革命运动和知识分子思想改造运动，只是在部内听人谈起，对于前者，改革开放后，圣约翰校友聚会时，才有同学谈起，镇反时一天夜里有人到校抓捕的情况；对于反胡风运动，也只是读到后人的追述和一些文化名人的回忆录，略知一二。我第一次参加社会重大的运动是“五反”运动。

1952年1月26日，中共中央发出开展“五反”斗争的指示，发动对违法的资本家开展反对行贿、反对偷税漏税、反对盗窃国家财产、反对偷工减料和反对盗窃经济情报的斗争。后来通常叫作“五反”运动。上海很快掀起了“五反”运动的高潮。

“五反”运动是由“三反”运动发展而来。1951年底开展的反贪污、反浪费、反官僚主义的“三反”运动，发现干部中的贪污腐化大多与工商界的行贿、偷漏税等不法行为有千丝万缕的关系，于是进而在工商界中开展“五反”运动。其实，在上海，“三反”和“五反”之间，还有一个“四反”运动，即：反贪污、反行贿、反偷税漏税、反盗窃国家资财。1952年1月中旬，上海市工商业联合会召开上海工商界代表扩大会议（我曾受统战部指派出席此前的市工商联成立大会），成立“上海市工商界四反运动委员会”，号召工商界开展“四反”运动，并且设置了检举箱，接受工商业者的自我坦白书和检举信，由“四反运动委员会”每天开箱处理，因此资本家并没有感到很大的压力，有的甚至在会上打趣说笑，表现轻松。我在部里听有些科长很不满意地说："岂有此理，让资本家自己检举自己！"《大公报》也有文章批评工商联的"四反运动委员会"对运动领导无力。为此，这个"四反运动委员会"很快就取消了，2月初工商联通告各同业公会，运动归市增产节约委员会工商组统一领导，检举箱连同钥匙，以及所有检举坦白材料都转交增产节约委员会工商组，工商组设在南京东路20号华懋饭店（今和平饭店）八楼，也就是华东财委办公的地方，由潘汉年、许涤新等具体负责。中央派薄一波到上海指导上海的"五反"运动。

3月下旬，我和部里许多同事到天蟾舞台听陈毅、薄一波的"五反"动员报告，参加"五反"检查队。上海"五反"运动进一步展开，先选择七十四家"五毒"比较严重的工商业户作为重点户，进行突破，对于市人民代表、政协委员、市工商联正副主委、各同业公会主委等上层资本家则采取"背靠背斗争"的方式，让他们在华懋饭店小组会上自报互评，主持小组会的组长也由资本家自己担任，不在工厂/商店内开群众斗争会、坦白会，由职工当场批斗资本家。职工的检举材料交给检查队，由小组内其他资本家提出质询，让本人交代，然后交厂/店内职工审查核对。最后在定案时工作队组织小型组会，由资方向工人、店员代表交代，取得后者的认可。在华懋饭店参加这样互评互助的共有三百零三户。我和部里许多同事都集中在华懋饭店，参加三百零三户"五反"检查队，没有参加基层的"五反"斗争，实际上起着工人群众与资本家之间的中介作用。薄一波后来向中共中央报告了这一经验，称："在上层资本家中间展开了激烈的评挤运动，虽系保护过关，但紧张程度绝不减于检查一次办法，是一面上层搞，一面在厂店发动群众，工人资本家互不见面。上层资本家三百九十人中有三百零三人，均准备在不同程度上保护过关。过关内容不登报不到大会斗，但有的让他们衣冠整齐地过去，有的让它们丢盔弃甲地过去。这样做，资本家已经感激不尽。"

我在"五反"检查队，分在棉纺织组。棉纺工业在二十世纪五六十年代是上海工业中重要部门。棉纺织组是一个重点组，荣毅仁、刘靖基等著名的资本家都在这个组。组长是时任市统计局局长的肖车(后为上海市人民政府副秘书长)。有一天,周而复特地把我叫到他办公室,要我把资本家在小组会上的发言记下来给他看。

我问:“是摘要记还是全部记?”

周而复说:“尽量记详细,要记全,要忠于原话。”

我满口答应。周部长又交代一句:“记录的字迹要清楚,要让我看得懂。”

我后来才知道,这时他正以自己统战工作方面丰富的生活经验创作长篇小说《上海的早晨》,要我帮他收集素材。小说以上海资本家社会主义改造为题材,它可与茅盾《子夜》相媲美。

我参加的小组发生两件事给我很深印象:

一件是有资本家在会上高喊:“打倒资产阶级的猖狂进攻!”

另一件是叫同行业交代不好的资本家站出来,立壁角,低头认罪。

这时基层“五反”运动,在店员中出现了一些偏激的行动。主持三百零三户“五反”的潘汉年和许涤新见到小组发生这两件事觉得不正常,特别是市内已经出现资本家跳楼自杀的情况,更感到问题的严重。据当时内部简报载,从1月18日到2月19日一个月里,上海工商界因“四反”和“五反”而自杀者,就有四十九人(未遂十六人)。其中,“五反”运动发动起来后,即从2月12—15日不过四天的时间里,就有二十二人自杀。整个2月份已自杀死亡了七十三人。这时的自杀者基本上还都是小企业的业主。参加三百零三户小组的都是上海滩有头面的资本家,小组会上出现这种情况,潘汉年和许涤新立即警觉,召集我们开会,叮嘱我们要密切注意动向,掌握政策,防止这种情况发生。

我在小组会上接触到各种动态,如:

有的资本家虽然感受到思想压力,但不是那样严重。

有的资本家主动坦白交代出来问题,都是鸡毛蒜皮小事,如行贿戏票十张、送自来水笔和普通手表各一支、派人陪同游公园摄影两次、看电影两次、看京戏一次，等等。

我把这些情况都向周而复做了汇报，并将小组记录交给他。周而复看了我的记录后很关切，对我说："有些情况还可以详细一点，小组会上资本家的对话要具体写。"

我记得，苏联文学理论家、批评家米哈伊尔·巴赫金有过一句名言，叫"生活就其本质说是对话"。与对话相反的是独语。对话是一种目的又是一种方式，一个人的思想的闸门打开之后，彼此相互启发，相互碰撞，许多埋藏于内心深处的观点就会蹦跳出来，所以，对话更能保持一种相对自由的心态。由于心态比较自由，所以常常能突破许多条条框框的限制，从而使对话中所反映的思想内容更加真实和准确。正由于对话的这一特点，小说或戏剧里的人物之间的思想多用对话来展开故事。

我明白周而复部长的要我多记录对话的用意，特别要我注意对话。我整理的简报，有一些被周而复吸引到小说《上海的早晨》情节里。当《上海的早晨》第一部和第二部出版后，周而复专门送我一本，以表他对我为创作《上海的早晨》寻找素材的谢意。

"五反"运动后，周而复又亲自带队，带我们到大隆机器厂参加民主改革。

十一、遇上“潘汉年案”

1955年4月，发生震惊全国的“潘扬冤案”。饶漱石问题发生后，所谓饶包庇的胡均鹤于9月被捕，上海市公安局局长扬帆也于同年12月31日被送北京秘密隔离审查。潘汉年作为上海市委第三书记，又是主管政法工作的常务副市长，自然而然地要联系自己的责任，而且1943年他到沦陷区和李士群接触时，意外地被李士群挟持去同汪精卫见面（当时是由胡均鹤带去的）一事，又被审查。

潘汉年曾任统战部部长，部内科长以上许多人都是潘在中共地下时期情报系统或与这个系统有关的干部。统战部自然成为这个冤案的重灾区。先是，潘的妻子董慧不见了，说是跟着潘去北京开会；接着许多科长处长失踪（后来才知道他们或是入狱，或是被隔离审查）。调来一些山东南下的工农干部，来个大换班。部里开始肃反、审干，一片肃杀之气，建部初期那种生动活泼的欢畅气氛不见了。许多人都在小组会上作检查。

他们在我办公桌抽屉里一本笔记本上见到几句关于台湾廖文奎、廖文毅搞“台独”活动的文字，加上我的大哥、七哥、三姐都在台湾（三姐夫还是在台湾“国防部”工作），还有不少亲友在台，追查我同台湾的关系。原来二十世纪五十年代初“反美扶日”运动中，上海人民广播电台邀约周而复去做一个报告，周叫我收集资料准备演讲稿，我交代了事情原委，说这是从杂志上抄下来的，不信，你们可以查。还好那时年纪轻，记忆力好，记得是从《世界知识》上抄下来的。他们派人陪我（实际上是押解我）去卢湾区图书馆，果然查到这段摘录，才弄清了问题。

负责审干的人员要我揭发董慧和“潘案”有关的问题，我同他们关系不深，说不出什么问题。他们又查我的日记和笔记，没有发现什么问题，又到我的住所把我的家中来信统统拿去。家书一直搁在专案组那儿，我的心也一直吊在那儿。这样的日子持续了一个多月，将五十几封家书退了回来，说我家信没有问题，这时才放下心来。其实，父亲的家书谈的多是家事，以及他摘抄四书五经中的名句和唐人绝句，嘱我用以启蒙孩子，查不出同“潘案”以及同台湾有什么关系。

在“潘案”中，最令我怀念和崇敬的是潘汉年的妻子董慧。

那时她是秘书科科长，我是调研科干事。她常来我们办公室，和潘子康、顾瑞英等聊天，她和气近人，一点没有市长夫人的架子，大家都拿供给制，她的经济条件较好，经常掏腰包买水果点心分给大家吃。潘子康等老同志都叫她“阿董”，我们则尊称她“董科长”。她对任佩仪也十分关心，我们正在热恋中，她对佩仪说：“小任啊，我看陈绛不错，你就不要犹豫了。快点决定结婚吧！”婚后佩仪将董慧的话告诉我。董慧虽说不是我们婚姻的介绍人，但是我们婚姻的热心促进人。我们终于1953年5月1日结婚，我们既没有举行婚礼，更没有举办婚宴（那时没有今天这样奢华的风气）。只是分发部内同事一些糖果，他们也送来笔记本、热水瓶、台灯之类日用品（有的还是几个人合送）。周而复送给我们一部四卷本的肖洛霍夫《静静的顿河》。董慧送给我们一把精致的小刀。

董慧（1918—1979）是1939年入党的老党员。她的父亲是香港银行家。她早年从香港奔赴延安。在延安同潘汉年结婚，伴随潘从事地下工作。她以她父亲道亨银行上海分行普通职员的公开身份，上海—香港中共地下活动的大批开支经费就以她的名义在银行建立账户，由她经管。她还利用沪港之间专跑银行业务的可靠同事或其他社会关系，把经过包装或密写的重要材料往返传送。她严守机密，在同我们相处的日子里，从来不向我们炫耀潘汉年和她地下活动的革命业绩。

我们很迟才知道董慧被指控为“内奸”而逮捕。经过七年审查并未查出她有任何“危害革命”的证据，宣布“免于追究刑事责任”，可以释放，但必须居住在监狱家属区参加劳动。董慧被释放后，听说有人劝她离婚，说："只要你和潘汉年离婚，就可以恢复党籍和组织生活，还可以去香港和家人团聚，过上安逸的生活。"董慧听了，果断地拒绝说："要享清福，当年我就不会去延安！"董慧在香港的母亲经过有关方面的批准，派人来北京要接她去香港休养或定居。她对来人说："我不能让汉年一个人在此受罪，我要永远和他在一起。"董慧以一颗滴血的心陪伴着潘汉年度过了痛苦漫长的二十二年的囚禁生活。

1982年8月，中共中央发出《关于为潘汉年同志平反昭雪恢复名誉的通知》，为潘、董平反昭雪，认为董慧是忠于党的好党员好干部，回到了三十年前我们对她的认识。"贞操与日月俱悬，孤芳随山壑共远。"这是对她最好的写照。

十二、黄逸峰强调调查研究

1956年1月，在北京召开关于知识分子问题会议。会议号召全党努力学习科学知识，同党外知识分子团结一致，为迅速赶上世界科学先进水平而奋斗。周恩来做《关于知识分子问题的报告》。《报告》提出正确对待知识分子问题的政策、方针和方法。我在1月30日的《人民日报》上读到报告全文。《报告》提出了正确对待知识分子问题的政策、方针和方法，总结了我国知识分子自我改造的经验，最后提出制定1956年到1967年科学发展的远景规划的任务，发出了向现代科学进军的伟大号召。这给我极大的鼓舞。

读了《报告》，我内心萌发回到书斋做学问的意向。当时想到自己年龄不小了，将近三十“而立”之年，应当回归去研究学术。父亲过去也觉得我不是“搞政治的料”，希望我去学校或研究部门。正好这时中央考虑到中国科学院在上海的研究所，都是自然科学的研究所，没有人文社会科学的研究所，决定在上海成立经济和历史两个研究所。当时广州举行知识分子会议，提出向科学进军的号召，我又听到上海经济研究所刚刚成立的消息。我想，此时正是机遇，便以我是复旦经济研究所毕业为理由，向统战部提出“归队”的要求，希望调到上海经济研究所，获得了同意。

1957年2月，我被调入中国科学院上海经济研究所，开始了后半生的学术研究。那天上午，我充满憧憬揣着调动工作的介绍信，来到上海西区一条树影婆娑的小路——靖江路(今桃江路)一座幽雅的小洋楼报到，新诞生的中国科学院上海经济研究所不久前刚从高安路迁到这里。

所长是著名的经济学家沈志远(1902—1965)，浙江萧山人。早年因参加爱国学生运动被校方“劝告退学”，后赴苏联莫斯科中山劳动大学学习。我过去读过他的1934年5月初版的成名作《新经济学大纲》。1955年中国科学院成立四个学部，他当选为哲学社会科学部委员。1956年初和黄逸峰负责筹备中国科学院上海经济研究所，经济研究所成立后，他担任所长。他不常来所，但我常听他来所时的讲话或报告。

经济所主持日常工作的是副所长黄逸峰（1906—1988）。我进经济所前就知道黄逸峰是位传奇式的人物。他是1925年加入中共的老党员，参加上海工人三次武装起义中，救周恩来于危境。他七次被捕入狱，多次入党，多次被迫出党和重新入党。1954年新“三反”运动中在华东交通部部长兼交通专科学校校长任上，以压制校内学生批评的罪名（这种压制批评的情况今天算不上“罪名”，不值一提），被开除出党，并撤销本兼各职。经济所成立前他虽已恢复党籍，却仍身居闲职（市委工业部调研员），便被派来和沈志远共同负责筹建经济所。

那是1951年年尾发生的事。那年12月3日《人民日报》“读者来信”专栏发表了一篇题为《上海华东交通专科学校存在混乱现象》的文章，批评校领导不去设法改善教学设备，却花了二十亿元人民币（旧币）盖了一座大礼堂等等。文尾的署名为“上海华东交通专科学校一群学生”。校方看到《人民日报》这篇文章后，认为文中的批评“不符合事实，是蓄意破坏学校名誉”，向兼任校长黄逸峰反映，黄听了汇报以后，指示追查投稿人，并组织职工学生联名给《人民日报》写信要求更正。校方查出该文的作者后，对他施加压力，逼令退学。他面对校方的巨大压力，又向《人民日报》写信申诉，说学校领导压制批评。华东局纪律检查委员会与有关各部门共同组成检查组，前往华东交通专科学校调查。黄逸峰认为这纯属正常建设，没有铺张浪费，对检查组采取不予理睬的傲慢态度，检查组经过初步调查，建议给黄逸峰以党内警告的处分，并要黄在《解放日报》上作公开检讨。黄又拒绝检讨，将事情闹僵。接着，华东局派组织部负责人到北京向中央汇报，毛泽东听到黄逸峰压制批评的情况后，在一份材料上写下了“压制批评，轻则开除党籍，重则交人民公审”的批示。这样一来，黄逸峰就成为压制群众批评的典型。1953年1月，黄逸峰受到了开除党籍和撤消一切行政职务的严重处分。听说当时黄逸峰乘火车去北京，想去找王光美反映（他们在北京军调处时一起工作过），在火车上听到广播胡立教严厉批评他的文章，就知道没有希望了。1953年1月19日，中共中央华东局暨上海市委机关报——《解放日报》，公开发表了《关于开除反党分子黄逸峰的决定》。1月23日，《人民日报》发表题为《压制批评的人是党的死敌》的社论，并公布了开除黄逸峰党籍的决定。黄逸峰遭到如此严厉的处分，可能与另一件事有关。那就是他在1947—1949年间担任东北铁路总局副局长、东北铁道兵纵队司令员期间，曾经顶撞过苏联派驻中东铁路的顾问，这位顾问向斯大林告了状，于是反映到毛泽东那里，给毛留下不好的印象，毛因此做出严厉的批示。这就是轰动一时的“黄逸峰事件”。

我到经济所报到时，同黄逸峰第一次谈话，他对我说：经济所的主要任务是研究上海资本主义的发生、发展和改造。他十分重视调查研究。他说：“我过去的某些过失就失于没有调查。”我在他身边，他经常告诫我们要重视调查研究。他说，革命导师十分重视对社会实际的调查与研究。恩格斯在居留英国期间，曾对英国工人状况和工人运动做了周密的调查研究，写出《英国工人阶级状况》。马克思拟定过关于各国工人阶级状况的统计调查提纲和《工人调查表》。长达四十年创作《资本论》的过程，就是他对资本主义社会进行周密调查研究的过程。

那时，我二十七岁，他五十岁，我敬重他，他也看重我。经济所除了政治经济学组从事基础理论研究外，有一个上海资本主义典型企业研究组，下设三个小组，分别对三家历史悠久的著名企业作调查研究，每组三四个人（他们的研究成果便是后来以重视典型调查而受到《红旗》杂志表扬的恒丰纱厂、大隆机器厂和南洋兄弟烟草公司三本厂史）；还有一个研究组以上海资本主义工商业解放后社会主义改造为对象，简称“改造组”，由黄逸峰自己直接领导。我被分配在改造组，我们这个组是三个组中人数最多的一个组。先我来到的黄苇（复旦大学新闻系毕业，来自《解放日报》）、汪熙（美国宾州大学沃顿商学院研究生院毕业，来自银行）、徐雪筠（女，复旦大学会计系毕业，来自市工商联，现在美国）和刚从复旦大学经济系毕业的许维雍（女）等都在这个组，同时还从上海几所高等学校调来有关专业的一些教师参加。——这些教师只是短期参加，不久便都回校去了。

调查研究是进行学术活动的基本功。调查指通过各种途径，运用各种方式方法，有计划、有目的地了解事物的真实情况。研究则是指对调查材料进行去粗取精、去伪存真、由此及彼，由表及里的思维加工，以获得对客观事物本质和规律的认识。在黄逸峰主持下，改造组拟定了一份调查提纲，我们组又分成四个小组：黄苇去机电工业局，汪熙去医药公司，徐雪筠去商业局，我去纺织工业局。

纺织工业是上海工业中重要的部门。清光绪十五年（1889）成立上海机器织布局，开创了上海近代纺织工业的新纪元。上海纺织工业基本上能反映旧中国纺织工业发展的概貌。新中国成立后，国家接收了国民党官僚资本企业，纺织工业在上海工业中所占比重很大。至1956年全行业实行公私合营后，按工业公司归属的行业分别有棉纺织、印染、织布、毛麻、针织内衣、制袜、丝绸、毛巾被单、手帕、制线、织带制绳、制毡制帽篷帆飞花整理、衬衫服装、纺织机械制造、纺织器材等十五个行业，共四千多家企业。市纺织工业局管辖的范围广，资料浩如烟海，按照调查提纲的要求，我们选择织布工业公司为重点，开始对档案的阅读和资料的摘录。当时和我同一小组的有许维雍和一位来自上海音乐学院政治课教师，每个小组还配备一名新分配进所的高中毕业生，我们小组是毛桂，一位朴实认真的女生。

黄逸峰是位有影响的老革命，由于他事先已同有关部门的领导打过招呼，各组工作得到他们的重视和支持，进行顺利。我和许维雍等四个人整天待在外滩上海市纺织工业局一个狭小的房间里，夏天，小房间十分闷热，当时既没有空调，又不能开窗通风，一开窗，档案被吹到高楼下外滩马路上，后果便不堪设想。只好靠电风扇，工作条件虽差，但接待人员非常负责周到。对于所要查阅的档案，局里十分慷慨，要什么，提供什么；看完一批，便调来一批，这与今天有些单位视档案为私有奇货，秘不外示，不可同日而语。在那时既没有复印机，更不知电脑为何物，全靠手抄笔摘，一笔一划地抄写，研究条件与今天相比可谓"天壤之别"。幸而当时全行业公私合营高潮刚过去不久，各部门参加对资改造工作的干部大都还在，他们情况熟悉，取阅方便，若干年后，有一次我再去查阅时，他们都调走了，人去楼空，有些档案新来的工作人员已不知其去向了，若此我们的工作就觉得无从着手了。

我们这些人多数在以往工作中对于对资改造直接间接都有过不同程度的接触。我原来在统战部，对上海工商界和纺织系统有所了解。当时我要求"归队"，研究所同意吸收我们入所，也许正由于考虑到这一点。利用档案并没有什么困难。在各业务部门查阅档案资料告一段落后，便回所开始对调查提纲作修改补充，写出调查报告。这时邹今朴从市一个财贸部门调来，也加入改造组。我们按照对资改造的时间顺序分工写作。

1957年下半年，经济所因为人员增加，靖江路小洋房不够用，便迁到徐家汇原来一座天主教会的三层楼的大楼（据说原是修女的宿舍）。经济所在二楼，历史所在三楼。也正是在这个时候，"反右"斗争在全国范围开展，我们经济所自然不能幸免。所内五名高级研究人员——沈志远、吴承禧、姜庆湘、杨荫溥已内定为"右派"，贾开基最初未定，到后来"反右"补课的扫尾阶段因为名额不够，还缺一名，便被"补"了上去。所内五名"高知"清一色被打成"右派"分子。因为沈志远是民主同盟中央委员、上海市委主委，姜庆湘是民主建国会中央委员，"批斗"他们都是在市里进行，经济所只是配合，运动后期他们在全所人员大会上做了一次检查，我只记得沈志远检查时说自己对党不满，是因为他有钱却在市场上买不到东西（我们那时都觉得钱不够用，生活紧巴巴），听后觉得可笑，所以印象很深。我新从统战部调来不久，被党支部当作积极分子使用，平时和他们都没有什么接触，“揭发”不出什么“重磅炸弹”的问题，只是随大流，根据当时自己的思想水平，违心做了一些应付的表态和肤浅的发言。

十三、“红皮书”的多舛命运

到了1958年5月进入“大跃进”时期，我听传达，后来又读报纸的宣传，要贯彻中共八大二次会议通过的总路线，即“鼓足干劲、力争上游、多快好省地建设社会主义”。这条总路线的出发点是要尽快地改变我国经济文化落后的状况，总路线提出后，发动了“大跃进”运动，在生产发展上追求高速度，以实现工农业生产高指标为目标。到了1958年底，更要求把钢产量比1957年翻一番，提出“以钢为纲”的口号，号召全民炼钢。但由于技术不合规格，只是炼出大量的废铁，造成极大的浪费。炼钢需要铁矿、焦炭、燃料等材料。由于铁矿不足，于是全民不下田耕作，全都上山采矿，使粮食产量大减，还去把家里的铁器丢到炉火中，由此，上海许多洋房的铁门、钢窗也都拆下“炼钢”，结果却炼成一个个的铁疙瘩。由于燃料不足，只好上山伐林，把一座又一座青山砍得光光，引发日后的天灾。其实这些天灾都是人为的。

当时着实提出了鼓舞人心的口号，也算是“豪言壮语”，如：

人有多大胆，地有多高产。
三年超英，五年赶美。
一天等于二十年，共产主义在眼前。
蚂蚁啃骨头，茶壶煮大牛，没有机器也造火车头。
你是英雄咱好汉，高炉旁边比比看，你能炼一吨，咱炼一吨半。
……

文艺创作提出：“跃进歌声飞满天，歌成海洋诗成山。太白斗酒诗百篇，农民只需半杆烟。”

学术著作也提出：“与火箭赛速度，尽快编出大著。”

这时候，全社会热气腾腾，各行各业都卷入“大跃进”的高潮中。上海经济和历史两个研究所在1958年已从中国科学院剥离出来，和上海财经学院、华东政法学院合并成立了上海社会科学院。为了向国庆十周年献礼，院里的一位领导人在全院“大跃进”大会上发出豪言：“我们要用扁担挑一担书上北京！”我们的“一担书”是什么？其中《上海资本主义工商业的社会主义改造》有幸成为这所谓“一担书”中的重要的一本。于是，由上海人民出版社加紧排印五百本，在国庆前夕作为内部讨论稿出版，送有关部门征求意见。因为采用深红色作封面，我们后来一直称它为“红皮书”。

说到这本“红皮书”，应该说，这是一本我们几个人多年合作的成果。利用档案编写，不算有多大的难度，难在对某些认识不统一。我们这些人多数在以往工作中对于“对资改造”直接间接都有过不同程度的接触，在各业务部门查阅档案资料暂告一个段落之后，便回所开始对调查提纲作修改补充，这时邹今朴从市政府一个财贸部门调来，也加入改造组。我们按照“对资改造”的时间顺序做了分工：

黄苇——新中国成立前上海资本主义工商业基本状况；

汪熙——国民经济恢复时期；

徐雪筠——第一个五年计划时期；

邹今朴——全行业公私合营高潮；

陈绛——合营高潮以后，包括经济改组；

黄逸峰自己和蒋立（姜铎）合作撰写结束语。

全书的结束语原定黄逸峰自己写，可是他一直抽不出时间，便叫蒋立（姜铎）执笔。各章几经讨论，反复修改。每次讨论，黄逸峰大都亲自参加，发表一些指导性的意见。

我印象最深的有两点：其一，他不止一次引述了百代唱片公司（全球历史最悠久的唱片公司之一）一位法国资本家访问中国后说的话：“如果法国政府也采取中国这样的政策，我们也愿意将企业交给国家。”黄逸峰以此强调对资本主义工商业利用、限制、改造政策的正确性和和平改造的国际意义，这也是全书写作的指导思想。其二，因为全书是按阶段顺序撰写，各人写自己负责的那一章，开首总是描述当时私营工商业存在问题如何严重，以说明改造的必要性，写了改造工作和过程，最后便以问题解决、取得成绩结束；下一章又要以问题严重开始，以成绩巨大收场。各章周而复始，高低起伏，无法彼此衔接。于是，黄逸峰批评了这种程序化的写法，强调要树立全书一盘棋的思想，实事求是，掌握分寸，注意相互呼应。各章作者据此做了修改。各章初稿写成以后，黄逸峰指定我作全书的最后文字上统稿工作。说实话，通稿不是容易的事。要在各章、节初稿的基础上，对前后矛盾，互相重复，互有遗漏以及文风不一等加以调整和文字上的修饰。对于这些，我在书稿上直接修改了，得到各章撰稿人的赞同，也得到黄逸峰的首肯。待到全书竣稿，已是1959年初的事了。

正当我们见到自己的辛劳作品终于有了初步结果时，因担心不成熟而当作“内部讨论稿”，尚未公开发行。尽管如此，我们还是很感欣慰的，因为书稿中的每个字都流淌着我们多年来的汗水。正当我们沉醉在喜悦之时，“红皮书”和它的作者(特别是主持者黄逸峰和“结束语”执笔者蒋立)却遭到了厄运。在“红皮书”内部讨论稿送到中共上海市委审查的同时，“结束语”以《上海资本主义工商业社会主义改造的伟大胜利》为题，先在《解放日报》上发表。负责文教的中共上海市委副书记兼宣传部长张春桥看到后做了批示，严厉批评《解放日报》说，怎能发表如此鼓吹“和平过渡”的毒草文章，在文中批示说：此书“和平”气味太浓，鼓吹“和平过渡”，应马上组织批判。于是，宣传部立即组织文章在上海社联年会和经济所内批判我们几人合作撰写的这本“红皮书”。在批判中，他们有的指鹿为马，说宣传“和平改造”就是鼓吹“和平过渡”、“阶级斗争熄灭论”，而“和平过渡”、“阶级斗争熄灭论”正是当时遭到严厉谴责的修正主义货色；诬说“红皮书”是为资本家评功摆好、树碑立传的黑书，甚至有人在批评会上

"咬文嚼字",诬蔑这本书的名字就有问题,说什么应当是《对上海资本主义工商业的社会主义改造》,没有"对"字,怎么提出工人阶级是改造者、资产阶级是被改造者呢? 真是理论遇"左"倾,有理说不清。"红皮书"从此在劫难逃,长年累月不得见天日。黄逸峰为此气得生病住院。

在此前后,我有时应约为《解放日报》"新论"副刊等写一些配合形势的应景文章。1958年9月21日上海市郊第一个农村人民公社七一公社成立。我参加了所里组织的七一公社调查。为了宣传"十年赶超英国",新从中央宣传部调来的副所长庞季云组织苏绍智、农业组陶家祥(也是"约大"校友)和我一起写了三篇文章(苏绍智写《为在1959年内提前完成第二个五年计划的主要指标而欢呼》,我写题为《十年左右赶上英国的伟大意义》,陶家祥写的题为《提前实现农业发展纲要的伟大意义》)编成一本小册子《伟大的十年　辉煌的成就》,由上海人民出版社于1959年印行三万五千本。这些文章反映了自己当时头脑发热,鹦鹉学舌,人云亦云,既浪费了笔墨,更亵渎了科学,及今思之,感觉惶愧。

《上海资本主义工商业的社会主义改造》书稿的修改,后来就不再让黄逸峰主持。新所长姚耐指定原在上海财经学院的丁日初负责。丁日初(1917—2002),福建邵武人,和姚耐是同乡,早年留学日本,是中共地下党员,1948年回福州领导地下民盟和民联(民革前身)工作。父亲丁超武(1884—1967),是国民党元老,曾任福建省参议院议长,新中国成立后任福建省副省长。岳父石磊(1892—1951)是国民党福建省党部主任委员,支持中共地下活动,1951年"镇反"中却被错杀,1983年项南主政福建时平反。由于这层关系,丁同上海民革关系较深,1988年起历任民革上海市委副主委、名誉副主委,民革和民盟创立的上海中山学社副社长,创办并主编《近代中国》。他和我也是福建同乡,我们共事一直到他去世时止,前后共达四十余年。

丁日初调到上海社会科学院,担任经济史组组长,负责《上海资本主义工商业的社会主义改造》修改工作。他初来乍到,情况不熟,他留下了小组原来的人员，我们都在他领导下，继续分担自己原来撰写那一章的修改任务，只有全行业公私合营，因为邹今朴已调到财贸组，便由从政治经济学组调到经济史组的黄逸平负责，丁自己则执笔改写改造政策和结束语，他叫我继续担任全书的统稿工作。从此开始了新一轮的反复讨论、改写、再讨论、再改写，一稿、二稿、三稿、四稿……常说七稿八稿，其实哪里知道已进行了几稿，真不知费了多少唇舌，浪费了多少稿纸，度过了多少个不眠之夜，消耗了多少精力，一直到1964年大家全被赶下农村参加“四清运动”，还是没有正式问世。

丁日初是一位严谨的学者，他连一个标点符号也不放过的顶真精神，在经济所是出名的。他还喜欢抠名词，例如他认为“资产阶级”、“官僚资本”的名称都不准确，应当称为“资本家阶级”和“国家资本主义”，他的这些说法不无道理。我们多数人挨批评后，杯弓蛇影，大家兢兢业业，小心翼翼，句斟字酌。有一年农历大年夜还在讨论，连回家吃团圆年夜饭也放弃了。丁日初的玫瑰别墅、黄苇的曙光公寓、徐雪筠的武康大楼和汪熙的模范村，都是当时讨论的场所，大家都在舌干唇敝、精消神散之余，主人总免不了端上可口的点心调剂一下疲惫的精神。记得在反“右派”斗争中，副所长吴承禧在建所之初一句话“不妨边喝咖啡边讨论”，被当作鼓吹“自由化”的“右派”言论而遭到痛斥，这时却不去管它了。尽管日久生厌，不知何时何日才能结束这旷日持久、无休无止的讨论修改，但是大家各抒己见，取长补短，有争论，有妥协，相处融洽，及今回想，犹觉温馨。《上海资本主义工商业的社会主义改造》这个老经济所的重点研究项目，终于在“文革”结束后的1980年由上海人民出版社出版，公开发行。我这时虽然已离开经济所，但仍参加了出版前的最后统稿工作。与此相关的是，我被邀担任许涤新主编，列入《当代中国》丛书的《中国资本主义工商业的社会主义改造》一书的编委（书出版时原主编许涤新已辞世，改由中央统战部副部长李定任主编）。上海出任编委共两人，另一位是蔡北华，蔡曾任上海市工商局局长和市委统战部副部长，长期参加上海对资改造的领导工作，我的受聘，大约是由于我进入经济研究所以后，主要的精力都投入在这部书稿的撰写上面吧。

1964年11月，经济研究所人员，除老弱病残外，在所长姚耐率领下，作为“四清”工作队，来到金山县廊下公社，金山和奉贤两县是上海市第一批开展“四清运动”单位。我被派到友好大队三队。我们访贫问苦，扎根串联。大家行前都从家中翻箱倒柜，找出打补丁的衣裤，没有破衣裤，也要在袖子和裤脚管膝盖上缝钉一块斗方，完全是形式主义的弄虚作假的一套做法，为的是好与贫下中农“打成一片”；到农村后，实行“三同”——和贫下中农同吃、同住、同劳动，“四不”——不吃鸡、鸭，鱼、肉。不然，就会视作与贫下中农有隔墙。几个月后，全所又马不停蹄转到“四清运动”第二批单位之一松江县，我被派到佘山公社陈坊桥大队，这个地方是因旧有明代名儒陈继儒的石牌坊而得名。陈继儒（1558—1639），华亭（今上海金山枫泾）人，工诗善文，书法师法苏轼、米芾，兼能绘事，书风萧散秀雅。他年仅二十九，焚儒衣冠，隐居小昆山南，绝意科举仕进。无锡顾宪成讲学东林书院，招他前去，辞谢不往。黄道周给崇祯帝上疏曾提到：“志向高雅，博学多通，不如继儒。”他殁后葬于佘山。我对这位历史上名儒很感钦慕，遗憾的是，这里没有留下更多的遗迹。

1966年6月初，我们在农村的“四清”队员突然接到通知，全体人员返回上海。到陕西北路128号经济所（这时经济所已迁到这里，它原是大资本家荣德生的故宅，1946年荣德生就是从这里被绑架的，现在上海民主党派大厦就是在这座故宅的空地上修建的），只见楼上楼下铺天盖地贴满了大字报，原来事先已组织几个年轻研究人员中被认为可靠的革命派，在上海准备好大字报“迎接”我们，也可以说是给我们一个“下马威”吧。磨刀霍霍，大字报劈头盖脸而来，集中老经济所大部分人员的经济史组，是大字报狂轰猛炸的重点，它被指责为黄逸峰“招降纳叛”、为洋务派“歌功颂德”、为资本家“树碑立传”的“大黑窝”。经济所的十年浩劫从此开始，上演了一场又一场惨剧、丑剧和闹剧。最令我惋惜的是我失去了我在复旦经济研究所读书时的同窗挚友程宁龄，他在经济史组曾承担南洋兄弟烟草公司历史的调查研究，在这一场突如其来的大风暴中，承受不了“造反派”的恐吓侮辱而饮恨在隔离审查中跳楼自尽。

尽管我在经济所不到十年的研究生活有过曲折和惶惑，又在这里度过了浩劫十年，当年经济所给予我的却是太多太多，令我难忘。在这里，我像小孩爬行似地开始懂得怎样做研究，摸触到了经济史学科的门框，在经济所学到的一切，是我后来在教学和研究中受用不尽的。黄逸峰的大将风度和高屋建瓴的领导风格，蒋立（姜铎）坦率真诚的品格和独立思考的无畏勇气，丁日初废寝忘食的勤奋治学和精益求精的严格要求，他们虽然都已归道山，留给我的是无尽的怀念和由衷的景仰；至于“对资改造”组同事的团队精神（那时还没有这个词，但我深切体会到我们是一个很好的“团队”），在我耄耋之年仍然时常萦绕于怀，成为毕生宝贵的精神财富。

十四、去北京参加世界科学大会

在下乡参加“四清”运动前,《上海资本主义工商业的社会主义改造》统稿工作大体完成,我开始了旧中国买办阶级的研究。事情缘起是这样的:1963年北京举行第十届世界科学大会,黄逸峰受邀前往出席,他叫我随同前往。关于这次大会的背景、会议内容等等,我现在都记不大清了。只记得我们先入住民族饭店,原先分住两个房间,黄逸峰提出要我搬到他的套间,以便商量他的发言稿。大会开始后与会者都入住京西友谊宾馆。会议期间,在历史组分组会上,我第一次(也是唯一一次)见到我的表兄(宝瑨二伯祖父外孙)、著名历史学家、北大历史系邵循正教授(1909—1972),会后他请我在全国政协餐厅吃了一次晚餐。会前周扬在与会的中国学者的小会上做了指示,黄逸峰在大会上做了关于旧中国买办阶级的发言。

黄逸峰的发言是在半年前就开始准备。他找蒋立(姜铎)、唐传泗和我三人分工撰写。我承担撰写早期买办,蒋立负责撰写官僚资产阶级,唐传泗负责全书统计和典型人物资料,黄逸峰自己则考虑全书的指导思想和谋篇布局,他自己也执笔一部分。《旧中国的买办阶级》这本书是我们四人的合作成果,书中认为国民党官僚买办阶级从1927年开始形成,以蒋介石为代表的官僚买办资产阶级具有深刻的买办性、高度的垄断性和浓厚的封建性,在政治上以独裁、内战、卖国为其特点。黄逸峰是斗争经验丰富的革命家,他对书稿做了多次修改,又打印出来数十本征求意见。书稿中因袭传统的说法,把宁波巨商叶澄衷、虞洽卿、朱葆三都列入“买办阶级”行列,连胡适也作为“文化买办”,在“左”倾思潮的影响下,对旧中国买办阶级的估计，存在扩大化和简单化的倾向，失之偏颇（后来我参加在宁波举行的虞洽卿研讨会，会上对虞洽卿有了较为正面的评价。）付印前虽一再做了修改，但原有“左”的痕迹仍有不少残存。

我们四人在写作中曾做认真讨论和反复修改。如：

什么叫买办？我们有一个共识，即把鸦片战争以后，凡外国在华洋行雇用中国人做他们的代理人，都称为“买办”，这样太宽泛了，于是经反复讨论后认为，买办阶级是依附于帝国主义势力并直接为其服务的大资产阶级。买办资产阶级适应帝国主义侵略掠夺的需要，为帝国主义所豢养，是帝国主义剥削和压迫本国民众的工具和奴才，帝国主义在殖民地和半殖民地国家的重要社会支柱。在民族民主革命中是极端的反革命派，是革命的主要对象之一。

我们在讨论中一致认为买办阶级是外国经济侵略的工具，对于受外国在华企业所雇用的买办，一般称为职业买办。职业买办为外国资本家服务有下列几个主要方面：探听经济情报、招揽业务、垫付资本、管理中国雇员、金银出纳事务等。我们又把外国在华企业买办大体上分为六类：洋行买办（主要系商业买办）、银行买办、轮船公司买办、保险公司买办、工矿企业买办、房地产公司买办。

各人初稿写成后，黄逸峰作最后修改定稿。我分工承担的早期买办这部分的资料，我在此之前，曾到外滩和浦东藏放沙逊洋行和英美烟公司档案的单位查阅，平时有所积累，写得比较顺手，很快就交稿了，黄逸峰统稿时说：“可以用了，不必作什么大修改。”当时他决定同我一道赴京，前面讲到我们住在一个套间，继续同我商榷，修改他的讲稿。

黄逸峰在会上做了关于旧中国的买办阶级的报告，系统地论述旧中国买办、买办制度和买办阶级的由来。他讲了四大家族官僚资本的形成过程，将其积累资本的手段概括为：大量发行公债；滥发纸币，形成金融垄断；大搞金融投机、商业投机、外汇投机和黄金买卖；实施“统购统销”和专卖，对商业进行全面独占；借口“调整工矿业”，加强了对工业的垄断；

通过大量征用农民土地、增加赋税，对全国农民实行残酷的掠夺；在农村兼并土地，使土地更加集中，使四大家族官僚资本成为农村最大的高利贷主。在报告中特别指出，国民党官僚买办阶级从1927年开始形成，以蒋介石为代表的官僚买办资产阶级具有深刻的买办性、高度的垄断性和浓厚的封建性，在政治上以独裁、内战、卖国为其特点。

会上报告时间有限制，他提纲挈领，观点鲜明。会后他应天津方面的邀请，在天津社联组织的一个大型的报告会上，做了关于旧中国买办阶级的演讲。我随同前往，晚间他们在天津狗不理包子铺宴请黄逸峰，共一桌十来人，席间有华北局宣传部副部长梁寒冰（1909—1989）和天津社科界人士，我第一次尝到了这个久负盛名的正宗天津传统风味小吃。黄逸峰关于买办的研究，很快引起史学界的关注，他在科学大会报告的论文后来分成两篇，在《历史研究》1964年第三期和1965年第一期发表。《历史研究》是中国社会科学院主办的专业学术期刊，主要栏目包括专题研究、理论与方法、史家与史学、讨论与评议、书评、读史札记、学术述评等，能在《历史研究》刊发论文很不容易，说明黄逸峰关于"买办阶级"的研究的论文具有相当的学术水准。黄的论文发表后，叫我去他办公室，送我这本杂志，收到稿费后，分给我们三人，说："文章是我用一个人的名义发表，但却是我们四个人共同劳动的结果，稿费应当大家分享。买办研究，我们还是要一道搞下去。"这便是后来在1966年脱稿、压到十六年后于1982年才问世的《旧中国的买办阶级》一书的由来，书由四人共同署名。黄逸峰和我们都感到写作时在"左倾"思想影响下对买办的界定过于宽泛，对它历史作用的认定也失之偏颇，可惜现在黄、蒋、唐三人都已辞世，只我一人尚存，已难再作修改，不过它毕竟是新中国成立后第一部比较系统论述旧中国买办阶级的著作，在经济史研究的漫长途程中留下了一个小小的履痕。

十五、在“文革”中焚邮票

“拿起纸笔做刀枪，集中火力扫黑帮”，“文革”初期，许多人连谁是“黑帮”都搞不清楚就起来瞎折腾。1966年7月29日，北京航空学院附属中学学生部的干部子女，贴出一副引人注目的对联：“老子英雄儿好汉，老子反动儿混蛋。”横批：“基本如此。”我想，我父亲是清朝末代秀才，新中国成立后评为“职员”，他不算英雄，也不属反动，是个奉行中庸之道的良民。基于这种看法，我在“文革”中既无林昭、张志新敏锐的洞察力和觉悟，更乏她们刚烈坚强的性格，只是随波逐流，苟全性命于乱世，持着观望态度。1966年8月1日，创作对联的北航附属中学学生把对联贴到北大、清华、人大等北京主要高校，此后也很快贴到上海高校，以唯心主义和形而上学为基础的“血统论”对联在北京、上海迅速传播开来。凡是对联出现过的地方，无不发生激烈的辩论，这种辩论往往通宵达旦，有些人甚至累晕过去。1966年8月2日，中央文革小组的陈伯达（也是福建人）接见了辩论双方的代表，明确指出对联“不全面”，建议将对联改为：“父母革命儿接班，父母反动儿背叛。”横批：“理应如此。”我认为这种修改和建议仍是一种“血统论”的翻版。在这场辩论中，我曾经一个人晚上蹓到人民广场看热闹。形势不以我的意志为转移的。在这种“血统论”思想指导下，稚气未退的娃娃们将老爹的旧军装与红卫兵的红袖章配在一起招摇过市，蔚然成风，在当时来说，这不完全是服饰特征，更是一种能彰显红色贵族高贵血统的标志。这些穿着极不合身的军衣，腰束宽皮带，高挽袖口，满嘴的“老子、小子、狗崽子、混蛋”等污言秽语，我看不顺眼，但一时间，竟然成为青年们竞相模仿的偶像。谭力夫在群众中对“血统论”宣传最力，其影响也最大。

据我的同乡告我，仅在福州师范学院附属中学就有五人更名为“力夫”。这还不算，在当时全国各大城市，先后刮起了一股“报出身”风。比如说，你要乘公共汽车，售票员就会让你报出自己家庭出身。若“红五类”，您上座；若“黑五类”，就得站着，有座也不许坐。

“文革”愈演愈烈。经济研究所首当其冲遭受批斗的是所领导黄逸峰。一次批斗会上，“造反派”又是揭老账，揭发他五十年代初受毛批评后夤夜乘火车到北京去找王光美。新中国成立前王光美在北平军调部，黄也在军调部任中将，彼此认识，据说王光美当时穿着睡衣开门迎接他；造反派要他交代同刘少奇什么关系，他说：可查我的档案。造反派又追问：为什么毛主席批评你。他坦然回答：“不但毛主席批评我，连斯大林也批评过我。”前已谈过，原来在解放战争时期，他在东北任铁道兵团司令员时，为一段铁路设计问题，顶撞了苏联专家，苏联专家告到斯大林那里，随后又反馈到毛泽东那儿，给毛留下了不好的印象。他这样一回答，全场惊讶，“造反派”不明底细，结果便批不下去。

红卫兵上街“扫四旧”了，这不仅仅是冲击奇装异服，对商店的招牌、马路的路名、大楼的名称……都要来个彻头彻尾的“破旧立新”。永安公司被改名为东方红百货公司，和平电影院改为战斗电影院，国华大楼改名为北京大楼，南京东路被改名为反帝大道……不久，“扫四旧”从社会上扫到各机关、企事业单位内部，号召大家自觉清理家中的“四旧”。有一天上午，中华书局造反派押着著名经济学家祝百英到陕西北路经济所“示众批斗”。“造反派”不断喊着“打倒”的口号。祝百英，我过去只闻其名，读过他编辑出版的一些经济学书籍，知道他是1926年去莫斯科中山大学，在红色教授研究院学习的第一批中国留学生。新中国成立后，任上海交通大学教授、中华书局辞海编辑所编审等，是一位著名学者，怎能揪来批斗呢？在批斗现场，祝百英教授的衣服上贴着有蒋介石头像的邮票。“造反派”指着祝百英衣服说：“从这些邮票就充分证明，祝百英是暗藏的阶级敌人，梦想翻天！”把其他莫须有的事串在一起，上纲上线，斗得很凶。我回家后连夜清理文稿，将存放线装古籍的“餐石草堂”书箱用红纸贴在外面，写上毛主席关于“批判继承”之类的语录，如“学习我们的历史遗产，用马克思主义的方法给以批判的总结，是我们学习的另一任务”之类的“最高指示”，想借此抵挡“造反派”抄走烧毁。我忙碌了一个晚上，连夜把十几年前买的有蒋介石头像的邮票统统烧掉。佩仪还将周而复送我《上海的早晨》上面有他题赠字迹的扉页也撕了下来一起扔进炉子烧了，以毁“罪证”。因为那时这部《上海的早晨》小说正是“造反派”猛烈批斗的一个靶子。周而复送给我另一本小说《白求恩大夫》，上面也有他题赠的字迹，因为放在另一堆书中，幸而保存下来。前几年我去邮政博物馆参观时，顺道到对岸四川路桥堍，一片新气象扑面而来，几个邮摊早已不见踪影，但是耳边却不禁回响起一个小摊主“这是艺术品”短短的一句话。

二十世纪五十年代初，我住在苏州河畔百老汇大厦十二楼。那时南京路四川路口惠罗公司有一个柜台卖中外旧邮票。我是集邮爱好者，有时午饭后或星期天，便走过苏州河桥，到那里寻找喜欢的邮票，四川路上几座大楼入口阶沿摆着好几家邮摊，更是我常去的地方，我可以随意坐在石阶上翻检一本本邮册，因为这些邮摊的邮票比惠罗公司便宜许多。有一次，看到几套蒋介石就任国民政府主席和六十寿辰等纪念邮票，还有四枚一套票幅很大、印制精良的美国开国一百五十周年纪念邮票，我站在摊前犹豫不决之时，摊主怂恿说：“这是艺术品。集邮哪管甚么蒋介石不蒋介石。”我心里想，是啊，这是集邮，再说蒋介石就任国民政府主席是1928年10月的事，六十寿辰是1947年的事。这些都是旧邮票，于是我便选购几套。十几年后，见到祝百英身上衣服粘贴着民国时期的这些旧邮票，我担心也为此招来麻烦，就狠心把这些邮票烧了。如今我再到大木桥云洲商厦五楼邮摊，想补购那些邮票，却很难补齐了。

十六、投荒呼玛

1968年年底，我们都下放到奉贤海边上海市直属机关“五七”干校搞所谓“斗、批、改”。上海社会科学院编为干校六兵团。1969年春天起中苏边境连续爆发边境冲突，10月林彪以战备疏散的名义发出“一号通令”。上海市“造反派”头头提出所谓“四个面向”，即面向基层、面向农村、面向工厂、面向边疆。11月1日，我和经济所郑菊生、杨公朴、吴宣陶、龚浩成、夏顺康、宋文信六位同事都被遣送边疆，到黑龙江呼玛县兴华公社“插队落户”，全院一共去了二十多人，都是由院、所“造反派”头头“钦定”的。还有一位是因“炮打张春桥”而失宠的院“造反派”头头，充当我们的领队。

呼玛是祖国最北面的一个县，被誉为“金鸡冠上的宝石、黄金之乡”，地处黑龙江省北部、大兴安岭东部，南与中俄贸易重镇、对外开放的重要口岸黑河市接壤，北与塔河县为邻，西连松岭区、新林区，东与苏联隔江相望。呼玛县总面积一点四万平方公里，总人口十五万人，是大兴安岭地区一个以农为主的行政县。

为什么我被“造反派”点中呢？我也不知道。是出身不好吗？不是，我的家庭成分是“职员”。表现不好吗？也不是，我还曾被评上院先进呢！到黑龙江后，我才明白，原来龚浩成是姚耐领导经济所的学术秘书，其他几位也都是姚耐所欣赏的原上海财经学院得力的业务骨干。我在原经济所，在“造反派”看来，可以说是受到黄逸峰、丁日初的重用。离开上海时，在火车站的站台上上海市革会的头头徐景贤向我们握手送行，说：“为共产主义奋斗终生！”佩仪在旁一听“奋斗终生”便拉着我手低声对我说：“奋斗终生，这辈子你就别想回上海了！”我强装笑脸安慰她：“傻话，有黑夜也有白天，我会回来的。”谁知一直到1976年“四人帮”覆灭前夕，我才调回上海，整整七年，人生能有几个七年！

这里地处大兴安岭林海雪原，每年5月白雪才开始溶化，10月起又大雪封山。冬天气温在零下四五十摄氏度，外出呵气成冰。

呼玛县境内蕴藏着十分丰富的矿产资源，盛产黄金，自古有“黑水镶边、黄金铺路”之称。金沙品位高、储量大，已探明的黄金储量占全省的45.9%，是全国重点黄金产地。漠河金矿是历史上著名的金矿。

呼玛县也是生物资源的宝库。野生异兽珍禽有马鹿、犴、貉、黑熊、麋鹿（狍子）、猞猁、黄鼬、紫貂、水獭、麝鼠及飞龙鸟、榛鸡、树鸟、雉鸟等。

呼玛县盛产闻名遐迩的鳇、鲟、鲑鱼和鳌鱼、哲罗、细鳞为代表的“三花五罗十八鳞”等鱼类。

知青们主要的劳动是下地种田，上山伐木和修建公路。我们几个干部和上海去的知识青年一起劳动，也是下地种田，上山伐木。

冬天，不能种庄稼，是伐木的季节，知青们冒着风雪上山伐大树，砍下的树，让它自然风干，用马拖爬犁拉下山。伐木很艰苦也很危险，首先是没有道路。风把雪吹到森林的周围，堆起一堵雪墙。要进树林，就要先穿越雪墙。伐木时用的全都是手锯，两个人各拉锯的一端。一棵小盆粗细的树，得锯上好几个小时。伐木也是危险事，下锯之前，先要看好树的重心在哪，哪边树枝多就在那边先下锯，锯了过半的一条裂口。再换到另一侧下锯。这样换位树在最后倒下时，就会向裂口方向倒下。如果看错树的重心，那么树有时会向其他方向倒下来，把自己砸伤，甚至危及性命。抬木头，也是辛苦事。要把砍下来的木头抬到一块儿。每根木头都有八九百斤，四个人扛一棵，两人一对。说声起“扛”！四个人一起站起来。这个时候不分男女生，也不管你年纪只有十五六岁。

我们没有参加知青们繁重的劳动。伴着他们青春的脚步和瘦弱的身影，我心痛这些“知青”，他们都只是十五六岁的孩子，远离自己的父母亲人和繁华的城市，过着艰苦的生活，承担繁重的劳动，真不容易，他们视我们如父兄，我们待他们也如自己的孩子，照顾他们的生活。我们跟着知青们冬季上山伐木，秋天收获的季节在广袤的田野上钐麦打谷。不过，我们不是天天如此，比起知青们，我们的劳动轻松多了。我们经常的劳动是为自己（也为知青食堂和宿舍）每日烧饭取暖“打柈子”——劈砍山上运下来的锯断木块，成排码放在屋前。在没有农活的空余时间，我没有放弃专业。我带着“约大”校友汝信过去送给我的苏联出版《反杜林论》英译本，中英文对照阅读，不致英语生疏，我想带这本马列经典，总不会被抓到小辫子吧！

《反杜林论》，是恩格斯在批判德国小资产阶级社会主义者杜林的斗争中所写的论战性著作。原名《欧根·杜林先生在科学中实行的变革》。马克思支持和赞助了恩格斯批判杜林的斗争。恩格斯在这部书中阐述了科学社会主义产生的历史过程，指出唯物辩证法使马克思做出了唯物史观和剩余价值学说这两大发现，而两大发现又使社会主义学说从空想变成了科学。《反杜林论》总结了马克思主义诞生后无产阶级革命的经验和自然科学发展的成就，第一次全面系统地阐述了马克思主义的三个组成部分，可以说，这是一部马克思主义的百科全书。我准备熟读这部马克思主义著作。当我整理行旅出发前，经济所一个年轻造反派对我说：“你有时间读马恩的著作，为什么不去读毛主席著作？”我听后啼笑皆非，一时哑口无言，无以辩说。

在黑龙江插队落户期间，我以《反杜林论》为伴，见缝插针，有空就读。边读边写笔记，不过，我主要是从中英文对照中寻找语法规律中写了一些体会，所以，这段时间经济史的研究搁下来了，可我的英文却因《反杜林论》的研读而没有放弃。

1972年7月“一打三反”中，兴华公社派我和郑菊生去牡丹江调查一些社员政治历史问题，因为这里是中苏边界，有不少被叫作“二毛子”和“三毛子”的中苏混血儿，在中苏友好时期，冰冻时步行过江“走亲戚”是很平常的事。一些人在“文革”中被当作“苏修特务”“揪”了出来的，也有的是因伪满汉奸特务之类被揪斗，此时须落实定案。于是让我们去了密山县、宁安县等外调查核。沿途餐风宿露，行走原野，有时半天不见一人。其间还趁机去玩赏镜泊湖美景，苦中作乐，这是少有的机会。有快乐也有灾难。我们受命参加专案复查。复查的结果，很多都是捕风捉影的，完全构不成政治历史问题。比如在中苏友好时期，有人见到黑龙江面上苏方驶来轮船，伸出手掌，张开五只手指向对方示好致意，便被认为是向苏修发出五时接头的暗号，如此等等。我们回到呼玛后，向公社党委汇报，原有的结论都一一予以推翻。

1973年8月29日外调返回，乘吉普车从十八站开到塔河时，车撞上电线杆后翻到十余米深的谷地，我被撞得头破血流。幸亏前方驶来一部大卡车，见到公路迎面而来的我们这部吉普车忽然消失了，才发现我们的吉普车原来是落入深谷，他们立即将我们送到十八站林业医院，我前额缝了十三针，鼻下至人中破裂，缝了一针，捡回了一条命，真可谓"九死一生"。我没有将车祸的事及时电告上海家里。有一天佩仪接到郑菊生夫人电话，问她知道不知道我们两人出了车祸。任佩仪毫无思想准备，接到电话一时惊吓，几乎晕厥过去。她清醒过来后打来电话，问我是否出车祸？我说：虚惊一场，车祸不轻也不重，只是额头撞了车上玻璃，幸好没有打破头颅。开大卡车的司机是东北人，他见车祸了，马上停车说："救人要紧！"很快把我送到医院。同事知道后，纷纷前来慰问，还送来了从上海带来的火腿，说吃了火腿，伤口愈合快。此时此地，在没有"组织关怀"的情况下，我对同事送来的食品照单全收，感受友谊的温暖。

七年下放边陲的生活，我曾凑成《呼玛杂咏》打油诗，计"刈麦"、"翻土"、"伐木"、"采木耳"、"雪橇"、"白夜"、"热炕"等凡十九首，不计平仄。初抵呼玛时一首《岁暮感怀》写道：

笑掷笔墨脱青衿，雪原伐柯林海间。
一觉十年著书梦，心力枉抛故纸边。

在“文革”后期，我又有《钞书》一首写道：

慈恩敢忘识之无，无能不怨儒衫误。
含英咀华名篇在，未必无聊才钞书。

诗末说明：“某四岁，先母口授李白《静夜思》，略识之无自此始。北上之日，读书愈多愈反动之说，甚嚣尘上，行箧中除《毛选》，唯携英文本《反杜林论》，避诬也。迨批林批孔事起，若干古文名篇以列为所谓法家著作而幸得刊行，乃于农事馀晷手钞贾长沙《过秦论》等十余篇，吟哦之间如复晤对古人，旧习不能移也。钞本至今犹在。”这些都反映了我那当时遣戍北陲对前途既灰心沮丧又不甘心沉沦的矛盾心态。

2004年上海返城知青要编一本《呼玛知青风云录》，我将这些诗寄给他们，诗末加注说明：“此首系初抵呼玛时作。1957年始治中国近代经济史，迄‘文革’事起，恰已十年，其中有被目为鼓吹‘和平改造’而受批评者。所谓笑脱青衿、枉抛心力者，实当时无可如何心情之流露，似为自慰，实则哀怜，及今重读，宁不愧悚？”

十七、初任责任编辑

1976年，“四人帮”覆灭前夕，在落实政策中，我终于获准调回上海。最初安排在上海人民出版社。当时上海各出版社合并成一个上海人民出版社，时称“大人民”，每个出版社都变成一个组。我在“大人民”历史组负责编辑两本著作出版。一本是上海国际问题研究所编写的《四次中东战争》，一本是《帝国主义与中国铁路》。后者是北京中国社会科学院经济研究所著名的铁路史专家宓汝成的自投稿，已经压了很久，社领导吃不准，知道我是经济所出来的专业人员，便让我审读决定能否出版。我费了两周时间认真审读后，认为资料丰富，很有学术价值，写了三千多字的审读报告。

《帝国主义与中国铁路》作者在五十万字的书稿中提出了中国近代经济史上这样一个重要课题：试图探索帝国主义侵略、压迫中国和中国社会的半殖民地半封建化在中国近代铁路上，究竟有什么表现，起过什么作用？书稿运用大量的史料，进行广泛而深入的探讨，做了分析和解答。作者认为，从1825年世界上诞生第一条铁路以来，铁路这一现代化的交通运输工具，对于社会经济的发展，起着十分显著的作用。在近代中国，铁路成为帝国主义各国竞相猎获的对象；近代中国社会半殖民地半封建化的不断加深，是同帝国主义侵略中国铁路的活动分不开的。

《帝国主义与中国铁路》按照历史发展的顺序和不同方面的问题，分为上下两篇。上篇《帝国主义与中国路权》以帝国主义竞相建筑与控制中国铁路的历史过程作为主要内容；下篇则如其标题《帝国主义控制影响下中国铁路的建筑、营运及其对社会经济的影响》所揭示，论述近代中国铁路建筑与运输的基本状况与主要特点，铁路工人状况与工人运动，以及帝国主义控制经营下的铁路运输对社会经济影响诸问题。采取这样的体系结构，从纵与横两个不同角度进行研究，便能够比较全面地将帝国主义侵略中国铁路的活动，展示在读者面前。

我在审读报告中对书稿在论述历史的特点、观察对象的方法，以及对许多问题剖析和表述上的创见，给予梳理、概括并积极评介，还充分肯定作者的治学态度，认为作者长期从事中国近代铁路史料的搜集和研究，全书征引政府档案、调查报告和日报期刊等近三百种，其中有一部分过去未经刊行或利用，弥觉可贵。作者力图以史料为基础，以事实为依据，许多分析与结论来自对材料的广泛占有，因此具有说服力。

与此同时，审读报告也指出其不足之处。我认为，帝国主义侵略中国铁路的历史，充满着错综复杂的矛盾。书稿深刻地充分地揭示这一历史过程的客观规律，以及它对近代中国社会经济等方面的广泛而复杂的影响，但是仍有一些值得深入研究的问题，未曾为作者注意所及。例如，作者根据不同时期、不同国家控制中国铁路里程的长短与掌握铁路债权的多寡，论证了各国对路权的争夺同它们在华势力（利益）范围的分割之间互为因果的关系，但是这种争夺同当时远东国际关系的变化，同各国主要财团以及同一国家内部不同财团之间的关系，则还可作进一步的分析。关于铁路资金的来源，本书着重于外债的分析，这是必要的，但对国内资金的筹集，则未兼顾作深入的论述。帝国主义控制下的铁路营运，则偏重于列举事例，未从理论上做出系统的经济分析。此外，根据上篇与下篇的分工，个别内容也还有可作更适当的调整之处。

最后我的结论说，中国近代经济史的研究工作，以部门分，以往偏重于工业史，相对说来，交通是薄弱的环节。1949—1979年全国出版的属于部门经济史和企业史的著作（不包括论文）共约六十种，其中工业、财贸与交通运输业的比例约为3∶2∶1。本书稿不但充实了中国近代经济史研究的一个薄弱但却重要的方面，而且它所提供的丰富史料和做出的理论探讨，对于研究帝国主义侵华史也必有补益。全书资料丰富，观点新颖，叙事具体，具有很高的学术价值。

我明确建议此书出版。社领导让我担任该书的责任编辑，我做了大量的文字加工修饰（《洋务运动与中国近代企业》作者张国辉先生有一次同我谈起，“宓先生的文字佶屈聱牙，我们所内同事都知道，经过你编辑加工，好读多了。”），经过复审、决审，这部书稿很快出版了。经过十年“文革”摧残，学术出版领域一片荒漠，宓著的出版颇有拓荒意义，很不容易。当时稿费制还没有恢复，只送给作者《毛泽东选集》（四卷本）一套。几年后我遇见宓先生，对他说：“我好事做成坏事，当时急着将你的书出版了，如果晚几年，你还可以拿到一笔可观的稿费。”宓汝成笑着对我说：不是坏事而是大好事。这本书出版后，1980年被翻译成日文，收入早稻田大学“社会科学研究所翻译丛书”，在日本出版，为此日本方面还邀请他去日本，乘新干线游览一番，费用远远超过了书的稿费。宓说：“你干的是好事。”我听后稍觉安慰，感到作为一名编辑为他人作嫁衣裳的价值，虽说忙来忙去，促成了别人好事，并非自己没有什么收益，读了他人的作品且是第一读者，这就是非常荣幸的收益。

对于这部著作的出版，宓本人也十分感激，除了送我一本样书，还写了一首七律赠我：

谢、赠陈绛同志：

见样书《帝国主义与中国铁路》，有所联想，命笔偶成呈政。一九八〇，十二，三。

劫后遗稿赖编织，一线沉沉牵远思；
承君爱厚多筹划，愧我才疏少真知。
不道成熟率掣肘，何如崇文一任之，*
千秋万里程道远，驽骀十驾此心矢。[1]

*这是我对科研政策的看法。[1]借用《荀子·劝学篇》句。

宓汝成一九八一，一，廿三补记

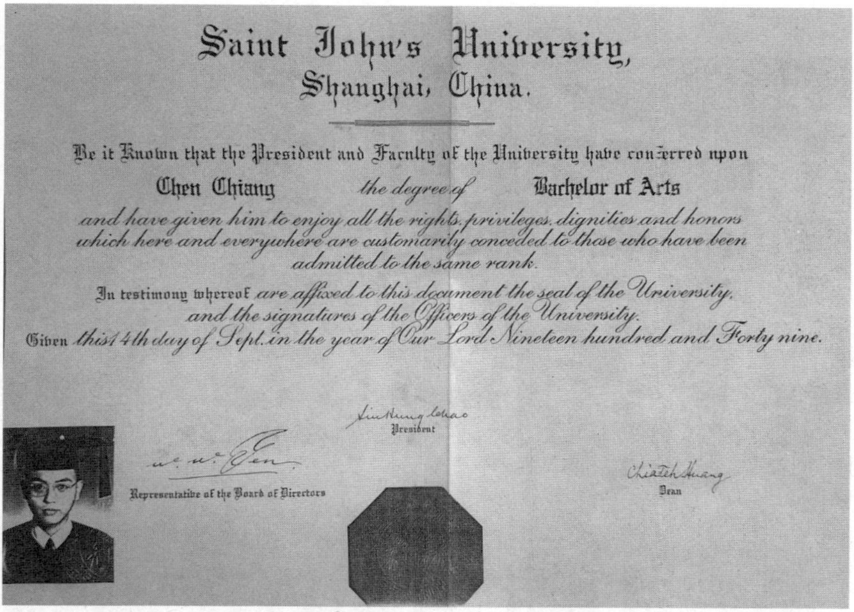

Saint John's University,
Shanghai, China.

Be it Known that the President and Faculty of the University have conferred upon

Chen Chiang the degree of Bachelor of Arts

and have given him to enjoy all the rights, privileges, dignities and honors which here and everywhere are customarily conceded to those who have been admitted to the same rank.

In testimony whereof are affixed to this document the seal of the University, and the signatures of the Officers of the University.

Given this 14th day of Sept. in the year of Our Lord Nineteen hundred and Forty nine.

President

Representative of the Board of Directors

Dean

1

2 3

图1：陈绛圣约翰大学毕业证书

图2：在复旦读研究生（1949）

图3：二十世纪八十年代复旦经济研究所同学重聚，前排中徐新吾，后排右一汝仁

图1：华东局统战部同事合影，前排左一刘人寿、二周而复、五任佩仪、六马韫芳、八薛若梅；二排一陈绛；三排四董慧，五陈同生（1951年3月摄于上海百老汇大厦）
图2：结婚照（1953）

1
2

1
2 4
3

图1：与丁日初（左）在奉化溪口
图2：在上海经济研究所上山下乡前夕
图3：到呼玛插队落户前夕（后排右三为陈绛）
图4：下放呼玛前在五七干校，二排左一为陈绛

十八、重返复旦

在上海人民出版社，只是临时性的安排，尽管如此，从1976年5月至1977年9月也有一年多。“文革”结束后，黄逸峰复出，主持上海社会科学院的重建，有一天，他同蒋立从他的常熟路瑞华公寓步行到我五原路住处，希望我回到经济所。我由衷感激他的盛意，但是犹豫不决。有些同事不理解，院长亲自来劝驾，你为什么还不回去。他们不知道在我被遣送去黑龙江以后不久，经济所一个操东北口音的“造反派”来到佩仪任教的中学，以凶恶的口吻威胁她，责令她也带两个孩子离开上海，举家迁到呼玛插队落户，被她顶住了。她原来在学校偷安无事，这时却招来了校内红卫兵刷出了大幅标语，贴在校外五原路马路上，给她造成很大的伤害，对那个“造反派”十分反感，再也不愿我回到经济所。我只好带着愧疚的心情婉辞黄老，于1977年夏天回到我读研究生的母校——复旦大学。

我选择的志愿是复旦大学历史系。我原是学经济的，在上海社会科学院研究的是中国近代经济史，为什么不到经济系，而到历史系呢？主要是自己一向对文史比对现实经济有更浓厚的兴趣，而原来经济所的老同事如汪熙、黄苇此时都已从社会科学院调到复旦历史系。汪重点研究中美关系史，黄专治地方志，后来都成为相关领域的著名学者。我们三人初入复旦，都只是教师，没有职称，后来评定为副教授，不久都升为教授。

我在历史系开了一门洋务运动史的选修课。洋务运动和中美关系史是我到复旦以后三十年来的主要研究兴趣所在。洋务运动史是中国近代史一个很有争议的课题，在二十世纪五六十年代“左”的思潮影响下，被认为是反动的卖国的运动。曾国藩、李鸿章等洋务派首领被认为是汉奸、卖国贼、刽子手。

我为高年级学生开了一门洋务运动史和中国资本主义发展史的选修课，每周两课时。学校规定，教授必须上基础课，为此，我还同一名青年教师给二年级学生合开一门“中国近代史”必修课，每周三课时。初时洋务运动史还没有像后来几年引起国内史学界那样的强烈兴趣和广泛讨论，复旦在国内高校中比较早开这个专门课。我一共讲了十个课题，我的学生和一些朋友屡次建议我将讲稿整理成书发表，我总觉得不够成熟，一直未允。后来洋务运动成了史学界的热点课题，对洋务派和洋务运动有了逐渐深化的认识。从1980年起，每隔两三年就举行全国洋务运动史学术研讨会，先后七八届，研讨会的地点在长春、上海、兰州、汕头、东营、宜昌等地，每次研讨会都各有重点，如洋务人物、洋务外交、洋务思潮、洋务运动环境等。我除第一届因邀请函姓名写错没有收到而未参加外，每届都参加，也都提交了有关论文，或做了发言（第一届仍于会后提交《论洋务派工业技术的引进活动》一文，刊《吉林社会科学论丛·洋务运动讨论专辑》1980年）。后来又翻译出版了美国刘广京、朱昌峻合编《李鸿章评传——中国近代化的起始》（上海古籍出版社1995年）。台湾“中央研究院”近代史研究所为刘广京院士七十五岁祝寿而出版的论文集《近代中国之传统与蜕变》，收入我提交的论文《中国早期现代化的难题》（郝延平、魏秀梅主编，台湾“中央研究院”近代史研究所特刊，1998年版），就是将洋务运动作为中国早期现代化加以考察，我在论文中指出：“早期现代化尽管是一场革新，却保持了它的浓厚的保守性质”；影响早期现代化的原因是多方面的，“但是‘中体’与‘西用’的冲突，目的与手段的不一致，是早期现代化所遭到的存在于自身的根本难题，也是它历经三十多年的努力而未能实现国家富强的内部症结所在”。

在此之前，我的《洋务运动与儒学传统》一文同样阐明洋务派是在坚持儒学传统的前提下开展学习西方的活动。洋务派依附传统而倡导西学，利用西学以维持传统，所以他们向西方学习，只能从传统中去寻找理论根据，他们的西化，便渗透了大量传统的影响。儒学传统曾经成为洋务运动的助力，在历史发展的进程中，它又日益表现为这一运动的阻力。

通过历届洋务运动史研讨会，我结识了李时岳、孔令仁、苑书义、戚其章、胡滨、夏东元等不少同行学者。1995年北京有一家出版社要出版洋务运动词典，叫我和李时岳主编，我让研究生准备了条目，后来负责的编辑退休离任，此事便搁浅，不了了之，排列条目，前功尽废。

由于洋务运动的研究，我还多次参加了有关曾国藩（湖南双峰）、李鸿章（合肥）、盛宣怀（常熟）、刘铭传（合肥）、沈葆桢（福州）、丁日昌（广州）等洋务派人物以及北洋海军（威海）和洋务企业如江南造船厂（上海）、马尾造船厂（福州）、轮船招商局（珠海）的研讨会或纪念会。2005年，为纪念江南造船厂成立一百四十周年，机械工业部、电子工业部、中国工业经济协会、中国社会科学院和中国船舶工业总公司在北京联合主办中国工业发展战略研讨会：纪念江南造船厂暨中国民族工业诞生一百三十周年（1865—1995），我与姜铎应邀赴京参加，开幕式在人民大会堂，我提交了《江南制造局的建立及历史地位》，后来收入研讨会论文集。同时，我又应邀撰写《江南制造局的创立对中国早期现代化的意义》，刊于《船史研究》第19期（《江南造船厂建厂140周年（1865—2005）纪念特刊》，2005年）。也正是由于洋务运动史的研究，我应汪熙教授的邀约，参加《盛宣怀档案资料选辑》中《轮船招商局》一册的编辑。退休以后，复由上海图书馆聘请，参加盛宣怀档案的整理工作，它成为我退休以后的一项主要工作，长达十余年。福州举行的一些乡先贤的研讨会，也多邀请我参加，如2007年纪念林白水烈士就义八十周年的研讨会邀请我参加，我写了《獬豸触不直，白水长流芳》的纪念性一文，会后被《福建文史》采用（2007年第3期）。

此外，与中外关系史有关的，我参加了北京和南京先后举行的中美关系史研讨会，并被推为中美关系史研究会理事。这两次会议我都没有提交论文，只是在后者会上做了关于裨治文与《中国丛报》的发言。1998年青岛举行"德占胶澳一百周年研讨会"，我应邀参加，提交论文《德占胶澳：

近代中外经济关系的一个实例分析》，此文后来被收入同济大学德国研究所主办的《德国研究》(1998年第4期)。

在复旦大学，我还担任过1977年级的班主任、中国近代史教研室主任和历史系学术委员会委员。1977年级是一个非常优秀的班级，全班五十名同学。他们是十年动乱之后恢复高考的第一届大学生。——我的两个儿子也都是在这一年考上大学：大儿陈任，在安徽农村插队，考取马鞍山钢铁学院本科生，后升入上海财经大学工业经济研究生，1988年入澳洲国立大学，攻读硕士和博士学位，现在澳大利亚堪培拉，为澳京首届华商会会长；小儿陈传，上海徽章厂学徒，考进上海中医学院(今上海中医药大学)，现为上海中山医院分部副主任医生。

对于1978级，我也比较熟悉。这一年级有两位学生的毕业论文由我指导：陆延(女，美国新罕布什尔大学历史系教授)和王海燕(女，德国鲁德维希·迪夫勒绘画博物馆馆长)，有两位学生后来跟我读硕士研究生：胡礼忠(上海外国语大学教授，原图书馆馆长、国际问题研究所所长)，陈潮(复旦国际交流学院教授，现在日本立教大学任教)。他/她们对我和他/她们的师母都非常关心，佩仪也很喜欢他们。因此，我对这两个年级的同学怀有一种特别亲近的情感。他们都非常优秀。我概括他们有抱负、有毅力的特质。记得我当时做了这样分析：

有抱负。77、78级大学生的遭遇都非常不幸。普遍是在长身体、求知欲旺盛的少年时期，他们大多数初中或高中毕业就离开父母上山下乡，经历了十年左右的磨炼。这正印证了孟子的话“故天将降大任于斯人也，必先苦其心志，劳其筋骨，饿其体肤，空乏其身，行拂乱其所为，所以动心忍性，增益其所不能”。他们在体力上、生活上所承受的艰苦，磨砺了他们的意志。他们能够渡过这样的艰难岁月，很大的原因是因为他们有抱负和梦想，支撑了他们。

有毅力。77、78级的同学因为饱受痛苦磨难，造就了一种坚韧的毅力。他们每一个人的成功背后都有一把辛酸泪，可以说都是经历了反复失败和爬起的过程。庄子说“哀莫大于心死”，有了有抱负的壮志就带来了坚强的毅力。

当年全国有五百七十万考生，只录取二十七万三千多人。这两年级同学痛感上山下乡，失去十年宝贵的青春年华，珍惜现在来之不易的学习机会。求知欲和主动性特别强，下课后总是围着老师提问，晚上图书馆常常座满。他们离校后都在各自岗位上做出卓越的成绩，许多人仍和我保持联系。在纪念入校三十周年的一次聚会上，我对他们说：君子有三乐，得天下英才而育之，是三乐中之一乐，也是我平生工作中感受到最大的欣慰。

当时，系里还分配我指导外国高级进修生的教学任务。现在记得起的有：美国的史凯莉（Ketty Sears，女，哥伦比亚大学）、李达文（Edmund Lee，芝加哥大学，国民党元老邹鲁之子、芝大邹谠教授介绍）、高步远（Blaine Gustard，加州大学）。跟我学习最久的是法国阮桂雅（Christine Nguyen Tri，女），她是法越混血儿，第一次和我见面，还不大会说汉语，用英语说她的双亲中一方是法国人，一方是越南人，我错以为是云南人。她从复旦结业后，曾在北京外交学院和云南一些学校教法语，后来在法国著名中国史专家白吉尔（Marie Claire Bergère）教授指导下获得博士学位，博士论文是关于上海南洋公学的历史，也就是我指导她在复旦进修的题目，我还请胡道静先生给她讲过一次课。她将博士论文的微缩胶卷送给我，我不懂法文，只能束之高阁。她每次到上海都抽空来看我，可惜前几年刚到四十岁便去世。韩国金希教在韩国延世大学取得硕士学位后，向国家教委申请要到复旦读我关于中美关系史的博士研究生。他和仇华飞（现为同济大学政治与国际关系学院副院长）、王泠一（现为上海社会科学院研究员）三人的博士论文，我请时任上海社会科学院院长张仲礼教授（我的“约大”学长）担任他们的论文答辩委员会主席，1996年三人都通过论文答辩，取得了博士学位。

1984年我自美国返国后，利用在美国所得资料，为硕士研究生开了一门“西方中国近代史研究”的专题课。系里后来据此为我向北京申报《西方中国近代史研究评析》课题，作为“哲学社会科学国家重点项目”，由历史系中国近代史教研室集体承担（我时任教研室主任），经费三万元。十分遗憾，我只主要掌握英文资料，对于德国、法国及其他非英语国家的资料，所知不多，这个项目一直到我退休都未能完成，我将剩余的课题经费两万余元（扣除学校管理费等）全部退还财务科。稍堪告慰的是，我过去的学生仇华飞和胡礼忠，后来都有这方面的研究成果（仇有《国外汉学史》、《美国的中国学研究》等），弥补了我的缺憾。

复旦见我从美国回来，要调我去负责外国留学生的工作，我自知不是搞行政的料，婉言拒绝，决意留在历史系，一直到1994年8月退休。在我即将从历史系退休前一个月，根据我在复旦十多年教学的体会，向系里提出《关于历史学系课程设置的片段想法》。大意是：一、鉴于历史学本身涵盖内容广泛，并考虑到历史系学生将来毕业，未必都能从事历史研究与教学工作，扩大学生的知识面，加强基础知识和技能训练（如电脑操作），十分重要，课程设置与教学工作，要多在培养通才方面下功夫。二、文史不分，或文史难分，是中国史学的一个悠久传统。古人司马迁、班固、司马光，很难说仅仅是史学家，或文学家，近人翦伯赞等著作亦每多文采。要提高学生文学修养，加强文字表达能力；不要出现历史系出身的学生不识繁体字（以及一般草书等）的不正常情况。三、虽然世界史克服以欧洲为中心或以苏联教科书为模式的偏向，中国史避免就中国论中国的缺陷等方面，都已取得很大成绩，但不妨尝试设立融中国史与世界史为一门的课程，从总体上掌握中国历史和世界历史发展的联系。四、进入二十一世纪，以1919年作为中国近代史和现代史分水岭的做法显然已不合时宜，似可设立清史（可分为清代前期史和晚清史）和民国史不同课程，与现有的中华人民共和国史并列。最后，我强调加强国内外学术交流，课程内容尽可能吸收史学界最新研究成果。因此，外语课程应给予特别注意。除公共外语外，应提高专业外语的要求，采取有力措施改变历史系学生的外语水平在全校各系中常居下游的状况。结尾我说：“刍见数则，卑之无甚高论，谨备裁夺。”

1994年8月复旦通知我退休，时年六十五岁。当时刚刚开始实行一到年龄就退休的制度，所以副校长施岳群特地到我家，以物理系教授蔡怀新（蔡元培子，已故）为例，说明蔡也是1929年生，和我一样同时退休。由于三位博士研究生还在读，所以被延聘到1996年，推迟两年他们取得学位后才离开复旦。我退休不久，便受聘为上海市文史研究馆馆员（1995年1月）。

十九、初出国门·哈佛一年

说到出国留美，我很自然想起近代中国首批留美幼童，他们的年龄大多在十二岁至十六岁之间，而我走出国门已是五十五岁，算是过了半百的暮年。

1983年，复旦大学决定推荐我申请美国富布赖特奖金访问美国。富布赖特奖金是美国参议院外交委员会主席富布赖特（James W. Fulbright）提议设立的一项美国与各国学者交流的奖学金，它包括两个方面：一方面由美国派出学者或学生到各国作访问研究或学习，一方面邀请各国学者或学生到美国作访问研究或学习。我和美国驻华使馆一位文化参赞面谈后，决定向哈佛大学费正清东亚研究中心申请。这位文化参赞是哲学博士，知识广博，他问我赴美的缘由是什么，我说，我知道美国哈佛大学有旗昌洋行的档案，柏克莱加州大学有傅兰雅的档案，我研究中美关系史，很想亲往查阅。我还自谦地说，我的英语福州口音很重，说英语和说中国普通话一样，也是带有福建口音。他认为我很懂行，很快便获准了。我于8月3日赴美。这一天正是复旦大学第一届中国资产阶级学术讨论会开幕，我参加讨论会的筹备，但是无缘与会。

出国之前，先在东体育会路外语学院（今上海外国语大学）出国人员培训部学习两星期。同期赴美的有二十多人，去哈佛的只有我一人，我们听传达有关外事文件，学习外事纪律，以及办理护照等。那时正好发生网球选手胡娜叛逃美国事件，课堂上议论纷纷，有的人怕中美关系因此发生变化，连忙急于办理出国手续，我还是按规定结束培训后准备出国。

我的堂兄、北京大学教授陈岱孙（陈総）知道我要去哈佛，很高兴，主动为我写了介绍信给费正清；我的姑表、戴维斯加州大学教授刘广京也为我写了推荐信。陈岱孙的便笺直接写给费正清，他同费是旧识；刘广京寄来好几份同样的推荐信，都没有收件人具体姓名，上款只写To whom it may concern，以便我向各所学校申请。两人的信都称我是他们的cousin，其实一位是堂兄，一位是表兄，在英文里是同一个词。

我从旧金山入境，转芝加哥。这时佩瑛三姐和女儿郭菉猗一家已从台湾移居美国，住在芝加哥市郊瑞柏（Naperville），全家到机场来接我。自从1948年三姐一家去台湾后，海峡两岸阻绝三十多年，当时重逢，喜悦激动难以言喻，他们兴奋之余，连照相机丢失在机场也没有发觉。三姐只有一个女儿，甥女郭菉猗，离开福州时只有三四岁，现在已经是台湾文化大学硕士，画家，招收学生授画，在美国和德国举行过多次画展；甥婿陈蔡镜堂是台湾人，台湾清华大学硕士，美国华盛顿大学物理学博士，曾任台湾清华大学物理系系主任、物理研究所所长。我到美国时，他在芝加哥美国电报电话公司（AT&T）的贝尔实验室（Bell Lab）做研究。三姐和甥女郭菉猗夫妇带我游览芝加哥市区，登上有世界第一高楼之称的西尔斯（Sears）大厦，从高楼向下望，满街汽车就像一只只五颜六色的火柴盒在慢慢蠕动。这样的景色现在在上海，登上浦东金茂大厦，同样可以看到了。在超市，商品琳琅满目，三姐挑好要买的东西，随手从旁边一卷塑料袋扯下一只放入，等全部买好后，到出口柜台处刷卡付款，那时国内还没有超市这一售货经营方式，如今已习以为常，到处都有超市。当时却令我觉得自己就像刘姥姥进大观园，也使我深深感到，二十世纪五十年代以来的自我封闭，造成我们闭目塞听，同外部世界的差距拉得太大了。第二年菉猗一家迁到洛杉矶，正巧那年世界奥运会在洛杉矶举行，她们邀请我观看了几场比赛，还逛了好莱坞影城和迪斯尼乐园。

我在瑞柏菉猗家逗留不久，便前往波士顿，乘“灰狗”（Greyhound）长途汽车到哈佛大学所在地康桥（亦译坎布里奇Cambridge）。在美国，许多留学生或访问学者，为了节约，喜欢中国人自己扎堆住在一起，这样既不便于了解美国人日常生活和美国社会，也妨碍提高英语口语。我想起1872年容闳带幼童留美时，便是将幼童分散住在美国人家里，为此，我租住哈佛附近的小镇阿灵顿（Arlington）Jean Shcreiner家里。记得是外文系教授陆谷孙介绍外文系另一位教授，他是在我之前Shcreiner夫人的房客，刚刚回国。我每天由Shcreiner夫人从阿灵顿开车到哈佛上班，在高速公路上行驶，风驰电掣，我坐在前排副驾驶位上，两旁景物向后退去，速度之快，令我开始不免有些紧张，后来也就慢慢习惯了。今天高速公路在国内已很普遍，不足为奇。傍晚开车回家，晚上公路上汽车川流不息，红色的尾灯一只连着一只，像一串熠熠发光的宝石，蔚为奇观。

哈佛创建于1636年，是世界著名学府，哈佛的费正清东亚研究中心是美国中国学的重镇，也是我最感兴趣的地方。费正清东亚研究中心建于1955年。由美国中国学研究的先辈费正清(John King Fairbank)，在哈佛大学和福特基金会的资助下创建，最早称为“东亚研究中心”(Center for East Asian Sudies)，费正清任中心主任直至1973年。1977年费正清退休时，中心名称加上他的姓氏，改为现名。作为现代中国学的开拓者、西方世界中国通的前辈，费正清影响了一代甚至几代美国的中国问题专家，同时也对美国的对华政策起过深远的影响。

我到哈佛之后，知道哈佛还先后成立了亚洲研究中心和朝鲜研究所，费正清中心的主要研究领域就集中在中国，它在美国中国研究机构的专家队伍方面，可算是最强大的。对中国的研究几乎涵盖了社会科学的各个方面。不仅研究中国的政治、经济、外交、历史、社会的大方向，还对海峡两岸关系、中国外交史、少数民族问题、海外移民、中国的文化遗产等进行深入细致的研究。当代美国许多研究中国近代史的著名学者，都是费正清的学生。我在研究中心时的主任是史华兹（Benjamin Schwartz 1916—1999），即《寻求富强：严复与西方》的作者。

费正清中心设有自己的图书馆，和哈佛-燕京图书馆在同一个楼。哈佛-燕京图书馆有关中国的书刊十分丰富，很多国内刚出版的新书，都可在图书馆中查到。图书馆的另一个特色是收藏了一些未公开发行的文献档案和善本古籍。有关“文化大革命”的书刊,有当时大陆出版赞扬“文化大革命好得很”的,也有当时海外出版攻击“文革”的,不分良莠,毁誉并存,一起排列在同一书架上,让读者自己判断取阅。

在这里每周都举行一次seminar,由各国访问学者作报告,然后提问、讨论。我做了一次中国史学界关于洋务运动研究新进展的报告,报告后来发表在美国《清史研究》(英文版,*Late Imperial China*)上。我也参加过一次台湾学者王树槐关于江苏现代化的报告(那时他正在撰著《中国现代化的区域研究:江苏省》,尚未完稿)。中心给我一间小工作室,但我不常在那里,更多的时间泡在哈佛-燕京图书馆,阅读大量港台和国外出版的书刊,了解国外学术研究的进展,或是借回住处阅读。这些论著和期刊,以往在大陆看不到,对我来说不啻是宝贵的补课。

哈佛最大也是最重要的图书馆是怀德纳图书馆(Widener Library),据说哈佛校友Harry Elkins Widener年轻时在1912年泰坦尼克号(Titanic)号邮轮撞到冰山沉没时丧生,他的母亲捐赠巨款在校园内建立这座图书馆纪念他。Widener夫人捐建图书馆时提出的条件是馆内Widener纪念书室每天必须有鲜花;每个哈佛新生必须学会游泳。图书馆藏书四百多万册,排列在一排排书架上,上下各伸展五层楼,构成一座图书的迷宫。怀德纳图书馆馆藏有包括诸多著名人物如培根、拜伦、塞万提斯、乔叟、但丁、狄更斯、高尔斯华绥、海涅、莫里哀、蒙田、卢梭、席勒、莎士比亚、雪莱、萨克雷和林肯、拿破仑、托洛茨基等人的文献。

我在哈佛待了大约一年。有一天,一位冯姓的华裔馆长(惜忘其名)邀我在教工俱乐部午餐时问我:为什么不见你来Widener图书馆看书?我说:哈佛-燕京图书馆的书,我还来不及看,你们这里更不知从何下手。哈佛-燕京图书馆的阅览室悬挂一幅我的伯祖父陈宝琛题辞横幅“学者山渊”。馆藏确如高山深渊,我只能浅尝辄止,Widener图书馆的馆藏之丰富,远远超过哈佛-燕京图书馆,我有入馆有如入宝山,目迷五色,无从着手之感。她说，Widener图书馆有许多图书复本，拟捐赠复旦大学，不过运费要由复旦负担，我回国后向复旦大学外事处汇报，他们不感兴趣，此事便不了了之。

临别哈佛时，费正清送给我他新编的《北京总税务司书信集》(*The I.G. in Peking*)两册。此时费正清已是古稀老人，比我大二十岁，他是大忙人，奔波于世界各地。他是哈佛大学终身教授，美国最负盛名的"中国通"，历任美国远东协会副主席、亚洲协会主席、历史学会主席、东亚研究理事会主席等重要职务，还曾是美国政府雇员、社会活动家、政策顾问，是"美国中国近现代史研究领域的泰斗"，致力于中国问题研究长达五十年，从他进入哈佛直到1991年去世，他的著作绝大部分都是论述中国问题的。

那时，柯文(Paul Cohen)在威斯利安学院(Wesleyan College，宋庆龄、宋美龄的母校)任教，他兼任中心的研究员，在中心也有一间工作室，就在我的邻近。二十世纪七十年代改革开放后，他到复旦访问，我曾托他回美国后代我同刘广京联系，他说他在耶鲁时，就是刘广京一个字一个字教他中文的。我一到哈佛，他就带我到图书馆等四处参观，并向我建议，哈佛有旗昌洋行档案，值得你去翻阅。他自己当时正在撰著《在中国发现历史》(*The Dicovering History in China*)，出版时送给我一本。此书后来由林同奇译成中文，由中华书局出版，又送我一本中译本。

哈佛-燕京图书馆，每年一定时间都会挑选一些复本的图书出售校内师生，定价都很低。我初到哈佛，便遇上这个机会，挑选许多，包括好几册《亚洲研究》季刊(*Journal of Asian Studies*)，还捡到一本金梁(息侯)甲戌年从翁同龢、李慈铭、王闿运、叶昌炽四部晚清著名日记摘录编成的《今世人物志》初版本，尽管纸张已泛黄发脆，我还是买了。同时还买到《绘图本宋教仁先生遇害历史》，因为当时还要去其他地方，暂时搁在角落，等到办好事去买时，时间已过，吃了闭门羹，第二天早上再去，廉价售书的活动已经结束，空手怏怏而归，至今犹觉耿耿。

在哈佛-燕京图书馆，我经常遇见著名文史学者杨联陞(1914—1990，台湾“中央研究院”院士），他也住在柯灵顿，不住在康桥，但常常来哈佛-燕京图书馆。他同我谈起两件事。他知道我研究洋务运动史后说，他曾担任费维恺（Albert Feuerwerker）博士论文的（1954）答辩委员会成员，论文初稿有不少错误都经他指出纠正，后来扩充修改为《中国早期工业化——盛宣怀和官督商办企业》（1958），成为费氏的成名作。另一件事，他不无幽默地告诉我：“我对你叔叔说过，把皇帝当马骑的，历史上只有你一个人。”原来我的叔父陈立鸥（1919—2000，名懋随，陈宝琛幼子，旧金山大学教授）幼时在北京，溥仪在宫中闷得无聊，就打电话叫他进宫，一起玩耍。溥仪比他大几岁，他就骑在溥仪背上，在地上爬来爬去，所以才这样说。

离开哈佛，我便前往贝克莱加州大学中国研究中心三个月。之前还访问芝加哥大学历史系，在康乃尔大学中日研究中心讲过一次课。

我在哈佛的房东Shcreirner夫人是哈佛经济系秘书，还担任《经济评论》的编辑事务，是一个典型的美国职业妇女。她的丈夫两三年前在瑞士度假，在一次滑雪时不幸受伤去世。家中那时只有她一人寡居独住。我每星期付一次房租，早晚两餐和她共用，午餐因为都在学校，她就不提供了。我们常常在餐桌上漫谈中美社会习俗和文化差异，比如，我有一次谈起孔子的“己所不欲，勿施于人”；她马上就引《圣经・马太福音》的话：“你要人家怎样对待你，你便应该怎样对待人家。”前者从反面讲（“不欲”、“勿施”），后者从正面讲（“要怎样”、“应该怎样”），我们都觉得尽管东西方文化习俗有许多差异，但是对人的基本道德要求是相同的。1984年我生日前一天，她说，明天我要为你祝贺生日，送我一套文具。我连忙去波士顿中国城商店买了一听茶叶作为还礼。到了晚餐，她端出一碗浓汤、一块牛排、两片面包、一盘水果、一杯甜点和咖啡，如是而已。这就是她为我办的“生日大餐”。我由此体会到美国人的崇尚简朴的精神；她规定每星期五开洗衣机，洗好衣服帮我整理好；一次见到屋外树上有只小鸟，她立刻回到书房取出一本鸟类书籍，比划着那只鸟是什么鸟。我又由此看到美国人崇尚科学的求知务实精神。她还常常带我星期天去礼拜堂，她说，不一定要信教，到礼拜堂也是社交的机会；还带我去她的一些朋友家聚会，去了一次参观1620年英国清教徒所乘船只初抵北美的“五月花号”（May Flower）和印第安人的遗址。外出参观前，她特别提醒我，今天不必穿正装，要穿便装，使我注意到在不同场合要讲求有不同着装。有一天晚上，她去参加教会主办的寡妇聚会。她说，这次不和你一同去了，我们寡妇有寡妇自己的话题交谈。这又使我感到，教会在美国不仅只搞宗教活动，实际上还起了社会润滑剂的作用。

在美国，有一家书店每月都寄给我两三本新书，如果阅后我要买，便留下，书款开一张支票寄去，不要，便将书退还。书店相信读者，不会要了书不还钱。我从小喜欢集邮，几十年来结习未改。到上海时父亲赠送我一本邮册，在“文革”中烧毁民国旧邮票一事前面已经谈过。我过去每年都购买一本美国邮局发行的Commenmortive Mint Set的套票。到美国后，我在波士顿邮局买了1983年全年套票，回家清点，发现少了一张。我想糟了，死无对证。后来路过这家邮局，我想姑且进去问问，死马当活马医。没料到邮局人员二话不说，给我换了同年的另一袋套票。由此我深深感到这个社会的人际关系完全将建立在互相诚信的基础上。孔子说的“人无信不立”，却在这个高度发达的资本主义社会见到了。

在美国一年，我有两次奇遇。一次是1984年，我在伯克莱加州大学中国研究中心作学术演讲后，刘广京设午宴请我和一些同行朋友。同席张伯渊低声问我，你认不认识陈俱。我说陈俱是舍侄，他说：“那就对了，你还记得吗，我们是小学同学。”原来他听我演讲时，名字很熟，但不敢贸然相认，便转弯抹角地先问陈俱，然后才肯定我们是五十年前的小学老同学。他在加州大学东亚图书馆中文部工作。此后我在图书馆阅书时，上午和下午茶歇时，我们便一起在茶座喝咖啡、聊往事、叙旧谊。他回顾自己小时家穷的情况，后来当了兵，流落台湾，最后到美国，在哥伦比亚大学读图书馆学，得了硕士，才到加大图书馆工作，不胜唏嘘。我回国后，他同夫人多次返华探亲重晤。我们每年圣诞都互致贺卡。另一次是，我在国内时，从一本《美国中国学手册》的名录上读到有James Ma（“马侨生”音）其人，从籍贯和年龄上我怀疑就是我在福建学院的同学马潮生，在圣荷西州立大学（San Jose State University）任教。我一到美国，从图书馆大学教授名录中查到他的地址，就冒昧地写信问他是否“马潮生”，如是，我们过去是同学。他接信后十分高兴，立即从东海岸的圣荷西跨越北美大陆打电话到西海岸的波士顿，同我通了电话，希望我有机会到加州。1984年我结束在哈佛的访问后到伯克莱加州大学，他邀我住在他家几天，陪我参观著名的加州红木公园，在秋天阳光下，我们欣赏加州特产的参天红杉，呼吸着树林中的新鲜空气。他希望到复旦讲学，我回国后，向学校外事处汇报，由经济学院请他回国做了两三次关于财政学方面的报告，安排他夫妇住在复旦专家楼，招待他们到上海附近苏州、无锡作一次旅游。此后我们不时有书信往来。近年来音信中断，不知这两位旧同学都健在否。域外遇旧知，令我感叹世界太小。

我于1984年9月回国。富布赖特奖金的获得者被看作是美国国务院的客人。1986年我去北京接受美国驻华大使洛克代表美国方面授予富布赖特奖状，奖励我“作为富布赖特学者通过学术成就增进中美两国人民的互相了解”。1993年我获得国务院颁发的“为高等教育事业做出突出贡献”的政府特殊津贴。

二十、为周而复辨诬

1986年秋天，我应邀到北京美国驻华使馆招待会，从洛德大使手中接受富布莱特奖状。利用在北京逗留的短暂时间，我抽了一个下午时间去拜访过去的领导周而复。他见到我来，非常欢迎。我一走进房间，便开门见山地说："周部长（我还是按照过去的老习惯，叫他"部长"），你好！我在上海听到有人说你自杀了。"他一边给我沏茶，一边笑着说："你看，我不是好端端的吗？我会自杀吗？我为什么要自杀呢！"接着，他原原本本地告诉我他被开除党籍的始末。

当年开除周而复党籍的主要理由是他在访问日本期间参观靖国神社。关于这件事，他说他一到日本，就向大使馆提交日程安排，这安排已包括参观靖国神社。当时使馆并没有表示不同意。他特别强调说，我错就错在为了节省时间，提前一天顺路去了。使馆的人说，既然去了，那就算了，不过，不要声张。他说，有了"不声张"的要求，所以他在靖国神社所拍的照片都不在日本冲印，而是带回国内冲印。

我来京前上海还传说，周而复的问题，并非只此一事，还说他"道德败坏"，要女翻译陪看黄色录像，打手印买春药以及在日本游山玩水，对日方态度傲慢等等。我将上述事转述给周而复听。

周听了愤愤不平地说："你刚从美国回来，你知道西方国家买春药要打手印吗？"他伸出右手，张开手掌说："我五只手指都在，完全可以对证啊！"要翻译陪着看黄色录像，更是子虚乌有。他说，他在下榻的宾馆，有一天已经很晚了，他正上床准备睡觉，听到附近房间有嬉笑打闹声，不放心，怕有什么意外，于是便披着睡衣出去看看究竟，看到那位女翻译正和一个日本女友在一起，便立即退回房间。哪有什么要女翻译陪着看录像的事？他还说，有一个法国作家曾对他说，在法国，作家看黄色录像算是什么问题？他回答说，那是在你们法国，我是中国的党员作家啊！

至于在日本游山玩水、逾期回国的事，周说，对于日本，我已经去过多次，没有兴趣再去游山玩水；推迟返国日期，是为了要同日方商谈下一年度的文化交流计划，而且这样的安排，事先已得到对外友协党组同意，这又有什么错误呢？对于当时批评周而复访日另一个问题，即对日本接待方态度傲慢，周而复说，那是在一次观看演出时，我中途退席，对此，我当时已经向日方做了解释，不存在失礼傲慢之处。

周而复同我详详细细地谈了这一切。最后说："处分我的所有根据都不符合事实，却不接受我的申诉，我要求查证核实，也没有答应。就是通过开除我党籍的支部大会，我本人也不在场。"他希望我回上海后，将他蒙冤的情况告诉上海关心他的熟人。我当即表示说，我会告诉当年我们一起工作的同事以及关心你的朋友。

谈罢，他引我到客厅内间他的书房，只见书桌上、书柜里堆满了许多大陆以及港、台地区出版的有关抗战历史的书籍，琳琅满目，都是他为了写作抗战史诗《长城万里图》多卷本巨著而准备的。我事前知道他在创作《长城万里图》长篇，计有六部。历史小说以国共合作并结合世界反法西斯战线进行抗日斗争为主线，以敌、我、友三方高层领导人物为主，塑造毛泽东、周恩来、蒋介石、汪精卫、裕仁天皇、近卫文麿、东条英机、冈村宁次以及罗斯福、斯大林、丘吉尔等高层人物的形象。全书揭露日军的侵华罪行，歌颂中华民族艰苦卓绝的八年的抗日斗争，侧重描写重大事件和重要的政治、战略决策过程，这部巨著视野广阔，结构宏大，需要丰富翔实的史料来支撑，唯此才能展现波澜壮阔史诗般场面。所以，经多年的收集，他阅读的有关抗战的书籍巨细无遗，堆积如山。

我笑着说："这么多的参考书，我们复旦历史系的资料室都比不上呢。"他说："现在这样也好，我可以闭门谢客，专心写作，避免了许多干扰。"此时，外面天色已近黄昏，他打电话叫部里（文化部）备车，带我去一家苏州菜馆松鹤楼，同时打电话给薛若梅，请她一起来（薛若梅曾任华东局统战部秘书科长，老地下党员，当过吴贻芳的秘书，时调北京全国工商联工作）。周而复还说，我现在除了被撤销文化部和对外友协的职务外，用车等仍保留原副部长待遇不变，其他职务如全国政协委员、全国作家协会委员、书法家协会副会长等也都保留。

在松鹤楼，周而复点了划水、狮子头等几道江南菜肴款待我们。席间又谈起他受处分的事，薛若梅和我都说他可以提出申诉，要求平反。他笑着说，现在还不是时候，以后再说吧。周而复毕竟富有党内生活阅历，他认为当时提出还不适宜，因为党中央正在抓精神文明建设，抓党风整顿，正如邓小平在一次中央政治局常委会上发表讲话所指出："越是高级干部、越是名人，他们的违法事件越要抓紧查处。"他是中央副部级高级干部，又是著名作家，在当时的政治大背景下，被当作典型案例抛出来，是无可逃避的了。

周而复在日本的情况怎么会被扭曲传回国内呢？周而复解释说，当时代表团内有人同日方个别接待人员关系过于密切，日方在接待方面不恰当的地方，此人也每每为之辩解。比如，在一次有几百个人出席的招待会上，宾客中日方最高职位的只是东京都知事，其余多是文艺界一般人士，日方却很不礼貌地将中国使馆参赞和中国代表团安排在倒数第二排桌子上，远离主桌，靠近摆放自助餐冷盘和点心的长桌，周而复很不以为然，此人却说，这样安排是为了照顾我们便于取食，如此等等，受到周的批评。此人心怀不满，却恶人先告状，一回国便向上反映周的种种不是。周而复既然被作为"抓紧查处"的典型，有关部门自然不会花时间去调查核实，接受他的申诉。

此时，我们在他面前劝说的词语显得很苍白，只用常用"相信组织，相信党"的套话来安慰老领导。

一直到邓小平去世后，2001年6月，周而复上书时任总书记的江泽民，再次提出申诉。我看过2001年6月8日他向江泽民总书记申诉信的复印件，信是这样写的：

久未聆教，时在念中。1986年我受处分的四个问题，曾在1986年2月18日对外友协党组核实会议上说明真实情况。关键问题是参观靖国神社。为创作长篇抗日小说，参观靖国神社等日程事先报送我驻日大使馆，四天未通知勿去靖国神社，表明同意。参观后文化参赞来我处称：国内最近通知，勿去靖国神社，因工作需要可以去，由大使馆批准。我告以不悉国内通知，今又已去。彼谓，大使馆通知迟了，也有责任，去过，就算了，勿告任何人。（注：通知以前，我驻日大使参赞与访日团部长级团长，有的也曾去过；国内通知后，新华社记者每年都去了解日本内阁成员参拜情况。）回国后，友协查询，大使和文化参赞为了推卸责任，谎报：数次劝周勿去，周仍要去，要周请示国内，周不同意。有意造谣中伤。我多次申诉，要求和大使、参赞、代表团处长（在场听参赞指示）和我三方面核实此事。十六年来，迄未核实（详见附件）。特此报告，并请批示有关部门按党章规定核实、平反、恢复党籍。衷心感谢。前奉长篇小说《长城万里图》六部，今呈长篇叙事诗《伟人周恩来》四部，敬请教正。

此致

敬礼

周而复　2001年6月8日

信中提到的叙事长诗《伟人周恩来》出版时，他也送给我一部。2002年10月，经过中纪委复查核实，他才终于恢复了党籍。他将此消息告诉中共上海市委统战部联络处原处长马韫芳，并对马说："我今天交了五千元党费，我被开除党籍后十六年来每月党费放在自己办公桌抽屉里，今天一数，五千元不到，凑足五千元，交给党小组长了。"对周的崇高党性，马为之动容。一回到上海，便以最快速度告诉五十年代初期在市委统战部工作的关心他的老同志。

周而复三卷本百万字的自传《往事回首录》，用"朝真暮伪何人辨"诗句作为标题，此诗句是唐代诗人白居易诗题"放言"的首句，诗题就是无所顾忌、畅所欲言之意。"朝真暮伪何人辨，古往今来底事无"中的"底事"，"何人"，指的是朝真暮伪的事。在这里这单刀直入地发问："早晨还装得俨乎其然，到晚上却揭穿了是假的，古往今来，什么样的怪事没出现过？可有谁预先识破呢？"开头两句以反问的句式概括指出：作伪者古今皆有，人莫能辨。这里表达了诗人内心忧愤而做的《离骚》式的呐喊，同时也表达了周而复对自己晚年遭际何等沉痛的感喟！

2004年1月周而复在北京病逝，享年九十岁。病重期间，马韫芳等同志专程去北京医院看望。那时他已病入膏肓，肤色灰黄，不久人世，他从口袋里拿出多次向中央提出的申诉书和中央最后给他的平反结论给马等看，还告诉马韫芳她们，他的遗产现金（才几十万元，主要是稿费收入）和房子，以及房子里的所有东西（其中有很多书籍和珍贵的书画），全部上交中宣部。

1月17日上午，中央宣传部在八宝山为周而复举行送别仪式。与此同时，马韫芳和上海市委统战部另一位旧同事耿月琴（已故）牵头组织五十年代的老同事在上海青松城举行了周而复追思会，约二十多人参加，我和妻子任佩仪都出席了。大家一直等到十时左右，电话才传来在北京追悼会上分发的《周而复生平》。据说这份《生平》是经过中共中央政治局常委会讨论通过，高度评价周而复是"中国共产党优秀党员、忠诚的共产主义战士"，肯定他"在现代文学史上占有不可替代的重要地位，为我国先进文化事业，做了突出贡献"。不过，不知何故，当时上海各报只是简单报道他病逝的消息，却没有发表这份回避了他被开除党籍一事的《周而复生平》。

2012年第六期《世纪》杂志刊载周而复儿媳王周生女士写的题为《周而复家信中的"靖国神社事件"》文章，为周而复辨诬。我读后便将我赴京晤见周而复的情况写了《周而复"靖国神社"事件续志》的短文，寄给《世纪》杂志，在下一期（2013年第1期）刊发，作为周而复辨诬的进一步补充。

二十一、盛宣怀档案的整理——我的“乐生要素”

我从复旦大学退休以后，即受聘为上海图书馆历史文献中心研究员，参加盛宣怀档案资料整理工作。先我参加整理工作的有老友、从上海社科院历史研究所退休的研究员徐元基。徐后因眼疾退出，《解放日报》退休的高级记者丁凤麟加入。上图从上海合众图书馆保管原存放盛家祠堂的盛氏家族档案十五万多件，于1997年成立盛档整理项目组，集中馆内七八名工作人员，对八十多箱档案原件逐一启封、清理、登记、修补、编目、制作卡片。

盛宣怀档案原是一袋一袋包在一起。工作程序是要求将袋内档案取出，每份编目单独装在特制的无酸性文件袋，并制成卡片。卡片内容有：档号、文种（汉文、英文、日文或其他语种）、正题名、责任者、文本（谕旨、公文、函牍、契约、合同、章程等）、地点、时间、数量（页数或册数）、附注、规范主题词、自由词等项。规范主题词是根据中国第一历史档案馆1995年出版的《明清档案工作标准文献汇编》中规定的《清代档案主题表（试行本）》，不属于规范主题词的则列为“自由词”。这份主题表主要是根据一档所藏档案制定，因此有关清代宫廷、皇族及八旗事务的主题词特别详细，对于盛宣怀档案中涉及许多近代政治经济内容并不完全适合。比如，主题词中有“资金”而无“资本”“资本额”，有“股票”而无“股份”，有“利息”而无“股息”“官利”，有“官商”而无“官督商办”“官商合办”。此外，与盛宣怀经济活动关系密切的外资企业怡和洋行、旗昌洋行、太古洋行以及盛本人创办的仁济和保险行等，“主题表”均未列入。因此制作卡片时按照此书“主题词”填写往往削足就履，十分牵强。徐元基和我参加盛档整理，多次提出应当放弃这份《主题表》，从盛档的实际出发，自己制作一份《主题表》，可惜没有实施。因此卡片起到索引的作用不大。此外，小组人员制作卡片都有工作定量（每天定额三十张左右），这很不科学，也很不合理。因为档案内容不同，有繁简难易之分，工作人员为了完成工作量，不得不赶进度，因而质量很难得到保证。

我和徐元基（后期和丁凤麟）在盛档组主要是查核部分卡片填写内容。比如，工作初期，年轻的工作人员对晚清官制、官场习俗、（如称巡抚为方伯，布政使为藩台、巡按使为臬台）、人称、字号等不熟悉，有些函件属私密性质，还用隐称，如用"城北"指徐润（《孟子》有"城北徐公"故事）；用"三藏"指唐廷枢（唐三藏西方取经），更增加了对档案内容理解和掌握的难度。档案中除幕友抄缮外，盛氏亲写书函多用行草或草书，草书又多不规范，不易辨认。我们的工作是帮助他们解决此类难题，带有"顾问"性质。正如《新民周刊》有一篇报道盛档整理的文章中，说我在盛档的工作主要是"辨字"。在某种意义上说，我们确实是在辨认原稿上有些草书或异形字难以认识的文字以及考订人名和史实方面做了一些工作。我们因为没有工作定额的约束，所以有些档案可以从容反复研究，考订其时间。习惯上一般信函只写月日，不写年份，如有一件信函提到"何星轺到日"，何时到日本？我根据《中外使领馆年表》何如璋就任驻日公使的时间确定了此件的年份。

上海图书馆历史文献研究中心根据盛档编辑出版过几本书，其中《上海图书馆藏名人手札》，我和徐元基共同署名为"审校"，《上海图书馆藏盛宣怀档案萃编》我和丁凤麟也同署名为"审校"。

我之所以对盛档整理工作感兴趣，由于他不仅是晚清重臣，而且还是一个研究洋务运动绕不过的历史人物。他长期追随李鸿章创办诸多洋务企业，成为中国早期现代化事业的开拓者和奠基者，被誉为"中国实业之父"。有人统计盛宣怀创造了多项"中国第一"：第一个股份制民用企业轮船招商局；第一个电报局；第一个内河小火轮公司；第一家银行；第一条铁路干线京汉铁路；第一个钢铁联合企业汉冶萍公司；第一所大学北洋大学堂（天津大学前身）；第一所高等师范学堂南洋公学（交通大学前身）；第一个勘矿公司。其实不止这九项，他还是第一座公共图书馆的创办人；1904年春在上海创办红十字会，并被清政府任命为中国红十字会第一任会长等等。

在盛档中我接触到许多平时看不到的原始资料。比如，李鸿章奏稿原稿、王宠惠的出国护照原件，还有一份鹿传霖（1836—1910）讣告，木刻，长有五六米，长条桌子还放不下，要摊在地上看。我还发现我的伯祖父陈宝琛给盛宣怀几封信，和我的外曾祖父吴维允（围棋圣手吴清源的叔祖父）给盛宣怀的信，还有一份日本人高木六郎调查台湾板桥林家家世和财产的详细报告，这大概是盛宣怀的五小姐嫁给我姑丈林熊祥之兄林熊征之前盛宣怀叫他去摸底探查的。

盛档的整理，是很费时间的工作。我原定每星期去两次，上图又提供我一间研究室，配备电脑和大型工具书等，给我工作带来极大的方便。当时没有每天必到八小时的限定；我那时住在五原路，距离上图只步行一刻钟即可到达，所以除了双休日，几乎每天都泡在上图，有时上下午一整天。为此，我同上图有了一种特别亲切的感情。

"盛档"中众多丰富多彩的原始资料在一般历史书中是看不到的，对我具有巨大的吸引力，我对小组的同事们说，这项工作对你们来说是一种"谋生手段"，因为你们要挣工资，养家活口；对我来说，是"乐生要素"，我在盛档中读到很多难得一见的有趣的原始档案，对我的治学极有好处。

谋生/乐生之说，记得是在马克思《价值、价格与资本》读到。唐代诗僧王梵志创作的一首禅诗《我不乐生天》，我借以表达自己择业中感受到一种宁静与愉悦。我已有退休金，参加这项工做出于我的兴趣和爱好，也出于晚年的一种自娱。

上图盛档组年轻的同事对我们都很尊重，也很亲近。——我2011年初肠癌手术后，迁住距上图较远的虹桥，他们约好，集体远道来看望。我也常常找他们帮忙，查核资料、借阅图书等。

盛宣怀档案的整理工作，经过多年的努力，终告完成，通过了国家清史编纂委员会的评估验收，《盛宣怀档案选编·国家清史编纂委员会档案丛刊》全套一百册，于2014年12月由上海古籍出版社出版，我被列名编纂委员会委员之一。上图还将盛档原件的全文扫描，建立了“盛宣怀全文数据库”，数量达157 564件，可供查阅的档案达787 000拍（页）。2015年5月27日，《盛宣怀档案选编》举行首发座谈会，我在发言中最后说：我自1997年退休以后，参加盛档的整理工作十几年，和盛档组同事老少相处，长幼互补，和谐愉快，同甘共苦。所谓“甘”，是指我们共同享受阅读档案的快乐；所谓“苦”，这些档案原本杂乱无章地一袋一袋地放在一起，盛档组的同事不怕“苦”，不畏难，将它们一件一件地排放装袋，加以编目，制作卡片，拟定标题，考定责任人和文件时间等等，十几年来在繁琐枯燥的工作中，辛勤努力，默默无闻地坐冷板凳，从青年步入中年，把自己的青春年华献给这个图书档案事业。今天他们已成为盛档和盛宣怀研究的行家里手。我要趁今天这个机会，点赞他们。我寄希望于史学界的同行今后充分利用这套档案，在史学园地绽放出绚丽的鲜花。

盛宣怀一生有如此众多的“第一”业绩，在此过程中所形成并留存的许多诸如信札、公函及往来文件、电报等档案，如当年日军在厦门登陆受到英、美海军的联合抵制，因而被迫撤出厦门的经过，在美国国务院档案中虽有所反映，但其详尽程度就远不及“盛档”记载。盛宣怀档案价值也由此可见。而今天从档案的视角切入，也得以让我们从中解读到盛宣怀身上的另一侧面。

盛宣怀从政之余，还搜集图书文物，藏书极富。大多数是购自江标“灵鹣阁”、巴陵方功惠“碧琳琅馆”等家旧藏，光绪三十四年（1908）又在日本购医书、经济等类图书千余种，万余卷。先后藏书十余万卷，有历代状元手迹，凡二百余家。宣统二年（1910）建“愚斋图书馆”于上海住所内，聘请名家如缪荃孙、罗檗臣为他编辑《愚斋图书馆藏书目录》，著录藏书六千六百六十六种，十六万九千九百余卷；善本三百余种，七千三百余卷。另有《盛氏图书馆善本书目》四卷，藏书于1933年被蒋、宋、孔、陈四大家族所掠，全部藏书先后拨给三所学校。1949年后，在上海交通大学图书馆的盛氏藏书调至安徽大学图书馆；在圣约翰大学的部分，调至华东师范大学图书馆，其中有六百余种方志，有七种为国内孤本，明代刊本六百余种，三百余种医书，日本刊本五百余种，其三百余种医书在1958年调拨给上海中医学院；在山西太谷县铭贤学校的藏书归于今山西农业大学。新中国成立初期，从盛氏祠堂中发现有旧藏书八千一百余册，其中善本四十五种和刊刻的图书十八种二千七百余册，另有文件、信函、档案等，现均藏于上海图书馆。刊刻图书有《常州先哲遗书》、《卫生丛书》等，由缪荃孙等主持刊校，版本精雅。不仅藏书丰富，盛宣怀还具有“档案情结”，这一方面有大量留存至今的与盛宣怀相关的档案资料为凭；另一方面，也是更为重要的，则是盛宣怀为保存这些档案资料做出了全身心付出。这身心付出既有他在保存档案资料上的有意识，也有他在这上面的无意识。关于前者，据档案记载，经盛宣怀签发的文书，一般都经草拟、誊清修改、再修改等三稿或更多次才发出。即使盛宣怀老年时仍认真如旧。盛宣怀当年的亲近幕僚叶景葵曾说过：“宣统之季，余在造币厂监督任内，公适筹划币制条款，召余商榷，函电属草，每于病榻亲自为之，精细为群僚之冠。”文中“余”系叶景葵自称，“公”即指盛宣怀。从盛宣怀对拟“函电属草”这样的事，即使卧于病榻，也必“亲自为之”，足可见盛宣怀对文案（实际上也是对档案）的重视。

在上海图书馆，我的主要工作是盛宣怀档案的整理，后来又参加中国家谱资料选编。2013年我在《东方早报·书评》版上读到姜鸣的文章《不懂军舰，如何治海军史》，文中提到海外著名的海军史专家马幼垣见到台湾出版的凌鸿勋《詹天佑先生年谱》（台北，中国工程师学会，1961）述及詹天佑曾参加过甲申中法马江之战，史料来源是“上海晋源西字报一八八四年七月初五日”，“为了找到这张《上海晋源西字报》，马幼垣花了十几年的工夫，终于搞清楚其英文名为*Shanghai Courier and China Gazette*，即通常称作《上海差报》。马托我在上海图书馆寻找此报。”姜文说：“我拜托复旦大学历史系陈绛老师代为查检，陈老师找到原文后，因上图不让复印，竟代为抄录全文。”这件事使我想起我在上图还有一些类似的意外工作：利用上图工作的方便条件，替一些朋友查找史料。例如，大约在二十世纪末，科文(Paul Cohen)从美国来到上海，一个晚上，汪熙在合肥路复兴苑寓所宴请科文，我也应邀出席。席间谈起科文正在研究越王勾践，我便答应他在上图找些有关资料。我后来在上图找到几本民国年间出版的小册子（有关线装古籍哈佛—燕京图书馆多可见到），复印送给他。科文于2009年在加州大学出版社出版了他的新著《言说历史：越王勾践故事在二十世纪中国》(*Speaking to History: The Story of King Goujian in Twentieth Century China*)。还有一件事：我的圣约翰大学1938届学长汪统（1916—2011），是沪上著名的印石收藏家，与顾振乐（上海市文史研究馆馆员）、顾翼（上海大风堂书画会会长）同为“嘉定三老”，所藏田黄、寿山、青田石等蔚为大观，有《忒翁藏印》问世。二十世纪五十年代著名篆刻家朱复戡为他刻了百余枚印章，结集为《疁城汪氏刻百钮专集》。他收藏一枚印文为“清宁之宝”的寿山石章，不能断定是否为康熙御用。我为他在上图查阅《故宫博物院藏清代帝后玺印谱》（紫禁城出版社2005年出版）“康熙卷”一书，果然见到此印，大小、字体、形神俱同，确是宫廷珍品，便复印给他。他非常高兴，特地请了我和上海校友会会长丁光耀到他家，玩赏他在新中国成立前后在上海文物商店搜购的不少名贵印章。他去世后，这枚清康熙印章听说在2014年5月嘉德春拍时以二千零七十万元高价成交。盛宣怀后裔、在日本的盛承洪也将一枚盛宣怀印章请我辨认印文，后来送我他所编在日本印行的《盛宣怀与日本》精装一册。在治学中，为友朋或读者提供资料或查证资料也是一件乐事。

二十二、一种真实的视角：中国家谱中的经济史研究

对于家谱所反映出来的经济史，我曾以《中国家谱中的经济史》为题写过短文。一见此题有的说太专太偏了，更有的说这是“钻牛角尖”。我以为“牛角尖”一旦“钻穿”之后，就会发现自己可以站在“牛角尖之上”，以另一境界看世界，应该说是一种真实的视角。

事出有缘。我在上海图书馆参加两个国家清史项目。除了前述《盛宣怀档案资料选编》，还有由原上图党委书记王鹤鸣主持的《中国家谱资料选编》。

我参加盛宣怀档案的整理工作后不久，已参与上图《中国家谱资料选编》框架以及拟订选辑条例的复旦历史系杨立强教授（已故）约我分担家谱项目的经济部分。我在已有家谱资料初选的基础上，加以断句标点，分类编排（其中尤以收录家谱中的契约地名最难断句）。经济卷最初选用资料约一百二十万字，清样出来后按全书要求，加以删削，最后保留八十万余字。这是中国经济史的重要资料。家谱，又称族谱、家乘、家牒等，与正史、方志，是我国重要的历史文化遗产，向来与正史、方志并称研究中国历史的三大资料宝库。上海图书馆庋藏家谱之丰富，称誉海内外。上图承担国家清史项目《中国家谱资料选编》，自2001年启动，三年后获清史编纂委员会立项，历时十年，始告完成，并于2012年11月通过评审委员会专家组同意结项，由上海古籍出版社出版，于2014年2月举行首发式。全书分凡例、序跋、传记、诗文、家规族约、姓氏源流、礼仪风俗、教育、经济、图录、漳州海外移民诸卷，约一千九百余万字，共十八册。

家谱经济卷中辑录了家谱中经济方面有关资料，我依其内容，将它们

略分为建祠修谱、祠产公积、祠田尝业、坟山墓地、祀会与宗族组织、义田、赋役、庵产、田产房屋、部门经济、财产分割、人口、地方经济等十三类。

我读到，家谱中大量关于祠堂的记载。祠堂是家族祭拜祖宗、追思先德的场所，也是睦宗收族、联系族亲的纽带。它在维护和巩固家族血亲关系方面起着关键的作用。正由于祠堂资料在家谱中所占比重最大、分量最多，为了考虑与其他各类分量平衡，经济卷选录与祠堂有关的资料乃又酌分为建祠修谱、祠产公积、祠田尝业，以及坟山墓地等数类，各类多有交叉混同，难以严格划分。如祠田尝业、坟山墓地亦系祠产，今则剥离另列。这两类可以窥见当时的土地占有关系；建祠修谱类涉及建祠缘起、祠堂规模、建筑形制、祠堂管理、祠堂购地和修建资金来源（个人捐献或房派分摊），以及祭祀活动、祭器用具和修谱费用等，这些都多少反映了当时的物价水平。

祠堂财产除了房屋，主要是土地。在中国传统社会（含从传统向现代转型时期社会），土地是最基本的生产资料，土地占有关系是最主要的生产关系。祠堂占有土地包括祭田和义田两部分。祭田，亦称祀田，它连同地基、房产、山林等，其收入用于祭祀先人，通称"尝业"。祭田既是祠堂扩建和维修的物质保障，也是祠堂维持祭祀活动得以经久不废的经济支柱，所谓"田因祀而永固，祀有田而长存"。祭田一般来自后裔捐献，如无锡尤氏一族原无公款承担祭祀，清嘉庆初年流芳声巷支经理祠事者自捐租三石为通族倡，遂得集成祭田十九亩许。《尤氏宗谱》称："祠之有田，实自此始。"也有个别族人顾虑身后无人上坟祭扫，为自己预置祭田。如尤氏二十九世升汉临终前别提四十亩为祭田，供自身殁后子孙上坟祭扫。升汉同辈文浚亦于生前自置田二十亩，备后人祭扫。定兴鹿氏乾隆年间有祭田五顷二十九亩许，每岁租钱约计京钱三百余千。祭田所收田租用于每年祭扫，归各房轮流承值，承值者若不照规办祭，即被除革，以后永不许与祭、与管。田租若有盈余，则添置田亩，以丰祀事。如湖南湘潭樊村黄曰炎蓄积公资，经营生息，陆续增置祀田四百余亩。

义田和祭田一样，也是全族的公共财产。如果说，祭田用于祭祀祖先，重在“祭祖敬宗”，通过纪念死者以维护族亲的血缘关系，那么，义田用于济贫赈饥，重在“收族睦亲”，通过赈恤生者，同样起着团结族亲的作用。江南海宁查氏嘉庆年间有义田二千余亩，金山钱氏、常熟赵氏、苏州程氏均各有义田一千余亩。义田提取田租，除用于祭祀，主要赈恤贫乏，包括养老、恤孤，资助嫁娶、丧葬，周济穷乏等。义田原属祠产，经济卷所收，仅限于上述振饥济贫之类，至于义田中专为教育乡童、鼓励科举而设的义学庠产，则归教育卷，经济卷不录。

为了管理祭田、义田和保管田产收入，有些家族还设立义庄或谷仓，恤灾备患，在荒年岁饥积谷平粜。“平粜不比分胙（祭祀后分祭品给子孙后裔），分胙不论贫富，按丁均给；平粜则专为接济贫丁而设，多平粜一日，则贫丁多一日接济”（《顺德大良乡龙氏赈恤规定与章程》）。这是祭田与义田的主要区别。

不论祭田，还是义田，许多家族都订立严格的章程规约。如祭田条规一般规定祭产系属公产，不得擅卖；虽系子孙，亦以盗卖官田论。此外，对于祭祀日期、祭器保管以及财务管理等也都有明确的规定。义田的章程，一般包括发放物件、给米数额、发放时间、管理人选等的详细规定。

为了承担祭祀活动的费用，一些家族还成立了名目繁多的族亲组织，如：清明会、中元会、冬至会、积谷会等，为此，经济卷专列祀会和宗族组织一类。其中湘潭朱亭何思本堂族务委员会、江苏江阴郁氏宗祠祠产保管委员会以及浙江鄞县张氏旅沪同宗会等，其设立目的已超越办理春秋祭扫，不再是传统的祀会，按其组织章程，已经更具有近代性质，甚至是近代的社团了。

田赋是宗法社会国家的主要财政收入。各户按田亩完税，完税形式有货币（银两）或实物（谷米）两种，具体税额散见祭田、义田等契约原件。经济卷所收田赋资料，仅限于综合性的记述，如《永康县清田赋记》、《浙江四明赋税》、《邵陵姚氏田赋》、《兴平张氏田赋》数件。《福建通贤龚氏支谱》载《上蒋方伯论盐法得失书》一文，揭橥清代盐政利弊，可供盐政史研究者参考，故予以辑录，作者佚名，当为龚氏先人所撰。家谱中罕见涉及徭役者，偶有数份（铺递、屯差），经济卷也收录一些。

不少家谱保留了先世购置寺庙、庵堂的历史记载，这些记载反映佛教在中国社会的普遍存在和深入人心，它在文化史上的意义显然重于经济史上的意义。如湖南罗氏本族历代修建的寺、庵、庙、殿竟有三十六处之多。这些资料也记录了寺庙的土地占有关系以及因庙产而引起的纠纷，所以也将它列为一类，作为经济资料而录入。

田产房产类系指不属于祠产的个人或家庭的财产，其属于祠堂的田产房产，归于祠产类。这一类辑录了若干财产转移的契约（杜卖契）。这些契约除载明田业房产明确的四至界址外，一般还强调：一、出售前必先尽问亲族上房人等，“俱称不受”，乃可浼请中人寻找买家。二、买家承受为业后，有权自行处置，任凭阴葬阳修、守售听便，收粮输税、过户应差，均由买家负责，与卖家无涉。三、一切陋规杂费，包括亲疏酒劝，俱在正价之内，均由卖主承担。四、卖主保证无买卖不清、重卖重典情事，也无逼勒、诓压、准折等情。五、此项交易卖方心甘情愿，不得翻悔，永不加价，永不言赎。由此可见，买主一般处于强势，规定对他们的权益给予充分保护。

财产分割类中大部分是遗产继承。经济卷收录的析产文书有分约、分卷、分关、摽拨、议约、预嘱、遗言等不同名称。分割（或继承）的财物一般为田地和房屋。个别如苏州张九堂，乾隆年间到苏州经商，经营布匹、帽子，积蓄资本开店，他生前立有预嘱，分割的财产便主要是店业，而不是田产。云阳程氏民国初年析产，除田产、房屋外，还有川路股票、彰德纱厂股票，由此亦可见中国的社会经济此时已开始处于由传统向现代的转型。

中国传统社会的经济基础或基本的经济部门是农业。部门经济类首录《宁乡唐氏耕田九法》，此件列述每年春种秋收生产过程的注意事项，可视为农业生产经验的总结。与农业生产密切相关的是水利。为此，河工是历代当政者的一项重要政务。《河工告成疏》（见《海昌朱氏宗谱》）是明代弘治年间一名工部官员上奏皇帝的政绩报告；《复马慕遽书》则是乡人请其筹款并主持治理家乡苏北河道淤塞的私函（见《江苏盐城孙氏宗谱》），均有一定的史料价值。农田灌溉，常常引起家族间对水利的争夺与纠纷。沅江胡氏明初落业沅江，管湖为业，捕鱼为利，湖业各房均分；黄梅李氏三户分闸七里湖，开垦淤田；宁乡欧阳氏自明代以来歷管冲天湖数百年，清代嘉庆以来代有争讼，直至二十世纪三十年代初始判决结案。这些争水讦讼的内容在家谱中亦不乏反映。经济卷将其归为部门经济类水利部分。修坝筑堰、修闸筑堤，设立码头、渡船等，也作为水利归入这一类。

至于近代工矿业，如贵州于德楙清光绪年间随出使日本大臣徐承祖出国，回国后受命延聘东洋矿师襄办矿务，所撰《滇南办矿记》收入《于氏家谱》，是中国近代矿业史的第一手资料。《江苏江阴陈氏宗谱》关于陈大同铁工厂创建与经营经过，虽《选编》规定辑录家谱限1949年以前出版者，1949年以后的家谱一般不录，此件作于1949年后，但所见家谱中近代工业史料极少，故也作为特例收入。交通部门包括修桥筑路、设立茶亭等，多作为家族的公益事业而载入家谱。其他经济部门如渔业、盐业，有两份资料，即《四明渔业》、《四明盐业》（均见《四明朱氏支谱》）则可以与地方经济类中的《四明物产》参阅合观。

家谱为人口问题研究提供了第一手资料。梁启超尝言："欲考各时代各地方婚姻平均年龄、平均寿数，欲考父母两系遗传，欲考男女产生比例，欲考出生率与死亡率比较等等无数问题，恐除族谱家谱外，更无他途可以得资料。"前辈学者如潘光旦等利用家谱的研究成果为后人留下宝贵的范例。唯经济卷整理编辑时，若逐个按每一部家谱的世次、房派登录人名，然后加以统计综合，以期了解相关家族各房人口累世增减、年齿寿数以及迁徙流向动态等，这样浩繁的工作非此书编辑所能承担。因此经济卷只选载有关家谱中已综合整理原有的包括房派、世次、生殁、寿考等的人口统计表。

从家谱经济卷中祠产、坟山、庵堂以及个人田产房产各类家谱资料中，还可读到不少有关财产转让的契约和案件纠纷的诉讼文书（包括民国时期的讼呈、判词等法律文书），它们都是经济史的原始资料。

家谱记载一家一族史事，综述当地经济概况者一般见诸方志。在已读家谱中载录一地的综合经济概况者极少。经济卷仅选辑两篇。一为《四明朱氏支谱》，一为《苍南县郑氏文化志》。前者详细记载浙江宁波农产、水产、矿产及植物等，颇有史料价值；后者分别记述郑氏所在浙江苍南乡间居民自清代、民国时期至1949年新中国成立以后衣、食、住、行方面的变化。该《文化志》系1997年出版的铅印本。如上所述，全书一般不收1949年后的家谱，鉴于家谱中此类资料极少，故亦酌录殿末。

鉴于家谱系一家一族的家刻私印，刻字极不规范，出现许多异体字、俗写字等，均依《中国家谱资料选编》全书的统一规定，加以订正；同一份家谱原件中数目字有繁体、简体混用的情况，如“一”、“二”，或作“壹”、“贰”，类似“嘉靖拾捌年十月十六日”，“共种子弍拾六石五斗捌升”，我在整理时也都依照原件，不加统一。

以上各类，不论祠产、坟山、庵产、水利，都辑录大量的契约原文，当初原意为族人后辈保留宗族持有财产的凭据而载入家谱，今天则成为研究经济史的不可多得的原始史料。我深感，中国家谱中所反映出来的经济史，很真实，十分值得研究。

二十三、轮船招商局研究与在澳门讲演

在上海图书馆成立“盛宣怀档案项目组”之前，陈旭麓、顾廷龙、汪熙于1976年开始整理编选《盛宣怀档案资料选辑》几辑，陆续由上海人民出版社出版。其中《轮船招商局》一辑有关档案已由汪本人和吴民贵、陈宗海、陈正青爬梳整理，汪熙委托由我和他主编。那时我在复旦，因为正要出国，便请我的两位研究生陈潮、杨苏荣先行编订。1984年回国后，再加以重校。鉴于那时没有阅读过全部盛档，觉得不完整，所以迟迟没有交稿。2002年12月26日是招商局成立一百三十周年纪念日，汪熙说，过了这个局庆，恐怕向招商局要出版资助就难了，所以只好先就已阅过的档案审核校勘，共一百多万字，一千三百多页，于2002年由上海人民出版社出版。从此，我与招商局研究结了不解之缘。

陈潮利用这些档案讨论招商局与外国洋行的齐价合同，作为他的硕士论文，获得第一届全国青年社会科学优秀成果奖；后来又有《晚清招商局新考——外资航运业与晚清招商局》新著，由我和复旦大学历史系教授朱荫贵推荐，收入《招商局历史系列丛书》，于2007年由上海辞书出版社出版，我应陈潮之请，写了序言。我自己也利用编辑盛档的资料，写了《唐廷枢与轮船招商局》，发表在1990年第2期《近代史研究》，（后被收入招商局史研究会编《招商局与近代中国研究》一书，中国社会科学出版社2005年出版）。丁日初主编《上海近代经济史》第一卷（1840—1895）（上海人民出版社1995年出版），也叫我承担其中《轮船招商局》一章。2012年招商局史研究会编辑出版《招商局文库》，其中黎志刚编《刘广京论招商局》一书请广京夫人Edith Liu和我各写一个短序。2009年《招商局珍档》编委会由招商局集团副总裁胡政任主编，我和朱荫贵、易惠莉（华东师范大学历史系教授）三人为顾问，出版《招商局珍档》一书。此书共收入招商局不同时期、最具有代表性的重要档案文献四十四件，全部原件彩色影印，我承担其中五件的句读和点评，并写了序言。我的序言写道："招商局是中国创办最早、历时最久的现代民用企业。它历经清代同治、光绪、宣统三个皇朝，民国北京和南京国民政府两个历史时期；它的管理体制从最初的官督商办到隶部商办、商办、民国时期的国营和二十世纪四十年代末的股份制，最终成为今天的国有大型企业集团；它的经营范围从最初江海航运，中经创办保险、投资工矿和银行，涉及经济和经济以外诸多领域，发展到今天集交通运输、金融、地产、工业、贸易等为一体的综合性经营。历史悠久曲折，体制数度变更，经营不断发展，表明招商局在其发展过程中起伏跌宕、错综复杂的程度，在中国近代企业史中屈指可数；招商局存世档案数量之庞大，内容之丰富，门类之繁杂，近代许多企业亦难望其项背。《招商局珍档》浓缩招商局百年历史，让有兴趣的读者可以尝鼎一脔，而有志者则可以之作为深入研究的津梁。"我在序言最后写道："档案的功能在于恢复记忆，分享记忆，反思历史，展望未来。世事苍黄，风云变色。拂去历史的尘埃，披览当年的档案，我们仿佛从招商局困顿坎坷的历程中，听到前人艰辛迈进的步伐声，而对它的美好未来充满欣喜和无限期望。"

澳门博物馆为了收集郑观应（1842—1921）的资料，多次派人来到上海图书馆盛档组，与盛档组建立了良好的密切的协作关系。2002年4月，澳门博物馆举行"郑观应文物展"，澳门文化局和博物馆邀请盛档组王宏和我参加。4月19日我们在澳门各做了一次演讲。这是我第一次也是唯一一次对澳门的短暂演讲访问。

澳门离上海很近，来回路程不远。北邻广东珠海，西与珠海市的湾仔和横琴对望，东与香港隔海相望，相距六十公里，南临南中国海。

澳门是一个国际自由港，世界人口密度最高的地区之一，也是世界四大赌城之一，1553年，葡萄牙人取得澳门居住权，并将此辟为殖民地。经过四百多年欧洲文明的洗礼，东西方文化的融合共存，使澳门成为一个风貌独特的城市，留下了大量的历史文化遗迹。我们参观了大三巴、郑家大屋和其他名胜景点，博物馆接待我们吃了一顿纯正的葡菜大餐。我也结识了几位澳门史学界同行。

郑观应同澳门有种特殊的关系，被称为“澳门之子”。1885年5月下旬，四十三岁的郑观应一度回到澳门的郑家大屋居住。

此时的澳门，只剩下“商务鱼栏与鸦片，饷源以赌为大宗”，这样的环境对于债务和疾病缠身的郑观应来说，他当时一心想在道家的修炼之中寻求自我解救。次年，心行如一的郑观应专程去罗浮山访道求仙，后来又“卧病三载”，沉溺医书，寻方治病。在此期间，澳门的盛衰变迁一直是郑观应摆脱不掉的思绪，萦绕在他脑际。经历一段惶惶不宁的日子以后，郑观应开始静心梳理自己的个人经历和多年来对社会世态的思考。

郑观应对当时社会的思考，是从澳门的苦力拐卖现象着手的，郑观应早在上海经商之时，就经常撰写并在报刊上发表针对时势的评论文章，已经成为相当有名望的维新人士。他撰写的著作主要有三部，一部是成书于1873年的《救世揭要》，另一部是《易言》，后来，隐居澳门的郑观应又把早年写作的这两部书进行修订和扩充之后，以《盛世危言》为题在1892年出版，这是极具历史影响力的著作。他“首为商战鼓与呼”，是近代中国提倡民族商业资本与外国资本竞争的最早的改革者之一。

“首为商战鼓与呼”。这是郑观应在澳门这块土地上酝酿之后提出的，澳门给郑观应智慧与眼光。郑观应也给澳门带来了影响和商战之策。他首次提出兵战不如商战，应该学习西方先进技术，以自强之道战胜列强，在《盛世危言》中，郑观应提出了“商战为本”的思想，并成为这一观念的最主要的倡导者。他说“外洋以商立国”、“借商以强国，借兵以卫商”，提出应以“商战对商战”。

《盛世危言》的内容涵盖了“议院”、“学校”、“商务”、“铁路”、“邮政”、“银行”、“开矿”、“纺织”、“农功”、“海防”等一百一十一篇正文，附录、序跋有七十二篇，内容涉及建设现代国家和解决当时危难的所有问题。它出版之际，中日甲午战争日益逼近、民族危机处在深重之时，因而轰动了全国，获得了好评。当时，京城内外掀起了一股《盛世危言》热，就连光绪皇帝也“不时披览”，并命总理衙门即印两千部散发给大臣们阅看，当时印两千册，是好大的印数。郑观应自己排印的五百部，也很快就被求索一空，求书者仍“络绎不绝”。

后来《盛世危言》被不断再版，据统计，其版本多达二十余种，创下中国近代出版史之最。

1898年6月11日，光绪皇帝颁布“明定国是”诏，百日维新由此开始。五天之后（6月16日），光绪帝第一次召见康有为。临行前，康有为在上海专事面见郑观应，请教郑观应：“政治能即变否？”郑观应回答：“事速则不达，恐于大局有损无益，譬如拇指与尾指交，二、三、四指不扶助能举重否？”在郑观应看来，没有广泛中间力量的支持，单凭一个皇帝，变法是不能成功的。

郑观应在澳门前后生活了十多年的时间，在与澳门邻近的香山生活了十七年，他在澳门度过的一生中的大部分时间，在郑观应的著述中也有不少反映澳门、香山等地政治和社会历史文化方面的记述。

郑观应的《盛世危言》对当时中国的影响广泛深远。无论张之洞《劝学篇》的写作，还是康有为、梁启超的思想形成无不受益于这部著作。中国民主革命的先行者孙中山也受过这本书的直接影响。青年时代的毛泽东也非常爱读《盛世危言》，他曾在1936年对美国记者埃德加·斯诺说：“我常常在深夜里把我屋子的窗户遮起，好使父亲看不见灯光，就这样我读了一本叫作《盛世危言》的书。”《盛世危言》使年轻的毛泽东意识到为了中国的命运，他应该走出韶山，去学习更多的知识。

我在从事近代经济史研究中接触到招商局和郑观应，于是便以“招商局和郑观应”作为澳门演讲的主题。

郑观应一生前后三次加入招商局，第一次在1882年。这一年招商局成立已经十年。当时怡和、太古两家洋行连手对招商局跌价倾轧，导致招商局严重亏损。郑观应由于熟悉轮船航运业务，在商界又有广泛的人脉关系，由李鸿章札委入局担任帮办。他和唐廷枢、徐润三人都当过洋行买办，有丰富的经营新式企业的经验，在局内推行资本主义经营方针，很快使企业出现由亏转盈的局面。第二次在1892年，当时的会办马建忠、谢家福先后去职，招商局再度面对怡和和太古新的跌价竞争，营业萧条，在督办盛宣怀极力邀请和劝说下，郑观应经过激烈的思想斗争，决定辞去太古洋行买办的兼差，接受李鸿章委任为招商局帮办，来到招商局，开始完全以民族企业家的身份，参加洋务企业的活动，最后完成了自身从买办到民族资本家的转化。

他二次入局，又同最大竞争对手太古、怡和洋行再签齐价合同，并拟出《整顿招商局十条》，旋又向李鸿章《禀陈招商局情形并整顿条陈》十四条，内容涉及开源节流及具体经营方略，对招商局大力整顿，很快扭转了招商局“内争”、“外困”的局面，终于扭亏为盈。1893年，郑观应巡视长江各口，了解各分局利弊情形，调查怡和、太古在各地的经营情况。后又到汕头、厦门、福州、浙江、天津各分局。郑观应第三次进入招商局后。1911年9月乘坐轮船巡视长江各口分局，1912年1月返抵上海，行程四个月，做出不少改善经营管理的指示。为了整顿改革，郑观应受人毁谤和打击，但是他不改初衷。1909年，三入招商局的郑观应，任招商局董事，负责招商局商办去商部注册之事。次年，盛宣怀任命郑观应为会办，全权委托郑观应整顿商办以后的轮船招商局，再度出巡长江各口岸局务。武昌起义爆发后，郑观应自川回沪。民国以后，郑观应倾主要精力办教育，并兼招商局公学住校董事、主任、上海商务中学名誉董事等职。1921年4月，郑观应致书招商局董事会，请求辞职退休。1922年，病逝于上海提篮桥招商公学宿舍。

我在演讲中最后说：轮船招商局的实践使郑观应深刻体验到官督商办制度对私人资本的侵害。他一针见血地抨击这一制度：“名为保商实剥商，官督商办势如虎。”二十世纪初年，招商局成为袁世凯和盛宣怀争夺的一块肥肉。抵制袁世凯北洋政府的干预，坚持商办，维护私人资本的利益，是晚年的郑观应在招商局所作的最后努力。郑观应写过一首诗，诗中有一句“艰难困苦见奇才”。这句诗可以看作郑观应的夫子自道，也是他在招商局的贴切的写照。完全可以这样说，招商局为郑观应提供了一个实践他的改革思想、展现经营管理才干的平台；郑观应对招商局做出的宝贵贡献，他的一生因有轮船招商局这一段经历而更加丰富多彩。我最后就用这一句诗作为我这次演讲的题目，结束我的演讲。

二十四、《辞海》第五、六版分科主编

《辞海》是一部以字带词，兼有字典、语文词典和百科词典功能的大型综合性辞典。煌煌巨著，是一个世纪、几代学人千锤百炼的结晶。《辞海》最早的策划、启动始于1915年。时中华书局创办人陆费逵先生，决心编纂集一部综合性大辞典，其宏博气势，令人钦敬，并取“海纳百川”之意，将书名定为《辞海》。

《辞海》自1981年起确立每十年修订一次的制度。中国近代史分科原由陈旭麓（1918—1988）担任主编，陈先生去世后，《辞海》编委会聘请我和熊月之两人继任编委兼中国近代史分科主编，我们承担了1999年第五版和2009年第六版的编纂，实际上是对前一版的修订。今年4月《辞海》第七版编纂出版工作启动，中国近代史分科仍由我们两人负责。听说有一次江泽民到上海辞书出版社视察，说《辞海》编得很好，还可以编得大些，于是自2012年起，出版社又开始组织编纂《大辞海》。《大辞海》的编纂以《辞海》为基础，继承《辞海》的优点并加以拓展，按学科分类编纂分卷出版。我和熊月之两人仍任中国近代史部分主编。

旭麓先生是著名的中国近代史专家，熊月之和我的前辈。他主持中国近代史分科的编纂，拨乱反正，在1989年第四版中清除了前版在“左倾”思潮泛滥下的不妥痕迹；不论词目设立，还是词目释义方面，都已相当精当。因此，我们只能在前人的基础上作精益求精的努力。1999年第五版的编纂主要是文字上更加精炼，词目没有多少增删。2009年第六版词目方面，我们增加了如“杨乃武与小白菜”“张文祥刺马”和“霍元甲”之类坊间熟知的史实，以及外文著作中经常提及的“条约口岸”和与“条约口岸”对应的“自开商埠”。此外，鉴于已出各版有关中国近代史料条目均收入《曾文正公全集》、《李文忠公全集》、《张文襄公全集》等，吸收近一二十年史学界史料整理的成果，新出版的曾国藩、李鸿章、张之洞等人的全集，有必要作为新词条收入。由于整部《辞海》必须控制字数，我们增加的条目并不太多。

补充内容的词条，如“劳乃宣”和“中华民国”两条。前者原分工由语言学科撰写，因此1989年版将他作为“中国音韵学家、拼音文字提倡者”，只写这一方面的成就，1999年版则增加了劳作为清末遗老的有关内容。“中华民国”词条，以往几版词头作“1912—1949年中国国家的名称”，后面只写到1949年被推翻止，似乎此名称1949年后已不复存在。近一二十年来台海两岸交流愈益密切，台湾高层人士如连战等谒拜南京中山陵，祭文便是用“中华民国”年号。所以第六版我们在词条末增加了一句：“蒋介石残余力量败退台湾后，仍沿用中华民国国号和纪年。”这样修改，我觉得符合客观事实，而又着眼于当前政策，最后被采纳。

我们还对第六版《辞海》某些条目做了纠错，如：

“新建陆军”条：末句写参见“新编陆军”。该版实际上未设“新编陆军”条，现改“参见小站练兵”。

“袁昶”条：词头“清末外交官”。经查，袁并未任驻外使臣，又说他“曾参加《中法天津条约》谈判”。其实订约之事在1858年，时袁仅十三岁，均误，宜删。

有些条目订正史实，如：

“容闳”条：“任留美学生监督”，应为“副监督”，正监督为陈兰彬，后为吴子登。

“王金发”条：“1905年留学日本，入大森体育学校，参加光复会。”王在绍兴参加光复会，事在赴日前。改：“1905年在绍兴参加光复会，旋留学日本，入大森体育学校”。

有些历史人物条目生卒年做了订正，如：

“陆荣廷”条：生年原作1859年。有1856、1858、1859诸说。章太炎《陆荣廷将军墓表》：“十七年（1928）十一月终于上海，春秋七十有三。”据此推算，改作1856年。

“唐绍仪”条：生年原作1863年。有1859、1860、1861、1863或1864诸说。据其女唐宝瑢称，生于辛酉十二月初三，即1862年1月2日（见珠海市政协等编《唐绍仪研究论文集》，第341—342页）。改作“1862年”。

有些条目的地名附注，据现在行政区划的更改，也做了订正，如：

“鸦片战争”、“虎门之战”条：“广州虎门”，“虎门”改为“广州虎门（今属东莞市）”。

此类情况甚多，不一一列举。《辞海》全书有专人负责地名的订正工作，以上只是略举所知，做了初步的订正。

有些条目是对机构及其他名称规范统一，如：

袁世凯政府、段祺瑞政府、北京政府，均改作为“北洋政府”；国民党政府，改作为“南京国民政府”。

有些条目提法不完备，酌量加以补充说明，如：

“耆英”条：“1850年革职”。何故革职，令人突兀。故补叙“以‘在广东抑民奉夷，谩许（英国人）入城’，被革职”。

“天津教案”条：“因育婴堂死亡婴儿数十名”。育婴堂与教案何关，不明，故改为“因教堂附设育婴堂婴儿死亡数十名”。

有的对文字力求更简洁严谨的修饰，如：

“《中法天津条约》”条：“……法国都可‘均沾’”。“都可”删（“均沾”已涵“都可”意）。

人物条目除特殊情况如阵亡、被杀等外，“后病死”或“后病死家中”之类词语均删。

前已述及，《辞海》获得读者好评后，2012年启动编辑出版《大辞海》，上海辞书出版社仍聘熊月之和我继续担任中国近代史部分主编。此时我已因肠癌开刀，而且年届八十，精力日衰，《大辞海》的组织撰稿等工作，全由熊月之偏劳，我只是最后读校样时做了修订审定，与中国现代史部分合为一册，名《中国近现代史卷》，与2014年12月出版。

1
2

图1：陈绛（后排站左五）与复旦历史系77级同学在上海中山公园

图2：在上海社会科学院，前排左起：张仲礼、张玉法（台湾“中研院”院士）、王元化、丁日初、陈绛，后排左二为姜义华、右一为李华兴（1990）

1

2 | 3

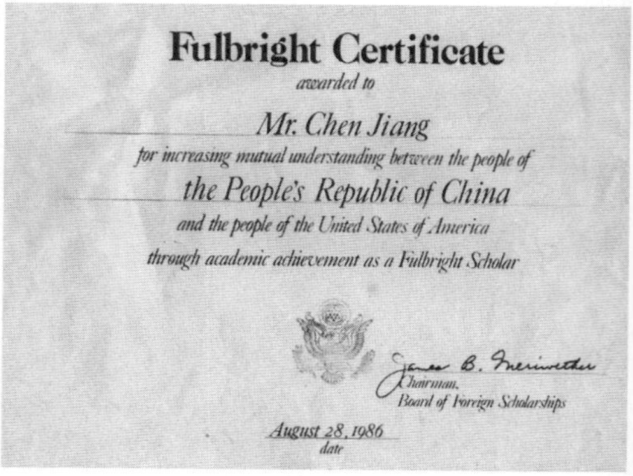

Fulbright Certificate

awarded to

Mr. Chen Jiang

for increasing mutual understanding between the people of

the People's Republic of China

and the people of the United States of America

through academic achievement as a Fulbright Scholar

James B. Meriwether

Chairman,
Board of Foreign Scholarships

August 28, 1986
date

图1：在芝加哥自然博物馆（1983）
图2：与三姐陈佩瑛在芝加哥机场（1983）
图3：富布赖特奖状

1
2 | 3

图1：在上海书展《盛宣怀家族》首发式上，左邓伟志、右作者宋路霞
图2：在上海图书馆读中国家谱复印件
图3：在上海图书馆与徐元基研究1882年上海地图

二十五、译事难求“信达雅”

我深知自己短于思辨，拙于创新。求学阶段就对翻译很感兴趣。读高中时，不自量力，曾在福州的报纸上发表过雪莱的短诗和契科夫的短篇小说译文。前面已经谈过，大学阶段，课余仍多钻研中英文文学作品的对译。1983年，汪熙受陈翰笙（1897—2004）之托，要将他的旧作《工业资本与中国农民》译成中文出版。汪熙找到了我。我很乐意承担，有了初试牛刀的机会，偿了我的夙愿。这是我第一部历史译作。陈翰老这部著作是1933年中国太平洋学会国际问题调查委员会发起组织的关于生活水平调查的结果之一。当时著名的经济史学者刘大钧指导作浙江产丝区的调查，社会学教授陈达指导作华南移民地区移民与生活水平的调查，陈翰笙则选择中国美种烟草种植区安徽（凤阳）、河南（许昌）和山东（潍县）三个省份作实地调查，协助调查的有王寅生和张锡昌，我在复旦经济研究所读研究生时王、张两位都给我们讲过课（王还是研究所副所长）。陈翰笙的调查报告于1939年在美国由国际太平洋学会出版。1941年日本殿生文男和小田博译成两本日文译本在日本出版。二十世纪八十年代初，多年与我共事的汪熙希望我将此书翻成中文本。我黾勉从事，花几个月时间完成所托，由复旦大学出版社以《帝国主义工业资本与中国农民》书名出版。出版前，我在美国，由我的儿子陈任校读清样，由汪熙最后校订，署名“汪熙校”。遗憾的是，回国后才看到样书，发现仍有一些瑕疵。例如，封面或内页没有印原书英文书名（《工业资本与中国农民》）和原出版者与出版年份；版权页作1984年4月第一版，而扉页却作“一九八三年”；陈翰笙1939年作的原序提到王寅生和张锡昌，他们两人其时都健在，编辑却画蛇添足地对这两位前辈的姓名加上方框，以示已故。中译本出版后，《解放日版》曾以《一本经得起历史检验的书》为题，对此书做了报道。

由于教学需要，我平时留意海外中国近代史著作的中译本。我发现有些译本粗疏，深感有必要呼吁提高译著的质量。长期以来，对于翻译作品，有“忠实、通顺和美”、“不增不减”、“神似”、“化境”等要求，我认为“信”“达”“雅”的要求更贴切，“信”“达”“雅”，是清末思想家严复提出的，他在《天演论》中的“译例言”讲道：“译事三难：信、达、雅。求其信已大难矣，顾信矣不达，虽译犹不译也，则达尚焉。”“信”指意义不背离原文，即是译文要准确，不歪曲，不遗漏，也不要随意增减意思；“达”指不拘泥于原文形式，译文要通顺明白；“雅”就是指译文时选用的词语要得体，追求文字典雅。要达到三条标准确实不容易。

1984年我回国后不久，组织我过去的研究生陈潮（复旦国际文化交流学院）和我的儿子陈任（上海财经大学工业经济系研究生）翻译当时刚出版的美国田纳西大学历史系教授、亚洲研究系主任郝延平的经济史新著《十九世纪中国的商业革命》(*The Commercial Revolution in Nineteenth-Century China*, 美国加州大学出版社1986年出版)，由我自己校订。郝延平教授这部著作评析当时西方风行的“依附论”、“世界经济体系论”等，提出了“中西共生”和“中西商业资本主义”的概念，对于那时为止中国经济史中关于商业史研究尚较薄弱（相对于工业史、金融史相对而言）的状况，不无启发意义。上海人民出版社朱金元先生接受了这部译稿，将书名改为《中国近代商业革命》，于1991年出版。遗憾的是，将书中论及的standard dollar（规元）直译成“标准元”，我没有校出更正。复旦大学外文系朱静教授是留法博士，她编译一本《洋教士看中国朝廷》（上海人民出版社1995年出版），此书虽然没有署名我校译，但提到“本书的选译研究工作中得到”我的“支持和指教”，书稿出版前给我看过，书中将浙江省的“武义”译成“武夷”，我未发现更正。这两本书出版二十多年了，二十多年来，我对此失误一直耿耿于怀。

翻译难度最大的是卫三畏的《中国总论》。这部《剑桥晚清史》称为“百科全书式的”煌煌巨著，副题标为“中华帝国的地理、政府、教育、社会生活、艺术、宗教及其居民概观”，内容包罗万象，涉及许多人名、地名及专业名词，译者陈俱为了翻译此书，费了大量心血，对这些名词的翻译，按“名从本人”和“约定俗成”的原则，尽量予以查明；许多动物、音乐等专名和书中德文、法文的词语，还请教国内有关专家。陈俱中英文俱佳，从事译作又十分认真。我应时任上海古籍出版社副社长张晓敏之托，担任此书校对，主要只是帮助查找书中引用中国古籍的原文回译。书中第十三章《中国人的建筑、服装与饮食》提到十八世纪一位著名散文家Tian Ji Shi（中译本上册第506页），陈俱未找到此人中文原名，我从“田”（Tian）姓入手查了上图书目和许多相关的工具书，都没有查到。后来陈俱读到一本近人编的散文选，才知道原来是石天基，又名石成金，清代民间文学家，著有《笑得好》，我也在上图古籍部查到他的一些著作。我们都将名错当作姓了。由此可见，文字落笔无小事。

科学的发展，又出现了机器翻译，我想要达到“信、达、雅”的程度更是艰难。机译的质量，首先要解决的是语言本身问题而不是程序设计问题；单靠若干程序来做机译系统，肯定是无法提高机译质量的。

“信、达、雅”中，唯“雅”字难解，易起争论，许多想推倒“三难”说的人亦多在“雅”字上发难。有人问：“原文如不雅，译文何雅之有？”提出这样的疑问，也是有其道理的。与“雅”直接有联系的一个问题是所谓“文采”。何谓“文采”？答案也见仁见智，但肯定不是堆砌词藻，任意使用修饰词，更不是滥用成语。

对于“信”，当指“真”，也就是不伪；“达”，当指“至”，也就是无过无不及。我这一辈子在很多时间在同译著打交道，不是自译便是校译。更多的是阅读大量的译著。我发现出版的译著，专门名词或翻译不当，甚至错误，或漏译不译，是译著质量的突出问题。有一次我同丁日初谈起，他怂恿我就这方面写篇文章，刊载在他时任主编的《近代中国》第二辑。

美国吉尔伯特·罗兹曼编《中国的现代化》是西方学者关于中国现代化问题研究的一个有代表性的成果。这部英文原著由九位学者分开撰写，1981年在美国出版，二十世纪八十年代末中国几乎同时出现了两个译本：国家社会科学基金“比较现代化”课题组的译本，1988年12月江苏人民出版社出版（下文简作“苏本”）；陶骅等六人共同翻译的译本，1989年上海人民出版社出版（下文简作“沪本”）。试以原著校读，两书在人名、职官、机构、地名，以及书名和引文等方面，我发现都存在不少问题，试分类举例如次：

近代西方来华传教士、外交官和商人，每多自取汉名，有的且有官方译名，不少则以惯用译名通行，尽管与原读音并不相同，但已为人们所熟悉，汉译本应尽可能采用这类译名，以免同名异译，使不知原名的读者难以辨识。著名的传教士如丁韪良、傅兰雅、李提摩太，外交官如巴夏礼、阿礼国、萨道义，沪本均依音分别直译为W. A.P. 马丁、约翰·弗赖尔、蒂莫西·理查兹、哈里·帕克斯、拉瑟福德·阿尔科克、欧内斯特·萨托。把持中国海关四十余年的英国人赫德，凡略知中国近代史事者，谅多闻知，他还取字曰鹭宾，而沪本竟译为哈特。曾编纂《列国对华约章汇编》的美国外交官马慕瑞，又作马克谟，沪本与苏本均据读音，分别译作“麦克默里”，或“马克穆利”，而未用其常见的汉名。1843年后数次来华，并出版多种有关中国著作的英国植物学家福钧，沪本据音译作罗伯特·福琼，苏本译为罗伯特·福尔屯，连译音亦不准确。一些美国著名学者，如曾任金陵大学农学系教授的卜凯，两本均作巴克；现任美国密执安大学中国文化研究中心主任的费维恺，苏本用他自取的这个汉名，而沪本在同一页（第49页）上分别译为“费尔沃克”和“福伊尔沃克”；施坚雅则音译为斯金纳。五六十年前就有人指出：“在中国译述界，一个外国人名而有四五个译名者，真是屡见不鲜”（夏衍：《论翻译之难》），这种混乱情况在新中国成立以来已有很大改善，但要完全克服，看来还需要作很大的努力。

对于中国人姓名的回译，可能由于译者对海外研究中国状况不甚熟悉，沪本对于当代许多著名的华裔学者，如邓嗣禹、何炳棣、萧公权、王业键、刘大中、叶孔嘉等，皆未能按照本名回译；原香港中文大学高级讲师王尔敏，有多种史学著作行世，沪本误作王尔闵；瞿同祖系本名，沪本后加“(音译)”原无必要，苏本误作“徐同祖”反而不注明系音译。二十世纪五六十年代间大陆出版一部重要的中国近代经济史料汇编《中国近代工业史资料》共四辑，编者之一陈真，沪本作“陈晨”，苏本作“C.陈”。近代人物如晏阳初，沪本校者失察，有一处误作詹姆斯·严，而未订正；苏本则将曾任北京大学校长的蒋梦麟和曾任南开大学校长的张伯苓，误书蒋孟麟和张伯芩。沪本一处最不应有的错误是将光绪帝当作康熙帝，译文云：“他(指郑观应)的读者包括康熙皇帝、孙中山和青年毛泽东”(第261页)，生活在十七、十八世纪的康熙如何能够读到他身后的一百七十年才问世的《盛世危言》呢?

日本人姓名译成英文后再还原汉字，向属不易，沪本有三人皆误，即：斯波义信误为司马良信，石原莞尔误为石原神治，现任哈佛大学历史系主任的入江昭则据英文音译为艾里耶。后者苏本作入江，有姓无名，亦欠完整。

职官制度方面，总督，目前通行英译为governor-general，但在早期出版的西文报刊和著作中，多以指称印度等英属殖民地总督的viceroy移用于中国总督，实际上两者性质与权限并不相同，故原著在总督(governor-general)一词后缀以括号说明“有时称viceroys”(第71页)，这种说明对于西方读者来说是有必要的，沪本生搬字典关于viceroys的释词，将此说明译作：“总督(有时又叫作代表国王的总督)”(第100页)；苏本则改为原著所无的“部堂”，译作“部堂(有时称总督)”(第101页)：这些实为画蛇添足。梁启超在讨论西方官制译名时曾指出：“若以西官袭中号，则人将因其所定之名，以求其所掌之职，苟立名不慎，则读者鲜不误会。即如英国印度之长官，与威而士之长官，译者皆名为印度总督、威而士总督，而不知其权迥异也。”(《饮冰室文集类编上》，“论译书”)印度与威尔士尚且不同，何况中国？“Viceroy”的释词“代表国王的总督”，用于印度则可，有清一代何来国王？总督又何尝是皇帝的代表？总督因例兼兵部尚书衔，故称部堂，说总督称部堂则可，但部堂所指各部院衙门长官，并不均兼为总督，译文却说部堂有时称总督，则是主次倒置。

清代设两广总督，而无广东总督，沪本将广东巡抚误称广东省总督；主管湖南、湖北两省的是湖广总督，苏本却有事实上并不存在的两湖总督之称；云贵总督原系本名而非简称，沪本作“云南、贵州两省总督”，不但没有必要，而且易滋歧义，以为两省各有总督。广东巡抚毛鸿宾，两本分别音译作毛黄宾（沪本）、毛洪斌（苏本），云贵总督吴振棫，沪本译为吴钦禹，而不注明系音译。此类姓名在清季职官表中是不难查得的。

此外，沪本将内务府误为帝国内阁，将工部官员误为档案局官员，且不说清政府机关中并无档案局其名，掌管档案实亦与工部风马牛不相及，不知译者何为所据而联想及此。税务司系旧中国各口岸海关的主管，非一般意义的税务局，两者不应混为一谈，沪本将清代海关译为帝国海关税务总局、帝国海关税收总署，如此等等，不一而足。西方列强的中国海关设立的税务司制度，原著作the Chinese Imperial Maritime Customs Inspectorate，苏本译成“中国的海关制度”措辞过泛，与原意并不贴切，因文中所指并非一般的海关制度。沪本作“中国帝国海关检查所”，与原意相去更远。Inspector虽然通常有检查员、监察员之意，然在近代中国海关，赫德担任Inspector-general一职，不称检查主任或监察长，而称总税务司，非唯相沿成习，事实上它已是一个正式的官名。二十世纪初年设立的农工商部只是一个机构，两本译文均分解为农业部、工业部和商业部三个不同的部门（苏本只是在索引中才正确还译为农工商部）。

“九一八事变”后，日本在东北制造傀儡政权“满洲国”，扶溥仪为“执政”，年号“大同”，1934年改“执政”为“皇帝”，年号“康德”。因此，原著明白写道：“满洲国”“由清朝末代皇帝作为执政和作为康德皇帝（1934）‘统治’”（第240页）。苏本译作“由作为执政（1934年改元康德）的清朝末代皇帝‘统治’着”（第308页），似乎改元以后仍是执政，不知1934年改变的不仅年号，还包括执政的称号。沪本将执政误为摄政王，译作“由清朝最后一个皇帝——摄政王和康德皇帝（1934）——统辖的独立的满洲国”（第310页）。尽管原著用regent一词，含有摄政之义，晚清封摄政王的，前有辅佐年幼同治的恭亲王奕䜣，后有溥仪继任帝位时他的父亲、醇亲王载沣，但溥仪自己在伪满，无从也无必要自立为摄政王，为自己“代摄”政务，在逻辑上也说不过去。日本制造伪满洲国，采用“执政”而不用“摄政”一称，用字接近而寓意实有差别，两种译本似均应依照当时历史事实忠实翻译为是。

近代新式企业中，将江南制造局译为江南兵工厂尚无大错，但沪本将轮船招商局译作中国商业汽船航运公司，显系根据英译逐字硬译。与此类似，汉冶萍煤铁厂矿公司，简称汉冶萍公司，沪本作汉冶萍铁矿、煤矿和冶炼公司，苏本作汉冶萍铁煤冶炼公司，均不如用原名了当。外商企业中怡和洋行若译为查顿（或渣甸）—马地臣（或央孖地臣）公司，尚有可说，沪本译为贾丁—马西森股份公司，只能给读者对这家“洋行之王”的认识带来混乱。一些经济用词，如漕粮，苏本作税粮或贡粮；明清两代货币制度，以银两和铜钱作为平行本位，银元常指西班牙等国流入中国的银币，与银两有别，沪本将白银或银两多译作银元。两个译本还将钱庄主（native bankers）译为“本土的银行家”或“本国银行家”，也不尽恰切，因为在原著所论述的时期，只有钱庄、银号和票号，银行尚未在中国出现。原著解释中国钱庄为存款银行（deposit bank），苏本阙译，沪本译作“储蓄银行（即钱庄）”，其实储蓄银行英文另有专词曰saving bank。

文化教育方面，京师大学堂改为北京大学，是在1912年。沪本译文有句云：“张之洞希望一个以新建的北京大学为代表的全国学校体系能够很快培养出精通中学和西学的毕业生”（第340页）。事实上张之洞在1909年便已去世，何从见及身后三年才建立的北京大学。同句，苏本将京师大学堂译为燕京大学堂，人所共知，燕京大学系美英基督教教会于1909年设立，与张之洞毫不相干。二十世纪初年，袁世凯在保定设立“将弁学堂”原著系用大写专名“the Officers’ Training Academy School”，因此要求尽可能回译原名，苏本译为“保定军官学校”，沪本逐字译作“军官训练学堂”，皆欠精当。西方传教士在上海创办的中西书院，苏本作中英卫理公会学院，沪本作卫理公会英中书院，皆非中文本名。黄炎培等创办的中华职业教育社，并非公会性质，苏本回译为中国职业教育公会，令人遗憾。沪本将中央研究院误译为新中国成立后设立的中国科学院，因而出现“1927—1928年成立了中国科学院”（第564页）的说法，更令人诧异。

两个汉译本在书名翻译方面，也不无可以商榷之处。原著引用商衍鎏《清代科举考试述录》一段话，两书不但均未查阅此书，使用原文，而且引文出处苏本作“商某书，1958年版”（第266页），沪本作“商，1958”（第263页），置读者于五里雾中。无独有偶，原著引用梁启超《清代学术概论》一段话，系根据徐中约的英译本，对于西方作者来说，利用徐译，取其方便，自无不可，两书中译者舍弃原文，将英译重译为现代汉语，自较原文逊色许多，苏本出处注曰：“梁书徐氏译本”（第264页），沪本作“梁文英译，徐”（第262页），均未写明徐为何人。商衍鎏和梁启超这两部著作均非罕见难觅，（商著于1983年第2次印刷，梁著收入1985年出版的《梁启超论清学史二种》，皆距两本中译本出版前不数年），根据这两部原作回译，对于译者谅非苛求。西文著作如《剑桥中国史》系多卷本，而非丛书，其中10、11两卷的中译本于1985年出版，改名《剑桥中国晚清史》上、下两卷，沪本对此似无所知，译作《中国史剑桥丛书》，是不准确的。日本福泽谕吉的名著《西洋事情》，中文也常用此书名，沪本将它译成《西方概况》，是符合原意的，但是将叶圣陶的小说《倪焕之》信笔写成《你还痴》，可以说是匪夷所思了。

晚清西书翻译蔚成风气。苏本有句云：“政治经济学的文字变通本，……也开始吸引着广大的读者。”（第263页）何谓“文字变通本”，难以索解。检阅原著，原来是“free renderings of works on political economy”（第198页），“free renderings”指的应是不拘泥原文字面的流畅译本，如严复的《原富》者是。沪本此句译作“大量的政治经济翻译书籍，……也开始占领民间市场。”（第261页）短短一句，三处皆可推敲：一、原文并无“大量的”修饰词；二、political economy是政治经济学，或经济学，而非政治经济；三、a popular market作“民间市场”，亦嫌拘泥字面。

除了以上所述，一些地名，如江苏淮安，沪本误作惠安（须知福建省有惠安，而江苏则无）；广东新会，苏本误作新惠（须知辽宁有新惠，而广东则无）。

总的来说，近年来西方论述中国的不少著作译成汉文出版，这是学术界和出版界可喜的活跃的现象。许多译者为此付出了辛勤的劳动。但是翻译绝非易事，即使著作中涉及专名的翻译，也是如此。从《中国的现代化》等译本在译名方面暴露的问题可以看出，对于译者的要求，除了通晓原文，并且善于运用汉文表达外，还必须具备必要的专业知识，否则便会将光绪误当康熙而不自知，琦善、耆英凑合而成不伦不类的琦英，旅顺港也只能跟着外国人叫阿瑟港了。凡有中学历史知识的人，大多知道明末耶稣会士利玛窦，但是如果称他“马蒂厄·里奇”，又有几个人知道呢，对于近代和现代一些著名的西方商人、外交官和传教士，又何尝不是如此？当然，不可能要求将所有有关外国人的姓名都统一于他们自取或习用的汉名（有的根本没有此类译名），也不应当要求将所有有关中国人的姓名都一一查出其原名（这实际上是不可能的），但是，对于近现代史上一些著名人物，只要勤于查考工具书，如近代来华外国人名辞典、中外使领年表，以及职官表等，这一点是不难做到的。政府机构、职官制度、学校、企业和社会团体名称的翻译或回译，也是如此。

除了掌握必要的专业知识，对海外研究的了解也是必要的，这也可以说是专业知识的一个部分。例如，美国恒慕义编的《清代名人传略》，是二十世纪四十年代由五十名东西学者通力合作的突出的研究成果，胡适在此书序言中称之为“中国历史和传记中第一个国际合作研究的巨大事业”（great undertaking of international co-operative research），有关中文译著提到这部两卷本巨著，或译为“恒慕义:《清代名人传》”(《剑桥中国晚清史》)，或译作“休米尔:《清代有名望的中国人》”(勒文森著、刘伟等译《梁启超与中国近代思想》)，或译为“哈默:《清季名人录》”(德雷克著、任复兴译《徐继畲与瀛寰志略》)，皆未能取用原著首页所印的中文书名。徐中约的《The Rise of Modern China》，在美国多次再版，并被一些大学选用为中国史读本，一些译本直译书名为《近代中国的兴起》或《近代中国之崛起》，不知此书扉页即有汉文题署《中国近代史》。美国著名历史学家费正清和刘广京译为“J. K. 费尔班克和K.C. 里尤”(《梁启超与中国近代思想》)，刘氏译为“里尤”，说明译者不知其为华裔。中国社会科学出版社出版的《美国中国学手册》、《国外中国近代史研究》刊物，乃至《剑桥中国晚清史》书末参考书目以及其他有关书刊，可以为译者提供这方面的参考资料。

保证译名质量的最重要关键还在于要以严肃负责的精神对待翻译，以认真细致的态度对待校译和出版。前面所指出的许多不确切或错误的译名，通过查考有关资料不难获得解决。

严复尝自道译名苦甘云:“一名之立，旬月踟蹰。”(严复译《天演论》，译例言)在严复所处的时代，西方哲学和社会科学传入中国不久，严复从事的翻译，包括名词解释、是筚路蓝缕、披荆斩棘的开创性工作，其难度不是本文讨论的译名问题所可比拟。对于这些问题，今天的译者固然毋须为之“旬月踟蹰”，但是仍然需要严复在追求“信、达、雅”境界时那种热诚和执着，而不应漫不经意，掉以轻心，只有这样，译文的质量才能有可靠的保证。

我把读书纠错的笔记整理成文，在《近代中国》第2期(上海社会科学院出版社1991年11月)发表，借以表达提高译著质量的期望。

二十六、译介《李鸿章评传》

1995年5月上海江南造船厂举行“近代江南精神学术研讨会”。这段时间，我正在翻译《李鸿章评传》，为了洋务运动教学的需要，我接触到不少有关李鸿章的材料。

提起李鸿章，人们总是用“卖国贼”、“千古罪人”等评价他，但是，当我们心平气和、理性地对待这一历史人物，我们可以发现李鸿章的一生，可圈可点的地方众多，他那鲜明的性格特征并带有进步思想，但在皇权体制下，没有实现其抱负。

李鸿章（1823—1901）是晚清洋务运动的一个主要领导人，安徽合肥人，世人多尊称李中堂，亦称李合肥，本名章铜，字渐甫或子黻，号少荃（泉），晚年自号仪叟，别号省心，谥文忠。

作为淮军、北洋水师的创始人和统帅、洋务运动的领袖、晚清重臣，他官至直隶总督兼北洋通商大臣，授文华殿大学士，曾经代表清政府签订了《越南条约》、《马关条约》、《中法简明条约》等。

对于李鸿章的评价，说法不一。

慈禧太后称赞他是“再造玄黄之人”，日本首相伊藤博文视其为“大清帝国中唯一有能耐可和世界列强一争长短之人”。后人还有将他与曾国藩、左宗棠、张之洞并称为“中兴四大名臣”，或与德国首相俾斯麦、美国总统格兰特并称为“十九世纪世界三大伟人”。但也有不少学者尤其是二十世纪五六十年代，我国历史学界很多人认为李鸿章是“卖国贼”，是历史的罪人。

1994年刘广京、朱昌崚两位教授合编的《李鸿章评传》，原名《李鸿章与中国早期近代化》，由美国以出版有关中国图书著称的M·E·夏普出版社出版，这是当时海外关于李鸿章研究的最新著作，也是三十年来用西文出版这方面研究的第一部著作，我欣幸获得了刘广京寄赠的原著。细读之后，觉得此书资料丰富，观点新颖。它采取了“传”与“评”、“史”与“论”相结合的方法来介绍李鸿章，具有独到之处。当时正是洋务运动成为大陆史学界讨论的热点，我在复旦大学历史系开洋务运动的选修课，便决心将此书译成中文。翻译出版时上海古籍出版社将原著书名《李鸿章与中国早期近代化》改为《李鸿章评传》。刘广京建议加一个副标题《中国近代化的起始》，并写了中译本序言；我署名时作“翻译”，因为译文中校对了许多中文资料的引文，刘广京将“翻译”改作“译校”。

我读了此书原著，除约略可知李鸿章生平事迹外，多少也了解李氏内心世界一毫，足见作者之用心和用功。对于人物评传，我也读了不少。今人的史传性著作，以我所读过的来看，我很欣赏余英时的《朱熹的政治世界》，此书无论把握传主内心世界，还是对理学家群体和当时政治环境的总体把握，都堪称一流。《李鸿章评传》对李鸿章对洋务运动的勾勒，实为对历史的一次重新开掘，而对李鸿章精神世界的描述，亦足称道。所以，我决心将此书译为中文。李鸿章本人，其实可资揭示之处甚多。首先是他的行事哲学和内心世界。李鸿章是一个能干的官僚，把官位看得高于一切。所以曾国藩说他只知做官，俞曲园只知著书。其次，李鸿章的见识在当时的国人中属于独醒一类，至少在对西方的认识上高过曾国藩和当时许多重臣。李鸿章为曾国藩入室弟子，但两人行事风格迥异，成就亦自不同，身后名声相差尤远，曾国藩曾向李传授所谓“挺经”，此“挺经”真谛如何，亦是值得研讨。

《李鸿章评传》这部书虽然是论文结集，出于众人之手，但主题鲜明、内容围绕李鸿章与中国早期近代化这一内容广泛复杂而意义重大深远的课题展开深入论述。在编者精心设计下，各章相互之间构成了一个有机的整体，展现了李鸿章在中日甲午战争以前的主要面貌：从回溯他的早期经历，进而讨论他在直隶总督任内对中国近代化的追求，接着探讨他作为有全国性影响的官员（也可以说是一个半中央官员）所处的地位和所起的作用，然后在外交方面集中分析他对中日韩关系的政策与主张，最后对江南制造局和轮船招商局这两个晚清最重要的官办军事工业和官督商办民用企业以及被看作洋务运动基干的北洋海军做了个案研究。全书阐述李鸿章对中国近代化事业的倡导作用，勾勒出他的成就和局限。这部著作以刘广京教授的论文《中国近代化的开始》作为导论，殿以朱昌崚教授所作的结论《李鸿章：一个评价》。刘文将李鸿章所倡导的近代化事业放在十九世纪中国广阔的历史背景下，指出晚清的“自强”思想、亦即近代化的努力是儒家经世传统的继承，但是它超越了十九世纪初叶的经世思想，增添了采用西学的深一层含义，肯定李鸿章不惜“以夷变夏”，使他的事业充满了开拓者的精神，同时指出他的努力所受到的制约，这篇导论对全书有提纲挈领的作用。朱文则不但对各章做了概括性的评论，而且根据各撰稿者的研究所得，就李鸿章作为外交家和作为近代化倡导者两方面的作用分别加以考察，论证李鸿章所追求的近代化，是力图保存传统的核心而不加改变的C·E·布莱克所说的“防御性的现代化”，指出李鸿章在这方面同日本明治维新的领导人只有程度上的区别，而非性质上的不同。

两位编者都是著名的美籍中国近代史专家、《剑桥中国晚清史》的撰稿人，刘广京教授还与费正清教授同为该书下卷的主编。本书虽是多位作者合作，但都是在相关方面很有造诣的专家。我对各章作者做了检索，知道他们都是对所论述的专题有过长时期的精湛的研究，他们充分运用了有关的丰富史料和已有的研究成果。如：

《李鸿章与沈葆桢》的作者庞百腾1969年在伦敦大学提交的博士论文便是《从沈葆桢事业所见中国的近代化与政治》，此后他又发表多篇与沈葆桢有关的论文，其新著《沈葆桢与十九世纪中国近代化》1994年由英国剑桥大学出版社印行，他是对李鸿章和沈葆桢作比较研究的最合适的人选。

此书后来由我推荐上海古籍出版社邀请我的胞侄陈俱翻译（他的母亲是沈葆桢的后裔），于2000年出版。书名《沈葆桢评传：中国近代化的尝试》，与《李鸿章评传》合为姐妹篇。刘广京和我各为中译本写了序言。我在序言中写道："译者陈俱先生和我年龄相仿，少小相伴，垂髫拜同一业师，弱冠之年又一同离闽北上，负笈沪滨。我们从小学、中学一直到大学，同窗同桌，前后凡十余年，五十年前世天各一方。春树暮云，世事沧桑，于今不觉都已两鬓萧疏。"我又写道："喜捧译稿，春秋佳日，攀观乌山摩崖，长夏浓荫，卧读蒙泉山馆，少年往事如昨，又复一一浮映眼前。"十多年过去了，今天重读这篇短短序文，不胜感慨系之。

《津沪联系》一章的作者梁元生的博士论文是《上海道台：变迁中社会的联系人（1843—1893年）》（圣巴巴拉加州大学，1980），同名专著1990年由夏威夷大学出版社出版，无怪乎他研究李鸿章在上海和天津的社会关系如此驾轻就熟。

司马富在写作《李鸿章对外国军事人才的使用》一章之前，不但已有关于常胜军的专著问世（《雇佣军与官员：十九世纪中国常胜军》，1978），而且还发表过多篇清政府雇聘外国军事人员和晚清军事教育改革方面的论文。

关于作为外交家李鸿章专题共收三篇论文，作者中，金基赫著有《东亚世界秩序的最后阶段：朝鲜、日本和中华帝国，1860—1882年》；梁伯华本来就是以中日琉球交涉为题撰写博士论文；林明德则有《袁世凯与朝鲜》和《近代中日关系史》等有关著作。

关于李鸿章倡导近代化事业个案研究也收三篇论文，康念德曾在其博士论文的基础上撰著《江南制造局的武器：中国军事工业的近代化，1860—1895年》，于1978年出版，西方学者对江南制造局的研究用力最勤、成果最为丰富的当推康氏；轮船招商局原是现在澳洲任教的黎志刚在戴维斯加州大学师从刘广京教授攻读博士学位的研究课题，他曾为收集研究招商局史料数度专程前来中国，部分成果已在台湾《近代史研究所研究集刊》

发表；王家俭研究晚清海军史的卓越成就，为大陆许多治近代军事史的学者所熟稔，他在这方面的论文曾结集为《中国近代海军史论集》刊行(台北，1984)。

本书的一位评论者说："在某种意义上，本书多篇论文可说是作者多年研究成果的摘要。"此话决非虚誉。不过，它们与其说是这些作者多年研究成果的"摘要"，毋宁说是这些研究的进一步发展，也许更为准确。这使全书保持了高度的学术水平，各个专题在当时海外中国研究的园地中居于前沿或开拓的地位。

这是多作者所撰的论文集要，多作者有多作者的优势，因为集纳了他们的最新研究成果，但各人的文风有异，在翻译上带来了某些困难。无论作者还是全书内容，都是具有相当水准，于是我竭力推荐这本书。尽管在尚未同原出版社签约版权情况下，我对某些章节就开始翻译了。

当时我有两个坚信：一是坚信原著的质量，值得介绍给国人；二是坚信李鸿章是最值得研究的一个近代历史人物。如前所说，李鸿章在生前就已毁誉不一，死后人们的评论更加轩轾高下，大有径庭。随着时代的进展，对他的认识也日益深化。晚近十余年，李鸿章研究已渐成为国内史学界的一个热点。许多历史人物盖棺而难以一时论定，李鸿章尤其如此。这部书所涉及虽然只限于中日甲午战争前的李鸿章，但是撰稿者从不同的角度、不同的方面所作的研究和提出许多值得注意的看法，不仅对李鸿章个人的研究，而且对于晚清近代化，乃至中国近代历史的研究，相信会提供十分有价值的参考资料和重要的或新的解释。

正基于此，当上海古籍出版社副社长张晓敏先生来和我谈及绍介海外学者关于中国近代历史人物研究的创意时，我便推荐这部论集，建议将它译成中文出版，很快得到编者刘广京和朱昌峻教授的鼎力支持，并向出版者夏普出版社D·默文联系，得到授权翻译出版。

翻译此书，书中的丰富的资料和新颖的观点也给我增添了不少新知，同时也改变了原先的某些偏见。深感以往对李鸿章的评说真的很冤。李鸿章其实不能说是卖国贼，他只是腐朽体制的牺牲者，他是一位值得敬佩的历史伟人，人们对李鸿章的看法应该有所改变了。梁启超对李鸿章做了如下评价："吾敬李鸿章之材，吾惜李鸿章之识，吾悲李鸿章之遇。"这里的"吾悲李鸿章之遇"，讲得很中肯、很明白。细数李鸿章的一生，他生逢大清国最动荡的年代，他的每一次"出场"无不是在国家存亡危急之时，什么黑锅总是叫他来背，就算说他卖国，也是光绪、慈禧他们逼他去卖的！如果朝廷的军费都到位，如果皇帝确实落实海防，那时日本会攻打取胜吗？李鸿章在中国经济的现代化和外交的现代化上做出的贡献是毋庸置疑的。

李鸿章有强烈的忧患意识，他提出了"数千年未有之变局"的命题，与"帝国主义"相抗衡。对于这一点表现很强烈。费正清在晚年说了一句公道话："列强未能'分裂中国'的部分原因是由于中国善于巧妙地利用一个国家来制另一个国家。"而这个避免八国联军肢解中国的人物就是李鸿章。

1896年8月28日李鸿章抵达纽约。正在海滨度假的美国总统克利夫兰特地赶来会见李鸿章。当时《纽约时报》报道说，纽约港到处挂起了大清帝国的龙旗，可谓礼炮轰鸣，万人空巷，受到了"史无前例的待遇"。李鸿章在回答美国记者提问时也展现了一个卓越的外交家的敏锐的国权意识和现代意识。但他也不放弃任何一个为在美华人移民争取权利的机会，在访美结束后，他有意避开了美国西部，而选择加拿大作为回国的路线，引起了美国记者的注意，就此事对他采访。李鸿章借机请求美国媒体帮助中国移民："我期望美国的新闻界能助中国移民一臂之力。你们因你们的民主和自由而自豪，但你们的排华法案对华人来说是自由的吗？……我相信美国报界能助华人移民一臂之力，以取消排华法案。"他抨击美国的排华法案。适逢美国国会当时通过了排华法案《格利法》。李在抨击这个法案时，"眼睛射出灼人的光芒"。他说，"排华法案是世界上最不公平的法案"，"你们因你们的民主和自由而自豪，但你们的排华法案对华人来说，是自由吗？这不是自由！"

说李鸿章行俾斯麦"维护专制主义"铁血政策。此说并不符合实际。

1896年6月他到达柏林。李鸿章专门赶到汉堡附近拜访已经下台的俾斯麦，向他求教国家富强之策，对于这位“东方的俾斯麦”来访，俾斯麦提供了强国的要诀：建立一支强大的军队。显然，这符合李鸿章的改革取向。但是，这并非中国自强的根本之计。李鸿章重视西方科学，他和曾国藩会衔奏请派遣幼童留美，学习现代科技知识。这批留学生曾经考入耶鲁等名校，詹天佑就是其中的佼佼者。此外，中国的电报业也是由这批学生开拓的。他认识到报纸或者新闻媒体应该揭露真相。他说：“清国办有报纸。但遗憾的是……清国的编辑们在讲真话时十分吝啬……由于不能诚实地说明真相，我们的报纸也就失去了新闻本身的高贵价值，也就未能成为广泛传播文明的方式了。”

说李鸿章是镇压太平军和捻军的刽子手。这一点不容否认，也不必为他洗刷。在署理两江总督时，调集淮军数万人赴中原对捻军作战。1866年，继曾国藩署钦差大臣，专办镇压捻军事务。次年，授湖广总督。其后，采取“就地圈围”、“坚壁清野”等战略，相继在山东、江苏间和直隶（约今河北）、山东间剿灭东、西捻军。

能说李鸿章是封建守旧的保皇派吗？李鸿章主张“识务者当知所变计耳”，他看到中国正面临“数千年来未有之大变局”，绝不应昏睡于“天朝上国”的迷梦中，不思变革。为此，他提出必须向西方学习，举办洋务新政，以求“自强”、“自立”。他斥守旧而不避“人君”，为“自强”而力倡变法，接受冯桂芬在《校邠庐抗议》中提出的“以儒家伦常名教为原本，辅之以西方富强之术”的主张，李鸿章认为，对于铁路、电讯等事务，要由我们自己控制。我们必须保护国家主权，不允许任何人危及我们神圣的权利。对于妇女问题的态度也许最能表达他是否坚持封建守旧的立场。李对于妇女的教育问题表达了他的开明态度。美国记者问及“阁下赞成妇女受教育吗”时，他说：“在我们清国，女孩在家中请女教师提供教育，所有有经济能力的家庭都会雇请女家庭教师。……由于我们的风俗习惯与你们（包括欧洲和美国）不同，也许我们应该学习你们的教育制度，并将最适合我们国情的那种引入国内，这确是我们所需要的。”

我阅读这部1994年刚在美国出版的刘广京和朱昌崚合编的英文论文集《李鸿章与中国早期现代化》新著后，加深了我对李鸿章历史地位的认识。有感于李鸿章对中国近代化的贡献，也有感于这本书的鲜明主题——李鸿章是腐朽的封建体制的维护者，同时也是这个体制的牺牲者，是值得尊敬的历史巨人，我决心将它译为中文。

刘广京教授知道我承接翻译后，就为中译本写了序言寄来。1994年秋冬，朱昌崚教授、黎志刚副教授先后来中国，访问上海时，我请他们各就所撰两章的译稿审读一遍，此书付印前，还请刘广京教授审阅他所撰写的三章，解答疑难，并作若干增订。他们所提宝贵的意见和帮助，使我受益匪浅。书中若干日文著作的作者姓名，我请过去的复旦研究生、时在日本一桥大学法学部的鹿锡俊博士代为查检。

在翻译中，为了使文意连贯通晓，回译原书引用中文史料时，个别地方增引原书所未引人的一两前后文句；也有地方直接引用原来所根据的史料原文，以代替书中的间接复述。此外，原著由于排印等原因出现个别的明显舛误，我一一径作更正。原书中一些用词等，大抵据原文直译。书末附录中英名词对照和参考书目两种，这是我特意编制的。译本于1995年由上海古籍出版社出版。时任古籍出版社负责人、我过去复旦的学生张晓敏在此书出版后，计划出版类似此书体裁的近代人物系列，请俱侄翻译庞伯腾的《沈葆桢评传：中国近代化的尝试》，于2000年出版。古籍原来也想出版一本曾国藩评传，刘广京寄来他撰写的有关曾国藩论文，但终因检索所得海外有关曾国藩的论文较少，最后未能编辑成书。

二十七、“重塑赫德铜像”

2005年中国海关出版社出版了我翻译的《赫德日记》(美国费正清等编著),这是我的第三本译著,也是费时较多的一部译作。友人读后来电赞说此书“重塑了赫德铜像”。此话过誉,我仅仅是翻译《赫德日记》,为介绍赫德做了一些工作。

赫德,是英国人,他在中国近代史上举足轻重,名声显赫。1908年,七十三岁高龄的总税务司赫德因病返回英国治疗,三年后在英国病逝。鉴于赫德作为英国籍人士在担任海关总税务司时期所起的杰出作用,英国驻上海总领事馆及公共租界工部局决议于上海外滩树立赫德铜像,以志纪念。

1914年5月23日,赫德铜像在九江路外滩的海关大楼前正式落成,各国驻沪领馆人员、军政各界人士到场出席落成典礼。赫德铜像由英国设计师设计,并且在英国铸造完成,运抵上海。1927年海关迁移至新址(即今天上海海关大楼)时,铜像亦移至新大楼前。铜像并由面向东改为面朝西,正对海关大门。如今不见了。怎么被毁了? 晏星的《从赫德书信探索中国近代史料》一书谈到赫德铜像一块铭文时说:“在上海黄浦滩的海关大楼之前,曾经矗立一座赫德之立姿全身铜像。这座铜像不幸已于1942年太平洋战争爆发时,被日军破坏,至今仅余照片可供凭吊。在铜像的石基座上,原有一块铭文,出自美国哈佛大学校长艾里奥(Charles William Eliot)所书的铭文手笔,大意如下说:‘赫德是中国海关的总税务司,是中国海上灯塔的首创者,是中国国营邮政局的擘划经营者,是中国政府所信任的顾问,是清朝政府的忠实朋友。他是一位温文而有耐性,智慧而具果断力的人,曾经克服了无数重大的困障，而终于完成了造福于中国与全世界的伟业。’”艾里奥的铭文和赫德铜像委员会所书的铭文，两者比较，相差不大，不过后者对赫德的评价更高，认为赫德不仅是中国乃至全世界的伟人，为世界做出了贡献。我认为这一段铭文，也许不失为后世之人对于赫德的一种定论。对于一位历史人物的千古定论，必须经得起时间的考验，由后世的学者依据史料文献，做出全面的分析和衡量，最后做出客观而公正的评价。好端端的赫德铜像后来怎么被毁了？我查明，完全出于日本侵略者所为。

1941年12月8日珍珠港事件后，日本侵略军进驻上海公共租界。日本侵略者打着“灌输知识，阐发宗教，砥砺道德”的旗号，极力宣传日本大和族，为其军国主义、殖民奴役政策鸣锣开道，不仅要毁掉中华文明，还要铲除欧美文明的影响。于是下令推倒租界内所有英美人士的塑像，赫德铜像即在其中，遭到国人的反对，认为赫德铜像是城市纪念性铜像雕塑。日军鞭打阻拦者，说：“铜像没有用，拆除用来造枪炮保护你们。”赫德铜像就此被熔化，而基座则被丢弃于河滨公园。1986年为上海市历史博物馆发现，收为馆藏。

日本想用拆除赫德铜像来铲除赫德的影响，其实是徒劳的。铜像被毁了，人们照样记得赫德其人其事。从1854年到1908年，赫德在中国生活和工作半个世纪，在近代来华的外国人中，其时间之长，经历之多，社会关系之复杂，只有与他同时代的丁韪良、李提摩太和稍后的司徒雷登等少数几个人可与比拟。赫德既是大英帝国一个受封爵位的臣民，又是清王朝受赏三代一品、赫赫有名的外国雇员；他既忠诚维护英国在东方的海外殖民利益，同时又极力怂恿清政府实行内政和外交改革，推动中国进入“国际大家庭”，即以半殖民的地位成为世界资本主义体系的附庸。因此，对他的评价，他的同时代人就有不同的看法。后来的历史学家对他更是见仁见智，是之非之，见解互异，褒贬不一。不过现在，他对于推动中国近代化所起的积极作用，得到了许多人的公认。

1997年，我在澳大利亚读到一部《赫德日记》，见其资料丰富，记述具体，许多史料弥足珍贵。

赫德的日记有七十七卷，涵盖了他在中国的岁月，由他的曾孙藏于贝尔法斯特女王大学，束之高阁，直至二十世纪七十年代中期才引起医学博士杰拉尔德·邦克的注意，开始着手整理，1986年出版《步入中国清廷仕途——赫德日记（1854—1863）》。2003年中国海关出版社出版由厦门大学海关研究中心组织人翻译的中译本。

我认为，日记与回忆录或其他档案不同，它是逐日记载的，更为具体，也更为真实。赫德这部日记是真正的日记，而不是写给别人看的仿日记体的日记，它是作者内心的独白，真情的披露，带有很强的私密性。由于赫德本人没有给后人留下自传和回忆录，日记所提供的史料，更是研究赫德的第一手资料。1863年至1866年，是赫德在中国事业的“起飞年代”，而对清政府来说，太平天国起义被中外势力镇压下去了，洋务运动开始了，在西方的“合作”下，中国的对外关系出现了新局面。赫德的日记记载了他对自己同胞，如英国公使、领事、商人、军官的意见；对清政府，如枢密重臣、地方大吏以及中国人的看法；记述了他所亲历的若干史事的经过（如到苏州处理李鸿章杀俘与常胜军统领戈登的关系、玛斯来华签订中国西班牙条约的经过）。当然更多的是他在海关工作的事实。日记还记录了他的“隐私”，如他婚前对异性的追求，对未婚妻的热恋，以及他对家乡和亲人的思念。日记将一个基督教徒在灵与肉之间搏斗的心路历程真实地展示在读者的面前。我们看到的是一个真实的赫德，一个有血有肉的活生生的赫德，而不是一个苍白的概念化的赫德。编者将这一部日记分为五章，每章之前联系历史背景加以带有导读性的论述，有助于读者掌握日记内容，进一步了解赫德，了解历史背景。

回国后我着手翻译，断断续续，时译时辍，至2004年全部脱稿，书名《赫德日记——赫德与中国早期现代化（1863—1866）》，在中国海关出版社出版，这是《步入中国清廷仕途》日记的“续编”，时间跨度只有三年，却是厚厚五十多万字一大本。虽然，它只占赫德在华全部时间的二十分之一。但这段时间对赫德来说是非常重要的。就在这期间，赫德奠定了他在中国海关的权威地位，并且进一步取得清政府的信任，加强了同清朝中枢大臣（特别是总理衙门大臣）和沿海沿江大吏（特别是李鸿章）的密切交往。正是在这期间，他不但将中国开放口岸的海关从三个增加到十一个，而且以客卿的身份向清政府提出中国内政和外交全面改革的方案——《局外旁观论》。赫德在《局外旁观论》里开宗明义指出，当局者迷，旁观者清。旁观者“敢抒所见，或效一得之愚”，劝清政府认清历经“变迁”后的形势。当然应该看到历史悠久“莫古于中国”，更应该看到，与世界各国相比较，“竟莫弱于中国”。中国实行闭关政策，可是，西方各国“近数十年渐渐与中国往来”，资本主义势力已深入中国，“拒绝不得”，必须面对现实，因时制宜，进行改革，正确处理内政外交上所遇到的新问题。

接着，赫德对清政府所面临的国内外形势及今后发展趋势做了精辟分析，他说：“中华情事，一曰内情，一曰外情，今日之外情，系由前日之内情所致，而日后之内情，亦由外情所变。”这就是说，今日外国势力东来，是由于中国“前日”之闭关积弱所造成的，而中国今后内部之发展，必须随国际势力的影响而变化。

内情如何？《局外旁观论》举出了清政府政治腐败的大量事实。政治上，有法不依，因循守旧，内外员工“尽职者少，营私者多”。胥吏专权，“供贪婪于戚友，而民怨弗闻”，使民生不得安业。财政上，“各省筹划款项，动逾万万，而兵丁欠饷，竟致累月经年”，“官之下取于民者多，而上输于国者少”。军事上，“兵勇之数，动称千百万，按名排点，实属老弱愚蠢，充数一成而已”。“通经原为应用”，而今日知识分子，熟读经书诗文，而不晓时事，“一旦身居民上，安能剔弊厘奸。”“禁止邪教，原为崇正”，而封建迷信“屡屡”。“各小省所有拨款迭催，而民言剥皮；及至大内所需，饬令捐备，例不准销，是令人舞弊也。”“法本善而恶，以致万国之内，最驯顺之百姓，竟致处处不服变乱。吁！事不以实，而徒饰虚文可乎？”

赫德指出，总之，“文武各事之行，尽属于虚，执法者惟利是视，理财者自便身家。在上即有所见，亦如无见。远情不能上达，上令不能远行”。因此，造成人民“藐上不服作乱之灾”，也是很自然的。

赫德建议实行“民化而兴国”的宗旨。所谓“民化”者，即“外国所有之便，民均可学而得，中国原有之好处，可留而遵”，如外国之轮船，铁路、工织器皿、寄信电机、军火兵法、银钱式样、均极精妙，“国民两沾其益，愿学者皆能学”。所谓“兴国”者，“中外来往日多而敦好，外无多事之扰，内有学得之益”，即可兴邦。在内治方面，还应整顿财政、改革地丁、盐课、税饷三项，使各官重禄、各署定费，免除贪污及勒索小民。在军事上要求“兵精不在多”，讲求“兵法兵数兵饷”。在地方行政管理上，应革去回避本籍制，“文武应准本省居官，为官系明理之人，在本省熟悉风俗语言”，“有利于治理地方”，“其余一切事宜，日后可随时设法整顿，必致国安民富”。

在外交上，赫德提出，中国应与各国有来有往，平等相处。中国大皇帝应“召见各国住京大使”，以示友好。中国亦应“委派大臣驻扎外国，于中国大有益处。在京所住之大臣，若请办有理之事，中国自应照办；若请办无理之事，中国若无大臣驻其本国，难以不办”。

赫德最后总结说，以上所劝之事，“内系将旧例”整顿，“外系召见、派使、会制。召见无损，派使自护、会制富民”。

于是赫德策划了中国第一个遣外使团——斌椿使团。我读了《赫德日记》，深感这部日记的主题正如编者用“赫德与中国早期现代化”作为书名是很恰当的。

尽管赫德在日记中不止一次自我提醒，“尽可能将你自己限制在海关业务范围之内”(例如，见1864年3月20日日记)，实际上他在中国半个多世纪的活动及其影响，远远超出了海关工作范围，而涉及内政、外交、教育、军事各个方面。赫德不仅仅是中国海关的首脑而已，这在这一段时间早就已显示出来，日记证明了这一点。就中国当时的局势而言，太平天国的覆灭，洋务运动的起步，在西方“合作”政策的影响下中国对外关系新局面的出现，都发生在这几年。这些历史的发展都同赫德有着不同程度上直接或间接的关系。日记的编者以“赫德与中国早期现代化”作为这一册日记的标题,确实很恰当地突出了它所包含的丰富内容和重要意义。

在翻译过程中,所以断断续续是因为有许多资料要查证和核实。

赫德是中国近代历史上一个极其复杂的人物。近代中国自始至终贯穿着侵略与反侵略的严重斗争,同时又存在着现代性对传统的冲击和两者的融合。这一侵略与反侵略和传统与现代两种矛盾同时并存、互相交叉的基本格局,表现在赫德个人的双重身份和地位上如此突出,使人们对这个历史人物的评价更具有尖锐的争议性。也正因此,同时代的人对他早有大相径庭的看法。晚清著名思想家薛福成说他“阴鸷而专利,沾势而自尊,虽食厚禄、受高职,其意仍内西人而外中国”;“与其使赫德掣肘于异日,而酿无穷之患,不如使赫德觖望于一时,而葆固有之权”。而奕䜣等总理衙门大臣却认为他不同于“办事刁诈”、“狡猾异常,中外皆知”的李泰国,“赫德虽系外国人,察其性情尚属驯顺,语言亦多近理,且贪念总务司薪俸甚巨,是以尚肯从中出力”。《清史稿》的作者也肯定他“食其禄者忠其事,实有足多”。后来的历史学家当然对他更是是之非之,见解互异,褒贬不一。但是,历史人物和历史一样,毕竟不是可以任人随意打扮的女孩。人们尽可以从不同的角度、不同的立场去研究赫德,论说赫德,而要还给赫德一个真实的赫德,就需要从多方面收集更多的史料,首先是第一手资料,进行全面系统的研究。

上海一位作家在读了八千多封赫德与金登干来往函电后,写道:“过去,在读历史书的时候,我常常想,我所读到的,果真就是历史吗?……真正客观真实反映生活原生状态的文字,实在不多。于是历史在相当大的程度上就变成了某些人所理解所解释的概念,读起来就不那么踏实。”《中国海关密档》所收这些函电,“因为它们是书信,是真正的书信而不是仿书信体的创作,就具有了创作的文字所无法替代的真实性”。

如果说书信如此,那么,赫德这部日记是真正的日记而不是写给人看的仿日记体的日记,它更是作者内心的独白,真情的披露,也就带有更强的私密性。由于赫德本人没有给后人留下自传和回忆录，日记所提供的史料，其珍贵不言而喻。尽管困难不少，我坚持翻译查证，努力以“信达雅”要求自己。

在《赫德日记》行文中，不时夹杂汉字的英语拼音。这些拼音，不同于威妥玛——翟理思式拼音，更不同于现在通行的规范化的汉语拼音，其中不少还是根据粤语读音拼写，从而增加了回译的难度。我除参考中外文献，还四处求教，增加了不少注释。在翻译过程中，为了确定八旗军队有无全国统一的领导机构（The Banner Office），我请教了中国人民大学清史研究室胡绳武教授。广东一些地名和人名的回译，曾征询广东省社会科学院黄彦研究员和中山大学历史系章文钦教授；原书第243页“Tsze How Kung”一词，译稿曾依读音作“紫后宫（音）”，承章文钦教授据同治《番禺县志》、嘉庆《羊城古钞》(仇池石著)等，推定为“天后宫”的误写，广州天后宫亦作天妃宫，在河泊所附近，正与日记所述相符，乃迳加改正。1865年9月22日日记中一句引语“Seven men to a pin, and not a man too much！”，久思未解其意，我又请教美国特拉华大学庞伯腾教授，他请人电脑检索，才知道此句出于十九世纪八十年代英国女诗人勃朗宁的诗篇，乃联系原诗上下句以意译出。复旦大学外文学院教授朱静博士在法文翻译方面，老友上海社会科学院蒋士驹和徐元基两位研究员在文字斟酌方面都给我很多指点。台湾东吴大学博士候选人林志宏先生也热情查找一些引文出处。《日记》编者和戴维斯加州大学刘广京教授在这方面已经做了大量查考，译文均以方括号注明系汉字拼音；编者未加说明的，我做了一些补充，如Kan Pan（跟班）、naojen（孬人），原来未附汉字，我以意度之，未必正确；有些拼音未知所指，则保留原文，注明“原字不详”。日记直接用汉字书写的词语，编者改做英文拼音，也用方括号注明，以体现粗识汉语的赫德写作日记的一个特色。不过若干官衔称呼，如制台（Chetae）、抚台（Footae）、藩台（Fantae）、道台（Taoutae）、学台（Hio-tai）等，出现频率高，就不一一加注。日记使用标点符号，也有与现在通行者略有歧异，如多用冒号，也尽可能依照原书，未予更动。

原有日记书写潦草，其中有日期错记、语法笔误等，编者均注“原文如此（sic）”，译文予以保留，并且略加说明。缩写语，或是全译，如R. E.（皇家工程兵），或是保留，并加说明，如H. E.（阁下，大人，注明所指人名），视具体情况而定。有些缩写出于赫德书写习惯和方便，如日记多次出现的rcd（received），则径译其意，个别缩写，如Mdse.，编者加问号存疑，根据上下文，暂译为Merchandise（贸易），并保留原文。个别缩写语所指不详，只能暂付阙如。

日记中涉及中国、英国或其他国家一些事情，谨就所知，略加附注，载于页末，以便读者。译者闻寡见陋，仍有若干不解之处。例如，营口旧名Mou-kow-ying，翻检几部盖平县志，仍无所获，只能音译。又如，一百多年前美国驻上海领事馆的官员称衔“marshall”的中文对应名称，曾请教美国驻上海总领事馆几位官员，一时未得其解，只能暂译“司礼”。

原书索引原是供英语读者使用，有关中国人名、地名或其他汉语词语，编者按日记原有的汉语拼音编排，后附威氏拼法，或再加以英语解释。凡此，均回译汉文，原书所附威氏拼音和若干解释，对于中国读者多无必要，从略。

参考文献中西文论著，凡译者所知已有中译本者，则多采用中译本书名，不按原来书名意译，如：马士《中华帝国对外关系史》，不作《中华帝国对外关系》；《中朝制度考》，不作《中华帝国贸易与行政管理》。

书中外人姓名，尽可能按当时使用的汉名译出，一人而有不同的汉名，如美里登，又作美理登，哈巴安德（父子同名），又作哈巴安，只能择取其一，而在索引中附以其他汉名。这些汉名之后均附以音译，这是出于反映他们亲属关系（如果有的话）的考虑，如赫德、赫政，虽为兄弟，却不姓赫，若不附以他们姓哈特的音译，则他们的父亲和兄弟姐妹同姓，便看不出。由于上海海关办公室改变了过去的规定，它所保管的资料一律不允外人借阅，有少数海关洋员的汉名，未得查阅，只能暂缺。中国人的姓名，道台以下，缙绅录或其他有关资料，译者未作查检，则只能按音译。

说实话，翻译这部日记的难度不在于它不是用现在通行的英语写作，还在于书中大量广东话汉语拼音和中国史实的回译，我前后化了四五年时间才将它译竣。此外，我还担任陈俱翻译难度很高的卫三畏巨著《中国总论》的校读。我翻译的这部《赫德日记》出版后，获得了许多赞誉。若说是“重塑赫德铜像”，我只是为铜像的塑造搬来了一块材料。

二十八、赴日参加“太平洋战争再考察”研讨会

1991年11月，我应邀参加了日本史学界组织的“太平洋战争再考察——开战五十周年”国际会议。这是我出访美国八年之后又一次出国。

1941年12月8日，太平洋战争爆发。是年12月7日黎明，日本出动飞机约三百六十架、军舰五十五艘，由南云忠一率领，连续两次猛袭珍珠港的美国军舰和机场，击沉、击伤军舰十九艘，其中有战列舰八艘，击毁、击伤飞机二百六十余架，美军猝不及防，太平洋舰队主力几乎全被摧毁，死伤三千多人。同时，由寺内寿一指挥的日本南方军四十余万人，分兵数路进攻香港、马来西亚、菲律宾、印度尼西亚和缅甸。

1991年是太平洋战争爆发五十周年。日本国际文化会馆主办了这一次国际研讨会，于是年11月14—17日在富士山麓山中湖村举行。应邀参加的学者共四十三人，来自九个国家，其中日本十八人，中国、美国、英国、德国、苏联、新西兰、菲律宾和韩国等国共有二十五人。一些国际著名的历史学和国际关系研究的学者，如哈佛大学历史系主任入江昭（Akira Iriye）、普林斯顿大学教授、原东亚研究所主任詹森(Marius B. Jansen。)、伦敦大学教授、曾任英国日本研究会和欧洲日本研究会主席尼什(Ian Nish)和原苏联科学院院士、全苏历史学会会长齐赫文斯基（Sergei L . I. Tikhvinski）等。日本早稻田大学、名古屋大学、横滨国立大学等校教授十六人作为观察员出席会议。中国参加的有两人：我和汪熙，都是复旦大学历史系教授。

在这次研讨会之前二十二年，1969年即太平洋战争结束二十五周年，曾在富士山麓河中湖举行过一次同样以太平洋战争历史为主题的会议，当时只有日本和美国两国学者参加。这次会议组织委员会在会议缘起中指

出：上次会议时美日战后建立起来的两国特殊伙伴关系并未根本改变；二十年来美苏冷战已告结束，日本已成为一个主要的经济大国，美国的国际地位明显下降；日美关系不仅是两国之间的事，它受到中日、中美和苏日关系的影响，与欧洲国际政治局势也紧密相关。因此有必要更广泛地从中国、苏联和欧洲的国际政治形势对“走向珍珠港的道路”作再考察。邀请的与会者就不仅是日、美两国学者，还包括欧洲、亚洲和大洋洲等其他国家。会议由曾任日本国际关系学会会长、日本国际大学日美关系研究中心主任细谷千博教授主持。

太平洋战争有不同的称谓，也可称“第二次世界大战亚洲太平洋战场”，日语称“太平洋战争”、“大东亚战争”。不管什么称谓，其实质就是第二次世界大战中日本同英、美、中国等同盟国于1941年12月7日至1945年9月2日期间进行的战争，范围遍及太平洋、印度洋和东亚地区。太平洋战争以日本偷袭珍珠港为先导，以日本投降结束，参战国家多达三十七个，涉及人口超过十五亿，交战双方动员兵力在六千万以上，历时三年零几个月，伤亡和损失难以统计。

会议第一部分讨论太平洋战争的前后国际关系，先由日本筑波大学助教授波多野澄雄和美国石溪纽约州立大学副教授班哈特（M. A. Barnhart）对日本走上战争的道路做了历史的回顾与分析。然后由汪熙、美国密歇根大学孔华润（Warren I. cohen）、苏联国防部战史研究所外国史室主任波格丹诺夫（V. N. Bogdanov）、剑桥大学历史系主任雷诺（David Reynolds）、德国弗雷堡大学马丁（Bernd Martin）等以及日本学者分别讨论中国、苏联、英国和欧洲战争同太平洋战争的关系。

会议第二部分关于太平洋战争的影响与遗产问题，首先由日本东洋英和女学院大学教授中村隆英作题为《日本：战争的创伤及其遗产》的报告，美国北罗来纳大学教授弗莱彻（W. M. Fletcher）作题为《太平洋战争对日本的经济影响》的报告。我和日本茨城大学石岛纪之教授各自著文讨论战争对中国的影响。我的论文题目是“太平洋战争的影响与遗产：以中国为例”(*The Impact and Legacy of the Pacific War: The Case of China*)。我的论文主要指出：太平洋战争结束了中国自“七七事变”以来已坚持四年之久对日孤军作战的局面，中国同美、英、法组成了国际反法西斯联盟，中国战场从而直接成为世界反法西斯战场的重要组成部分，中国在太平洋战争中做出重要的贡献；战争不但影响了中国抗战的进程和结果，而且影响了中国战后发展的前途：战争显著提高了中国的国际地位，而且深刻影响战后中国各派政治力量的对比，为四年后中国共产党取得解放战争的胜利和中华人民共和国的成立提供了重要的条件。我的论文后来以中文《论太平洋战争对中国的影响》为题，发表在《军事历史研究》1992年第4期(日文译文作《抗日战争的遗产》，收入会议论文集)。石岛纪之教授的论文题目是《日中全面战争的冲击——中国的国民同合与社会构造》。

会议的最后部分是考察太平洋战争的意义。普林斯顿大学教授詹森认为，对于每个卷入战争的国家来说，太平洋战争以各不相同的方式将二十世纪一分为二，战争标志着一些国家由受殖民统治变为民族主权国家，它是日本由军国主义到和平主义的转折点，中国由不统一转为统一，而朝鲜则由殖民地的统一变成独立国的分裂。在发言中，普遍认为，太平洋战争给东亚和世界历史带来惊人的变化。哈佛大学教授恩纳斯特·梅(Earnest R. May)认为，太平洋战争对于日美两国持久不朽的意义，不在于国内方面，而在于国际关系方面。日本现在成为这个地区的经济巨人，但是还未居于支配地位；美国政治上和军事上都无比卓越，但却未能对太平洋另一强国日本加以限制。两国的关系既非敌对，也非传统意义的缓和，而是互相尊重合作，没有太平洋战争这一可怖的暴力，这种特别的关系也许不可能出现。我想，今天美国提出太平洋再平衡，企图扶植日本遏制中国的崛起，梅教授的历史预言终于成为现实；而日本右翼势力妄图否认二战大战成果，是当时与会的许多学者所未曾预料到的。

会议语言为英文，共有二十九篇论文提交讨论，会后汇编成集，均译成日文，1993年由东京大学出版社出版。

二十九、到澳大利亚昆士兰参加“上海企业史”讨论会

1997年3月28—30日，澳大利亚昆士兰大学亚洲商业史研究中心在州首府布里斯班举办“上海商业的过去与现在”学术讨论会，就上海商业、财政金融、技术引进以及澳洲与上海贸易的关系等进行分题讨论。我应黎志刚教授的邀请和佩仪同赴昆士兰。我们先到堪培拉，住在我大儿子任儿家，由他开车一天，横跨澳洲大陆，到昆士兰出席会议。

这是澳洲学术界第一次召开的关于上海经济史的专门讨论会，所以，我特感兴趣而且做了详细记录。提交学术论文的有澳大利亚、美国、英国、中国大陆和香港的学者十余人，会议由昆士兰大学亚洲商业史研究中心主任黎志刚博士担任召集人(Convenor)，特邀现居住澳洲悉尼的原新新公司经理李承基、前怡和洋行总经理之子戈登·基德(Gordon Kidd)参加。澳洲一些研究中国历史和文化的著名学者，如墨朵大学人文学院院长蒂姆·赖特(Tim Wright)、悉尼大学中文系教授李陈顺妍(Mabel Lee)、邦德大学东西文化与经济研究中心主任吕武吉(Martin Lu)、澳洲政府国家评估所(Australian Office of National Assessments)中国高级分析员B. G. 马丁(Brian G. Marin)等受邀担任论文评论人。昆士兰市及附近大学和研究机构的学者和研究生，以及华人团体负责人也参加了讨论会。由于提交论文的主题事先由会议组织者协调安排，约请与会者分工撰写，讨论会时间虽然短暂，但进行有序，议论问题集中。

上海新式商业企业的发展是与会者普遍感兴趣的问题。讨论会首先由著名企业史专家、美国西方学院历史系教授陈锦江(Wellington K. K.

Chan）宣读论文《推销货品、倡导新的商业文化：南京路上最早的四家公司（1917—1937）》。他指出，在1900年前后，有几个因素结合起来，促使人们以积极的态度看待商业文化。马应彪、郭乐、郭顺兄弟等一些在澳洲起家的企业家在1917—1936年间在上海南京路开设了四家大型现代百货商店，为二十世纪的中国创造和确立一种新的商业文化方面获得了成功。上海社会科学院经济研究所企业史资料研究中心研究员黄汉民引上海五洲药房为例，认为，近代中国民族资本企业的市场销售活动经常处于极为艰难的境地，面对不利的市场环境，制定正确的营业方针，采取有效的营销策略，往往是企业成功的一个重要因素。新新公司创办人李敏周哲嗣、八十高龄的李承基1941年正式到新新工作，至1949年新中国成立前夕离开。他在会上报告自己长期担任公司董事兼经理的经历和公司发展历史，并展示其自传体新著《第二故乡》。现在昆士兰大学历史系的戈登·基德作为前上海怡和洋行负责人的家属，也在会上谈了1949年在上海的个人回忆。

接着，我和美国内布拉斯加大学历史系教授柯博文（Parks M. Coble）分别就晚清时期和抗日战争时期的上海企业发展状况做了发言。我的论文题目是《晚清时期上海商业（1843—1911）》。我首先肯定上海是一个以商而兴的城市。上海作为近代中国的经济中心，它的现代工业、交通运输业和金融业在全国都居于举足轻重的地位，但就整个城市经济而言，上海商业的作用往往超过其他经济部门，近代上海毕竟是一个商业性的大都市。在进入近代之前，上海地区商业事实上已相当发达。论文从对外贸易和国内贸易两方面概述它们在近代的发展。对外贸易是上海开埠以后发展最为显著、影响也最为广泛的经济部门，它一方面在外商的干预之下始终未能摆脱半殖民地的基本格局，另一方面外商和中国国际贸易商人的共同参与，使上海长期保持近代中国对外贸易中心的地位。在外贸发展的影响下，上海商业开始脱离原有传统的活动轨道，向资本主义新式商业转化。

考虑到与会者手上有我的论文，加上限时发言，我只能简要介绍说，上海出现并逐渐形成一些新的商业行业，如棉布、日用百货、五金钢铁和西药商业，同时有越来越多的商店开始采取资本主义经营方式，采用资本主义经营所常见的诸如广告、拍卖等促销手段。一些传统的商业或是败落，或是被迫改原先经营内容。商业面貌的剧变，使当时人们不能不惊呼："商已非昔之商！"当然，毋庸讳言，上海近代商业仍有其落后的一面，但是在长期经营中，它积累了宝贵的经营经验，不但有许多著名的老字号，更有许多善于吸取国外先进经验、具有强烈竞争意识的新企业，它们对于上海城市的发展起过有益的作用。

柯博文紧跟我后做了发言，其论文题为《上海战时华人商业历史（1937—1945）》，他认为，上海开埠百年以来在发展成为中国最大的城市和国际贸易中心的过程中，历经众多动乱，其中严重威胁上海经济发展的莫过于1937—1945年中日战争八年。他还表示打算在未来研究中要进一步讨论中国商人如何培养在不稳定的环境下的经营能力，如何使他们的企业后来在战争时期得以生存下来。这是好的课题，引起了全场的掌声。

美国乔治亚技术学院副教授卢汉超的论文题目为《没有管理的商业：民国时期上海小商贩与商业文化》，从商业文化的角度探讨上海商业的一个组成部分—小商贩。

除了商业，上海证券交易是这次讨论会的另一个重点。美国路易维尔大学历史系梅爱莲（Andrea McEldery）教授提交的论文题目是《股市不是茶会：上海证券交易今昔》，发言中首先讨论上海股票市场的目前状况，认为成熟的二级市场的一个重要作用在于通过股票的市场价格对公司经营状况做出评估，促使经理人员保持警觉，消灭呆滞产品，提高产品质量，并且不断创新。而上海证券交易所上市的股票大多为原先国有企业的股票，私人股票通常不足以控制公司。上海的二级市场并未真正发挥成熟的二级市场这种作用。作者接着以1922年为界，对在此以前和以后上海证券交易的历史作分阶段的详细论述。他认为中国不同于英、美，利用私人股本集资的制度基础在中国并未得到发展。1922年前股份公司和证券交易曾经有过有希望的开端。虽然在此之前发生过1883年金融风潮和1910年橡皮风潮，但风潮过后代客买卖证券曾经形成“茶会”，“股票热”也曾一度席卷上海。可是1922年信交风潮使许多人毁于一旦，证券交易中的私人股票再也没有恢复过来。此后政府公债在证券交易中居于支配地位。股票买卖虽然仍在继续，但它并未能达到股票交易所所要求的数量。有钱的人家不愿冒险将财富投资于不同的股份有限公司。不论过去和现在，公债在发展证券交易中都最具有影响力。

中国社会科学院经济研究所副研究员、时为日本东京大学东洋文化研究所客座研究员的朱荫贵提交了题为《十九世纪八十年代末二十世纪初的中国早期证券市场》的论文。论文阐述了这一时期证券买卖、交易方式和内容，以及证券交易所成立经过。作者认为，限制中国早期证券市场发展的因素是多方面的，中国迈向资本主义市场经济的道路是艰难而曲折的。

提交讨论会探讨近代中国技术引进的论文，只有澳洲国立大学亚洲与太平洋学院主任伊懋可（Mark Elvin）教授一篇题为《质的成功，数的失败？——1937年以前对中国的技术转移》。

会上还有两篇讨论上海的金融财政的论文，一篇是讨论当前问题，一篇是历史分析。对此两篇的题目，我也特感兴趣，认真听了他们的发言。澳洲格里菲思大学亚洲与国际研究学院廖良浩博士作题为《从上海看中央与地方的财政关系》的发言，他首先论述中华人民共和国不同历史时期（1949—1979年改革以前、1980—1993年改革时期、1994年实行分税制以来）中央与地方财政关系的不同体制。作者强调，在上海，财政集中化的程度，不论在收入还是支出方面，都仍然高于全国的平均水平。尽管经济改革减少了与国内生产总值相关的国家部分的分量，上海作为对中央岁入的重要贡献者，它的相对重要性仍然未变。作者以具体的统计数字支持自己的论断。

美国马萨诸塞-达特默思大学历史系程麟荪博士的题为《引导中国银行业沿着现代化道路发展—内行的经理与上海现代银行业务》的发言中，对抗战前上海几家华商银行的经理人员做了群体剖析。他认为，二十世纪之际的上海金融市场为三种力量所控制，即外国银行、传统的票号和钱庄，商新式银行。九家主要华商银行（中国银行、交通银行、南三行、北四行）有一个共同特点，即它们都是以公司方式组成，在很大程度上由一批内行的经理领导管理。这九家银行的经理所以能获得成功，首先，在于他们都出生或籍贯在江浙，有助于克服彼此间的心理隔阂，在经营中互相合作。其次，他们进入银行界之前，都曾在日本、美国或英国留学，有助于他们相信现代金融制度和西方经营做法的优越性。此外，共同的民族主义目标使得这些银行之间的相互合作超过了彼此竞争。他们许多人深信银行负有抵抗外国经济侵略的特殊使命，许多著作把他们称为"江浙财阀"、"帝国主义走狗"，这些说法既不公平，也缺乏证据。

香港大学亚洲研究中心研究员李培德也就上海银行的历史做了专题发言，并且提交《上海商业储蓄银行：一家超越上海范围的上海银行》的论文。英国格拉斯哥大学经济与社会史系讲师凯瑟琳·布恩克（Catharine Shenk）博士从中国内地与香港间关税和金融协议谈判过程，讨论了1945—1949年上海与香港的经济竞争。继财政金融问题之后，墨尔本模纳士大学东亚研究中心主任、亚洲语言与研究系主任家博(J.Bruce Jacobs）教授做了《上海：另一个可供选择的中心》的报告。在讨论会最后一天，与会者饶有兴趣地讨论了上海同澳大利亚、特别是同布里斯班经济与文化的联系问题。对此问题也是我感兴趣的，所以我认真听，也做了详细记录。

昆士兰大学历史系戴文（Marion Diamond）博士做了题为《澳洲同上海贸易的起始》发言，他认为，上海和澳洲两地在十九世纪尽管都是人口激增，从而带来经济增长，但是两地间的贸易并没有得到预期的发展。澳洲商人抵达上海，最早不迟于上海开埠后的1845年。十九世纪旅居澳洲的中国人大多是广东人，1854—1856年淘金最盛时有一万七千二百八十三名中国人移民墨尔本，其中从上海来的只有一名。十九世纪后半期全球贸易的一个重要特点是贸易与移民有密切的关系。影响上海与澳洲之间贸易发展的因素很多，最重要的也许是这方面的关系。对澳洲人说来，上海是一个费解的谜,巨大的贸易机会并没有完全抓住。

此外,讨论会上还有学者谈了在布里斯班的上海企业家以及在澳洲中国留学生的情况。对此我也做了详细记录。昆士兰大学社会学系叶富强(David Ip)博士报告了他的论文《作为资本的网络:布里斯班的上海人企业家》。这次讨论会的主办者昆士兰大学亚洲商业史研究中心是刚于1996年11月成立的研究机构,它首先选取上海的商业历史与现状开展研究。取题为"上海商业:过去与现在"讨论会即是它的研究计划的一部分。讨论会的英文名称是"Business in Shanghai: Past and Present","Business"一词实际上不限于商业,而有更广泛的含义。从我以上介绍的发言中可以看出,讨论会虽以商业企业为重点,但还涉及金融、财政、技术引进等上海经济的更多方面。会议除了邀请上海和香港以及美国、英国研究上海经济的专家学者参加,更多的是澳洲当地的学者,澳洲一些大学的研究生也踊跃与会。提交的论文各有不同的侧重和独特的视角,讨论中发表的意见也见仁见智,许多都达到相当的深度。这使人深深感到,上海和澳洲虽然远隔重洋,相去万里,但却有这么多的学者对它怀有浓厚的兴趣,这表明上海研究已经日益成为国际性的研究,日新月异的信息时代正在为此项国际性的合作研究创造更多更好的条件。

会后我们游览了澳洲著名的风景黄金海岸,途中造访吕武吉教授在黄金海岸宽敞优雅的住宅。黎志刚教授和我一同到悉尼我的圣约翰大学学长李承基家中访问,李和荣毅仁是同班同学,是新新公司创办人李敏周之子,李敏周殒命后继任新新的总经理,黎志刚对李做了多次访问,整理成《李承基先生访问纪录》,后由台北"中央研究院"近代史研究所以"口述历史丛书"出版(2000),我利用在澳洲逗留的时候,对书稿做了全部审订。出版时署名我审订。我回国后还以李敏周殒命经过,查阅《申报》等有关报道,写成《李敏周殒命新新公司》的短文,登在《世纪》杂志(2006年第2期)上。

三十、上海高考历史学科命题

2002年起我连续三年参加秋季高考上海历史学科的命题。命题组由华东师范大学教育科学学院课程系教授聂幼犁担任组长，由上海师范大学历史系邵雍教授和我三位大学教授及几位中学特级历史课教师共五六人组成。高考命题是庄重也是高度绝密的，这关系到上海几万名考生的考试公平和国家选拔人才问题。

全国高考原先定在每年7月，为避开酷暑的7月，自2003年起改在每年相对凉爽的6月。我有幸成为历史学科的命题组成员。我们先在上海市教育考试院听取情况介绍、注意事项等，并且同考试院签订了保密协议。命题组成员名单保密，包括自己参加命题组，也不能向外透露；然后准备简单行装，于5月上旬集体乘车去一个事前不告知的郊县度假村（记得有一年住在嘉定长江口浏岛度假村、一年在奉贤胡桥），开始了一个多月的与世隔绝的入闱生活，同外界联络完全切断。严格的保密措施，如：通过安检，不得携带手机等任何通讯设备；为了出题讨论需要，可以带电脑入闱（当然不能上网），入闱前和出闱时电脑都必须交出接受检查；有要事同外面通电话，包括与家人通话，有武警在旁监听，必须讲普通话（因武警有外地人，听不懂上海话），更不能同外界有任何通讯；生病外出就医，也必须由武警陪同（听说服务员每日外出买菜，也都有武警陪同）；密室命题，走出室外，便不得交谈试题，也不得与其他学科交谈试事；领到多少张用纸，也要交回多少张（包括用过的废纸）。各人在房间里草拟试题，然后集中综合，在房间内反复讨论修改，拼成一份试卷，实际上是集体创作。试题既要考虑中外古今历史内容比重平衡，又要难度有层次，太难许多学生答不出，太容易区分不出优劣，难以选拔。我们还拟定了标准答案，供试后评卷人评分时使用。命题拟定完成，送审题组（另有两位大学教授组成，比我们晚几天入闱）审定，随后由考试院从几所中学中随机抽调二十名左右考生试考，检测试卷难度是否合适，题目措辞会否引起误解，等等（这些学生比我们晚十几天入闱，也全部断绝与外界联系。他们试考的成绩加若干分后即作为高考成绩）。试卷送印刷厂印制和分发过程另有保密措施。命题工作流程大致如此。然后在度假村宾馆等待市内开考。其间空档时间，安排命题组成员作一天短暂的旅游，算是慰劳我们，我记得有一次游览常熟尚湖沙家浜，参观翁同龢故居，一次在苏州。我们要等到该科课程开考后一小时始得出闱，恢复自由。由于历史课考试一般安排为最后一门，我们总是比语文组、数学组晚一两天才得回家。

聂幼犁在我参加命题前一直是历史科的组长。他出生上海，籍贯湖南邵阳。1970年至1978年初在知识青年上山下乡的号召下去黑龙江生产建设兵团，“文革”结束后，1978年至1982年就读于华东师范大学历史系暨第一届教育科学研究班。毕业后留校任教，1999年晋升教授。曾任上海教育学会历史教学专业委员会主任委员；中国教育学会历史教学专业委员会常务理事、学术委员会副主任；上海教育考试院咨询专家、历史科目组专家、上海市教委中学历史课程标准与解读、教材审查委员、中学历史高级职称评审委员；上海市教委教研室“课程改革学业评价”研究组成员等。还受华东师大委派，任上海、浙江、江苏、湖南多所中学课程改革顾问和教师培训导师。

聂幼犁十分重视高考命题对中学历史课程改革的导向功能，着重通过试题考察学生的理解能力，降低记忆要求，试题形式也力求图文并茂，活泼多样。他一直希望通过高考命题推动中学历史教学的改革。

历史试卷最后都有一道“历史小论文”，占三十分（总分一百分）。有一次，我与聂幼犁闲谈中，说到我在美国哈佛-燕京图书馆见到挂着我的伯祖父陈宝琛一副对联“文明新旧能相益，心理东西本自同”。聂听后认为这是一个很好的历史小论文题目，因此2004年试题中引用了这副对联，出了这样一道考题："对联赞叹了人类文明在时间和空间上的传承与交融，哲学家、社会学家、经济学家、文学家各有评论，你如是历史学家，对这副对联作何评论？请自拟题目，写一篇小论文，要求联系中外史实，详略以说明观点为度。"

2004年秋季高考之后，8月27日《南方周末》刊载一篇《上海2004年高考历史卷泄题疑云》，说一些学生反映，历史卷很多试题竟和考试前一位历史老师在辅导讲座上讲得一模一样，十三道题中有八道和试题一样，"押得这么准，真是神了"！一时议论纷纷，引起市教委、教育考试院和保密局的重视。

当时，上海教育考试院派人向我了解此事。我说，陈宝琛此人中学历史课本没有提及，他写的这副对联挂在美国，一般中学历史教师更不会看到，说"押题"押中，非常不可能，十分可能是泄题。不然，从材料到命题角度，再到标准答案的关键词都"猜"得如此相同吗？

后来，此事没有追查下去。2004年这一年历史卷试题出现泄漏，因而第二年命题组全部改组，聂幼犁几年来以高考命题引导历史课程改革的雄心壮志因之破灭。又过一年，上海教育考试院仍聘请我参加审题，我以年老婉却（的确，在入围老师中，没有一个像我这样七八十岁的老人了），考试院的同志说，请你参加，就是表明你是清白的，同去年泄题事件无关，你应当参加。在她的劝说下，我参加了最后一次与高考命题、有关的审题工作。

三十一、所谓“比尔·盖茨代替了毛泽东”

我与中学历史教学有关的工作，除了参加历史学科的高考命题外，还参加上海中学历史新教材的审读。

1998年起，上海开始实行第二期课程改革，上海市教委制定了历史课程改革行动纲领和“中学历史课程标准”(试行本)。2001年底，上海师范大学历史系主任苏智良教授承担历史课程二期课改任务，他和系内有关教师组成编写组，根据《课程标准》开始编写新课本。全市各中学2006年秋季新学期开始，全部试用二期课改的新教材。

我与华东师范大学历史系王斯德教授以及两三位中学名校的特级历史教师受命组成专家组，负责审查上海版中学历史课本教材。

我们审读了这部新教材，认为它以文明为体系，一改以往以阶级斗争为线索、以原始社会、奴隶社会、封建社会、半封建半殖民地社会历史阶段为框架的写法，颇具新意。

读史使人明智，历史知识和历史经验，可以丰富人们的思想，陶冶情操，拓展视野，增添人们以古揽今，鉴往知来，认识现实的智慧和能力。所以，历史教育一直是学校教育的重要内容，是中学阶段必修的基础课程。但是，据2001年2月27日《人民日报》报道：对北京、上海、深圳、武汉等若干重点城市14—28岁的“中国青少年历史知识现状调查”表明，目前我国青少年历史知识普遍呈现“两高一低”状况，即高兴趣度、高重视度、低认知度现象。调查问卷以初中历史课本为基本知识范围，仅有1.5%的青少年及格。可见问题之严重。

我热爱历史学，思考所以出现这样的问题，在于历史教学中没有倡导研究（探究）性的学习。有学者说，历史这门思辨性很强的学科多被看成是单纯的复述性的学科，强调记忆性成为历史教学的一大特点。教学中学生少的是探究性、分析性的思维过程，教师多的是将现成的结论“喂”给学生，而不要求知道是如何分析得出这一结论的，也不要求学生了解除此之外是否还有其他可信的、有参考价值的结论和观点。检查考试也往往偏重于对知识的记忆，没有提供足够的让学生自由思维的空间，学生当然考完就忘。

《面向二十一世纪上海市中学历史学科教育改革行动纲领（2000—2010）》就是这样出台的。这是把素质教育全面落实到历史课程的设计蓝图。它在初中历史教学内容体系上的主要突破是：改革以往教学内容注重社会政治结构的变更，构筑以生产力发展为线索的文明史框架体系。从某种意义上说，人类文明的起点就是以生产工具为核心的科学技术发明。因此，通过对现行初一年级教材中有关石器、陶器、青铜器、铁器等内容的整合，形成《中国古代劳动工具的演变》等专题，作为探究性学习的内容，可以提前渗透和体现历史学科二期课改的要求，使学生更全面地去认识人类历史发展的客观进程。

上海新教材每课在课文后面还附有“史海拾贝”、“史海指南”和“各抒己见”等栏目。我觉得这部教材有益于培养学生运用资料分析问题的历史思维能力。如在学习《明末清初中西文化交流》后，让学生们自选课题撰写小论文，如《活字印刷术回传之启迪》、《从“丝绸之路”到郑和下西洋》、《从徐光启身上得到的启示》、《交流港口的独特文化》、《明末清初的传教士与外来侵略者之比较》、《漫谈闭关锁国》等，这就显示了学生初步运用资料分析问题的历史思维能力。

同时也能培养联系和运用知识的能力。鼓励学生在历史探究性学习中，将纵向知识与横向知识联系起来，历史知识与其他相关学科知识联系起来，并运用于学习中。例如：《中日甲午战争》一课，引用屈原的《国殇》、黄遵宪在甲午战争期间创作的诗歌《哀旅顺》、丘逢甲的甲午诗词：

《春愁》等，创设历史情景；联系地理知识，从《马关条约》中规定开放的通商口岸与两次鸦片战争后开放的通商口岸地理位置的不同，认识帝国主义对中国侵略的步步深入；联系日本明治维新的历史，从近代中日两国不同的发展步伐，比较中日两国的不同命运，显示了联系和运用知识的能力。

所以，我很支持这一探究性学习历史的教材。“学而不思则罔”，没有思维就无所收获。重灌输轻思维的以接受为主的学习方式，必须抛弃。新教材从时间上看，上下五千年，贯穿古代、近代、现代；从空间上看，纵横五洲四海，涉及世界各个国家、各个地区；从内容上看，包罗万象，涵盖了政治、经济、军事、民族关系、对外交往、科技文化、社会生活、风俗民情等各个领域。历史的多姿多彩，为学生提供了宽广的探究天地和思维空间。

我们认为新教材不论内容或形式都有所创新和开拓，唯因其创新，所以尚有不够完美之处，建议在试用中改进完善，必须改变在“左”的思潮影响下以阶级斗争为纲，将一部丰富多彩的历史写成农民战争史和中国革命史的偏向。上海师范大学苏智良教授主持编写的新教材，根据要求，从文明史的角度出发，在新教材加了“比尔·盖茨（Bill Gates）”的介绍，因为他是美国微软公司的前任董事长，首屈一指科技天才、大慈善家、环保人。1995年到2007年的《福布斯》全球亿万富翁排行榜中，比尔·盖茨连续十三年蝉联世界首富，是值得介绍和宣传的科技人才和慈善家。

不料美国记者周看（Joe Kahn）就在这年9月的《纽约时报》发表《毛哪里去了？中国人修改历史书》（*Where's Mao? Chinese Revise History Books*）一文。一些媒体和个人更以“比尔·盖茨代替了毛泽东”、“上海教科书是中国‘橙色革命’的开始”这样耸人听闻的文字报导这套新课本。

这些危言耸听的言论引起教育部高层的注意。10月，教育部高教社会科学研究中心组织北京几位历史学家就上海历史教科书问题召开座谈会，指责这套教科书“离开马克思主义唯物史观”，“背离了我们党关于历史教育根本任务要求，会造成思想混乱进而危及社会安定”等等，要求停用这套教科书。上海新编中学历史课本编写历时五六年、推行一年便被宣布停用，令人扼腕。教科书的编写者之一、上海师大历史系周育民教授对北京几位历史学家的种种指责，撰文一一回应驳斥，刊于广州《开放时代》2009年第一期，我就不重述了。

介绍比尔·盖茨没有过错，怎能说成“比尔·盖茨代替了毛泽东”？

教材也介绍了毛泽东，只不过比以往的教材少了一些，又怎能说“毛哪里去了？中国人修改历史史书”。

美国某些人总喜欢说些危言耸听的话，引起一场风波，有关教育部门紧张，马上下禁令。2007年9月，这套新教材只使用了一年，便寿终正寝。它尽管被停用了，但“历史探究性学习”的理念在历史教师队伍中得到日益广泛的传播。

三十二、关于国家《清史》编纂工程刍见

2003年2月5日，我应邀出席国家清史编纂委员会在上海召集有关学者会议，征求关于清史修纂体裁体例的意见，清史修纂工程是经中央批准，作为二十一世纪标志性的文化工程。国家拨出巨款，成立编纂委员会，主持此项工程。修史工程，体例先行。文化部呈报中央批准的关于修纂清史的报告中明确指出：《清史》修纂的体裁是用旧体（纪传体）还是新体，叙史是用浅易文言还是白话文，拟在修纂工程启动后经专家充分论证后再定。

确定体裁体例是整个工程全面展开的基础，直接关系到新修《清史》的质量。为了贯彻执行“百花齐放，百家争鸣”的方针，充分发扬学术民主，集思广益，国家清史编纂委员会决定就此问题作问卷调查，广泛征求意见。

2003年2月21日—25日，中国人民大学清史研究所戴逸教授主持的国家清史编纂委员会在北京召开了“清史编纂体裁体例学术座谈会”，来自京津、东北、华北、西北等地高校、科研院所、档案文博单位的近二百名学者参加了会议，就清史编纂的体裁体例等问题展开了讨论。这是清史工程启动后的第一次重要会议，也是新中国成立以来第一次关于史书编纂的大讨论。这次讨论相当热烈，可谓“百家争鸣”，分歧也大。

关于清史工程定位的看法就很不一致，如：

有的认为清史工程不是编大学教材，也不只是编一部丛书，而是在新的历史条件下编一部新体裁、高水平的清代史。

有的认为新修清史科学性是首要的，应该强调学术而非文化工程，不能把可读性放在第一位。清史的定位应是专家离不开的著作。

有的认为新修清史不是教科书，更不是向民众宣传历史爱国主义教育的著作，国家花如此大的财力、物力、人力，是要编纂出一部起重大影响作用的学术著作。

那么，清史工程的学术性体现在哪些方面呢？

有的认为，二十四史的价值，是它们为后人提供了丰富史料，因此，新修清史要想流传后世，应强调史料而不是会随着时间变化的观点。还有的认为，清史工程不是私人著书，而是国家修史，因此，新修清史不应是由某个学派主宰，或是各学派主张综合杂糅的学术专著，而应是清代史实汇编。也就是说，这部书是为后人提供全面准确清史知识和资料的著作。

也有学者不同意这种定位。他们认为，修史离不开文献资料，但这并不是纂修清史的全部内容。如果这样，历史学就失去了基本的科学认识和社会功能。纂修清史，应该有明确、统一的历史理论与方法贯彻始终，不能将“纂修清史”变成文献资料汇编。清史工程的指导思想可概括为“发扬传统、传承历史、资政育民”。

有的认为清史工程应注重文化普及，它应是普及读物，不能附加史料等功能。用深入浅出的形式写出来，供大家学习历史、普及历史知识的读物。当然它不是清宫戏一类的东西。历史学家要把历史知识普及的阵地夺回来。

也有将不同定位兼而有之的说法，即资政育民和文化积累。资政育民中，资政应放在首位。育民，就是教育老百姓，但它应是比较高层次意义上的，绝不是普及性的读物。文化积累有两层含义，一是研究成果的综合和创新，即国内外清史研究的最新成果，清史工程都应吸纳进来，并且加以创新发展。第二就是资料积累。即清史工程应重视对清代档案文献进行大规模的抢救、整理和出版，为二十一世纪清史研究的大发展提供可靠保证。在这两个定位中，资政育民应是清史编纂工程追求的最高目标。

对于定位的看法议论纷纷、对于体例主张也各抒己见，言人人殊。

有的认为新修的清史就是二十四史的接续之篇，不是另起炉灶再写一部通史。因此，要从形式到内容上应尽量使用传统的写法，那就是纪传体。它的本纪、志、表、列传各具优长，彼此补充，综合一体，几乎可以囊括所有历史现象，且有变通、完善，因此被誉为“范围千古，牢笼百家”的史作典范。用纪传体还是章节体，决定于到底想把清史写成什么样的著述，主张纪传体者认为纪传体最能给后人提供尽可能客观的材料，章节体则是反映当代学术观点和研究成果。章节体不是中国人的发明，它的优点体现在纵的方面，即能把事情的起始、发展、结果写得比较清楚，而纪传体在横向反映历史方面的容量则远远超过章节体。

这次讨论，虽然是众说纷纭，百家争鸣，但是并非莫衷一是，而是集思广益。以上这些意见均见于后来出版的《清史编纂体裁体例讨论集》(中国人民大学出版社2004年版)。

我认为最为主要的是体例的确定，其他是次要的。我的专业虽然是经济，但是以史为纲的，接受传统史学的影响，以为应以传统的纪传体为基础，并有所改造创新。纪传体是中华民族的史学传统，清史工程应继承这种传统。纪传体是中国最具生命力的修史传统。中国史书体裁有编年、纪传、纪事本末和章节等体，纪传体由于信息包容量大、类目清晰而历来被视为“正史”。以纪传体为基础，决非简单沿用《清史稿》之体例，而应有所改造创新。如何创新？应该剌取诸说，采纳百家。对于纪传体传人纪事并重。一部史书，体裁应一致，倘若一部分采章节体，一部分采纪传体，一部分采纪事本末，势必支离。

我还认为，图像运用，在文献典籍中十分重要。郑樵《通志·图谱略·明用》曾说：“今总天下之书、古今之学术，而条其所以为图谱之用者，十有六：一曰天文，二曰地理，三曰宫室，四曰器用，五曰军旗，六曰衣裳，七曰坛兆，八曰都邑，九曰城筑，十曰田里，十一曰会计，十二曰法制，十三曰班爵，十四曰古今，十五曰名物，十六曰书。凡此十六类，有书无图，不可用也。”史书的一个重要功能就是保存图像，“以备遗忘”。章太炎说：“史不立表，而世次年月犹可补缀于文辞；史不立图，而形状名象必不可旁求于文字。……图象之学，又非口耳之所能授者，贵其目击而道存也。”(《章氏遗书外编·永清县志·舆地图第一》)新修清史应该保存清代珍贵的图像资料。古代圣贤君王将相，后世不得睹其相貌；画家依文字描述而绘图像，毕竟难以为信。清代君相，已有画师为其绘像，在现代摄影、印刷技术已经完全能够支持的情况下，新编清史将改变旧史那种只能以文字、图表记载历史的方式，而以图文并茂的方式展现有清一代的历史。

后来从公布的问卷调查结果看，关于新修《清史》体裁的意见，以主张“将纪传体、编年体、纪事本末体等传统体裁和现代章节体平等、灵活、创造性地结合起来，进行一种体裁的综合创新”者为最多，达四百零三人，占总人数九百一十二人的44.2%。

关于新修《清史》文体的意见，主张采用“精炼的现代书面语”者占绝对的优势，达六百七十二人，占回函总人数的73.7%；其次是主张采用“文言”者一百四十九人，主张采用“通俗直白的现代白话”者五十人，分别占总回函人数的16.3%和5.5%。这次问卷调查做到了有点有面、点面结合，包括了学术界、教育界和社会各界的多方意见，具有较为广泛的代表性。

我当时在讨论会上也谈了自己的看法，后来整理成文，题为《关于清史编纂体例的思考》，收入作为“国家清史编纂委员会研究丛刊”的《清史编纂体裁体例讨论集》。我在文章的开头就指出：“讨论清史编纂体例，首先应该明了新编清史的定位。如果新编清史是二十四史或二十五史的承续，那么，就应该基本上延续传统正史的体例；如果是另起炉灶，自然另当别论。我们认为，新编清史应该与二十四史或二十五史相衔接，在纪传体史书的框架内进行编纂。”

我还对承继和创新提出了自己的看法：“传统的纪传体史书本来就有一个继承与创新的问题。所谓继承是指其继承纪传体史书的基本框架，所谓创新是指其随着时代的变化以及纪传体史书本身的完善而有所改变。《汉书》改《史记》的八书为十志，《后汉书》新增党锢、宦者、文苑、方术等类传，《魏书》新增官氏、释老二志，《新唐书》新增仪卫、选举、兵制三志，

《辽史》分列皇子、公主、外戚诸表等等，均是明确的标示。所以，我们说‘在纪传体史书的框架内进行编纂’，也就意味着创新。”也正是这个基点上，我具体提出了五条意见，文不长，不妨照录如下：

（一）总体格局

纪、传、志、表示纪传史书的基本格局，纪基本上是帝王本纪，亦即赵翼《廿二史札记》所说的“用其体以叙述帝王”，带有较浓厚的“封建”色彩，但纪亦有提纲纪年之功能，具有大事编年的性质，可以采其合理成分，内容上加以充实，改纪为编年。罗尔纲在作《太平天国史》时，对此已有所体会和揭示。另外，罗尔纲的《太平天国史》在纪年、表、志、传的基础上，曾增加叙论以概括全书，颇为适宜。不过，以现代的理论、观点、方法来概括、综论有清一代之史实，名之以概论似乎更为合适。旧史中的载记，似乎也不可缺，但具体的名称可省略“载”字，如前清记、南明记、太平天国记等。图为旧史所无，地图及衣食住行等名物图又非常重要，可以考虑增设。总之，新编清史的总体格局，以概论、编年、列传、载记、志、表、图等七个部分组成为好。

（二）关于传

旧史中的传，基本上是以类相从的列传或类传，但各史列传的名目和多寡不同。列传的好处是以类相从，便于阅读和查阅。《清史稿》列传中，循吏、儒林、文苑、忠义、孝义、遗逸、艺书、畴人、列女等，可以保留。其他人物的传记，也尽可能予以分类。《清史列传》中，有大臣列传，太宽泛，还可以细分。另外，也应该为外来的传教士等“洋人”立传。

（三）关于志

《清史稿》有志十六，问题最多，有的需要易名，如邦交志可易名为外交志，河渠志可易名为水利志（附堤坑）；有的需要分设，如食货志可去其名而分设财政志、金融志、商业志等。更重要的是需要增设以反映晚晴社会经济的变化,增设的志名如教育志、工业志(或实业志)、租界志等。

(四)关于表

除《清史稿》现有十表外(如皇子世表、公主表、外戚表、诸臣封爵世表、大学士年表等),是否可以考虑增列财政、社会经济方面的统计表,如财政收支表、海关统计表、外债表、物价表等等。

(五)关于文体

新增清史用文言或现代通用的白话文似乎不太合适。应该采用一种简明白话文,并找出译本范本,比如梁启超的文章,以统一撰写风格。若用简明白话文,还有一个与旧有史料文风统一的问题,是否将旧有史料改为一种文体加以叙述? 也需要加以考虑。

除了出席上述研讨会外,我并没有直接参加这个巨大的国家工程——清史的撰写工作,不过,我在上海图书馆参加前已述及的"盛宣怀档案选编"和《中国家谱资料选编》被分别列入清史《档案丛刊》和《文献丛刊》。

此外,北京中国社会科学院经济研究所寄来《清史·交通卷》的"铁路篇",要我审读,我义不容辞接受下来,并写了详细的审读意见。除了充分肯定本篇史料翔实、条理清楚、文字通顺,基本符合志书的要求外,还提出了一些修改意见。

有若干提法可酌。如:清政府"毅然兴办"铁路,为慈禧懿旨中语,以往著作亦有常用此语者。"毅然",《现代汉语词典》释义为"坚决地、毫不犹豫地",含有褒义,带有主观赞扬色彩;建议改为:"创办伊始"之类中性词语;"筹备制度"(第32页)系指预备立宪时期清廷谕令各地奏报每年新政进度,此词语意含糊,不足概括原指内容,可否改为"定期奏报进度"之类词语。这样更见精确。

对列举铁路名称,可否用更常见或简明者,如"沪杭甬"代替"沪杭"

（第76页），“京绥”代替“京张附展筑张绥”（第61页），“汴洛”代替“洛潼和西潼”（第86页）。商办铁路中何故未列入闽厦（或漳厦）铁路，宜补。

对全篇文字表述方面，每以来往公文的摘述代替历史过程的叙述，如：“□年□月□日□奏：……”“奉旨依议。”或“奉上谕：……”如此句式所在多有。文中使用“微臣”“大部”“伏念”“扎饬”“禀请”“饬遵”“酌情”“核办”“钧部”“谨按”“乞察核准行”之类，多为当时公文用语，目前文中均未作直接引语并加引号；中外交涉过程中来往文书尤其如此，更嫌累赘。

对使用文字有时过分，如“何其速也”“何其缓也”“宜乎其倾覆于指顾之间也”，又，常用“寻”“旋”“会”等字代表时间，亦嫌古文气息；然而有时又用大白话，如“干脆卖个人情”。人名第二次出现时，前人多用名，如李鸿章、张之洞，作鸿章、之洞；今人多用姓，如李、张。现稿均依古人，用名不用姓，建议用姓、不用名指代。文字方面要达到“精炼的现代汉语书面语”的要求，尚须作相当的加工。

有关官衔宜尽可能用全称，如“侍读周德润”宜作“侍读学士周德润”，“闽督”“粤督”“豫抚”等宜作“闽浙总督”“两广总督”“河南巡抚”；“英使威妥玛”宜作“英国驻华公使威妥玛”。

某些文字表达不严谨，如：“全镇一切主要消费品均属土制，食土产，衣土布，非惟洋货不易多见，即土货、广货亦视为珍奇”，既“均属土制”，何故又“视为珍奇”？又宜如：“亏累已缩小一倍有余”，一倍只用于增加，缩小一倍，费解。

还有错别字，如“日摄其势”，应为“日慑其势”等。

以上这些也可算作我献给编纂《清史》大工程微不足道的绵薄之力。

三十三、何必“攀龙附凤”

《世纪》杂志2005年第五期刊发了题为《辜振甫·陈宝琛及其他》一文，文称：辜氏“外祖父是末代皇帝溥仪的老师陈宝琛，姑父是清末大买办、大实业家盛宣怀”，6月5日上海《文汇报》“新书摘”专栏对此文做了摘要转载，着眼点也是说辜振甫的“外祖父是末代皇帝溥仪的老师陈宝琛，姑父是清末大买办、大实业家盛宣怀”。

经此一辗转宣传，我们陈家又同近代名人辜鸿铭沾亲带故了。有的亲友来电询问，更有的说，陈家是旺族，把方方面面的命主贵显人物都搭上了。我以为家族只能说明历史，凡事须凭事实。没有这回事，不能这样沾亲带故、攀龙附凤。

历史学就是讲事实，不得演义，更不得胡编。陈宝琛是我的伯祖父，我对陈家，特别对陈宝琛的亲亲友友作一些了解，他有六男九女，没有一个与辜家通婚的。就是同台湾有关系的，那是陈宝琛的妹妹陈芷芳，也就是我的姑祖母，她嫁到台湾巨室林尔康。厦门鼓浪屿菽庄园先前便是林家在甲午战后举族内渡所置的产业。他因见我祖父宝瑄公早故，子幼无女，将他的四女师桓（又名瑜贞）给我的祖母为义女，我的姑母出适林尔康和陈芷芳的次子林熊祥（字文访，曾任台湾通志馆总纂、省文献委员会主委）。陈、林两家两代联姻，陈芷芳和陈师桓两人由姑侄而成婆媳，林熊祥既是陈宝琛的外甥，又是他的女婿。严复曾浼陈宝琛为其三子严琥（字叔夏，福建协和大学教授，新中国成立后出任福州市副市长）作伐，陈宝琛属意于自己的甥女、亦即林尔康之女、林熊祥之妹林慕兰。辜振甫夫人严倬云女士是严叔夏和林慕兰的长女，严复的孙女，陈宝琛的外甥孙女。陈、林、严三家这层姻亲关系也许是作者将陈宝琛错当辜振甫外祖父的由来。

对于这一说法，我最早见于台湾出版的高拜石著《古春风楼琐记》，网上也屡有流布。为了免以讹传讹，有必要撰文予以澄清。于是，我写了一篇短文题《辜振甫·陈宝琛及其他》投给《世纪》杂志，很快就在“编读往来”专栏刊发。

我对“盛宣怀是辜振甫的姑父”之说也做了考辨，认为此说也是不确的。我根据《龙溪盛氏宗谱》的记载，明确盛宣怀前后娶了董氏、庄氏、刁氏、秦氏、柳氏、刘氏和萧氏七房妻妾，没有一位姓辜的。盛宣怀不可能是辜振甫的姑父，其理至明。倒是盛宣怀第五个女儿盛关颐，人称盛五小姐，嫁给我的姑丈林熊祥之兄林熊征（字薇阁，这个字是陈宝琛取的），两人后来离异。我曾在上海图书馆所藏盛宣怀档案中看到日本人高木陆郎给盛宣怀一份有关台湾坂桥林家家庭和财产状况的详细报告，就是为了这门亲事，盛宣怀委托高木陆郎作调查了解的。看来这一说法可能错在又将林家的事扯到辜家上面。

所传辜振甫的祖父是清末名儒辜鸿铭，这也与事实大有出入。辜氏原籍福建同安，高祖辜礼欢早年由台湾转赴南洋，是英属马来半岛首任甲必丹。福建惠安辜氏族谱记载，辜礼欢有子安平，自幼送回国内读书，道光年间考取进士（但查清代历朝进士题名碑，未见登录），曾在林则徐幕中任职，后奉调台湾，便在台定居。辜安平有子名琴，他才是辜振甫的祖父。辜礼欢另一子辜龙池及孙辜紫云，在槟城经商垦殖，是辜鸿铭的祖父和父亲。辜氏这两系，虽然同籍同宗，但一在台湾，一在马来，相去甚远。查台湾鹿港辜氏世系，若从台湾开基祖算起，辜鸿铭为第五世，辜振甫为第六世，笔者曾读到辜鸿铭为辜振甫的父亲辜显荣题字，以宗兄弟相称，显然，辜鸿铭和辜振甫上下辈分只相隔一代，为族伯侄关系，更绝非直系祖孙。前几年出版的《中华辜氏源流总汇》两巨册，对辜氏谱系有详细的记载，可以稽考。

尊重历史事实，力戒以讹传讹，我认为这应是我们研究历史的工作底线。

三十四、任圣约翰大学校史编委

在本世纪初年，先后出版了两本圣约翰大学校史，都是由上海人民出版社出版，一本书名《上海圣约翰大学（1879—1982）》，2009年出版，一本书名《圣约翰大学史》，2007年出版。可能鉴于"约大"校友中，我是研究历史，尤其是中美关系史，两本校史，都被聘担任编委。先是经济系校友张昌炽发起组织校史的撰写，鉴于校友多已耄耋高龄，乃委托徐以骅任主编，上海校友会作为"组编"。徐以骅是复旦大学美国研究中心教授，普林斯顿大学宗教系哲学博士，他的祖父、父亲和三位叔父都是圣约翰校友，他的博士论文又是以"约大"为题材，是编写校史的最佳人选；校友会组织编辑委员会，以经叔平为主任，海内外各地校友会会长为副主任，并请几位高龄校友周有光（1906年生）、张问清（1910年生）、丁光训（1915年生）等题词，徐以骅写了主编序，上海校友会会长承宪武写了后记。

我们最初讨论编纂校史的宗旨和方案时，确定分上、下两编。上编从学术研究的视角对圣约翰大学的发展历程、学校特色、办学模式及历史遗产等，作一概要的叙述；下编则主要为校友和当年师长子女的纪念文章，是直接当事人对学校方方面面的历史回眸和生动追忆。还准备配上两百余幅圣约翰大学历史、校园建筑及其有关人物的图片，以期读者能对这所著名教会高等学府有较为直观的了解。

第二次会议经讨论后形成了具体的写作大纲。

全书上编定为"校史概述"，下设四章：第一、二两章圣约翰大学的发展历程，第三章圣约翰大学的办学模式，第四章圣约翰大学的历史遗产。下编定为"世纪回眸"，下设若干专题，选辑一些回忆性的文章，如：

“难以忘怀的母校恩情”、“忆母校生活点滴”、“文体活动与校园文化”、“回忆‘约大’戏剧研究社”、“圣约翰大学建系较早、规模最大的系——经济系”、“圣约翰大学的话剧活动”、“怀念我们的音乐研究会”、“圣约翰大学交响乐团”、“女声一绝——记圣约翰大学校友合唱团女声小组”、“追忆圣约翰大学昆曲社与陈从周先生”、“桃李遍天下厦宇留神州——忆校务委员会主任杨宽麟教授”、“从‘红色资本家’到国家副主席——1950—1951年校董会主席荣毅仁的光辉一生”、“我敬佩的沙利文博士”、“怀念经济系系主任赵绍鼎教授”、“怀念加拿大和平战士文幼章——记教育系的一位优秀老师”、“一代宗师孟宪承”、“中国整形外科先驱——医学院倪葆春院长”等等。我写了一篇追念一位政治系教授的短文:“潘世兹教授——我永远尊敬的师长”。

关于书中是否要加附录,有的主张加,有的认为不要加,若加附录就等于手册工具类图书了。我觉得应该加,因为史是记载和解释作为一系列人类活动进程的历史事件的一门学科;也是对当下时代的映射。历史在于用材料说话,若没有实在的东西就失去说服力。再说,附录是为了对校史内容的重要补充,编入正文之后毫无损于正文的处理和逻辑性。编委会讨论的最后结果,一致同意加附录。出版时的附录加了七个:附录一为“校徽、校歌”,附录二为“大事年表”,附录三为“历届董事会、行政人员、教员名录”,附录四为“历届毕业生、肄业生名录”,附录五为“‘约大’校友会沿革及各地校友会概况”,附录六为“历届世界各地校友联谊大会”,附录七为“外国人名汉译表”。事实证明,附录具有极强可读性。书稿编成后,送各地校友会审阅,有些校友看后不太满意,于是由校友会重组编委会,请上海社科院历史研究所熊月之和周武任主编,组织所内一些专家分工撰写,由“约大”校友、时任上海社科院院长张仲礼作序,主编写了前言,于2007年5月亦由上海人民出版社出版。这部书的作者在充分挖掘圣约翰大学档案资料的基础上,结合其他文献资料和口述资料,放到中西文化交流和上海城市社会变迁的双重背景下加以考察和论述,全书九章,采取纵向与横向并举的方式来展现圣约翰大学从一所普普通通的洋学堂发展成为一所学子趋之若鹜的顶尖名校的历程。纵向研究，意在展示圣约翰大学从创校到最终被裁撤的特殊轨迹及其阶段性；横向研究，选择圣约翰大学发展过程中的一些关键性的层面，如管理系统与管理实务、系科结构与课程体系、英文教学与国文教学、校园与校风、社团与刊物、教员与校友风采等进行深入的考察和分析，借以说明圣约翰大学的独特性，以及圣约翰大学之成为顶尖名校的深层原因。有七个附录，与徐以骅本大体相同，只是多了“圣约翰大学自编校史稿”和“圣约翰大学章程举要”和“参考文献要目”。

校史出版后，在召开“约大”校友世界联谊大会上分赠与会校友。“约大”校友每两年举行一次世界联谊大会。自1988年起先后在香港、上海（与北京联办）、加拿大温哥华、美国华盛顿和台北举行这样的联谊大会。

三十五、一曲《锁麟囊》让我百感交集

自二十世纪八十年代开始，圣约翰校友一直呼吁复校，大陆校友荣毅仁、经叔平等并已准备筹集巨款作为复校经费，但未获批准。而台湾校友会辜严倬云、沈祖海等旅台校友捐资，联合圣玛利亚女校在台校友会和基督教台湾圣公会共同筹办，于1967年在台北县历史上称为“沪尾”的淡水镇新埔购地创立“新埔工业专科学校”。“新埔工专”于1999年改制为新埔技术学院，2003年更名圣约翰技术学院，2005年升格为圣约翰科技大学，自后以恢复圣约翰大学为未来目标。

2007年4月台湾圣约翰科技大学举办圣约翰大学创办一百二十八周年暨在台复校四十周年庆祝活动。我和上海圣约翰大学校友十九人应邀参加。4月25日我们一行飞抵香港，香港校友会负责人已在机场迎接，并且派人带领我们很方便地在机场内办理了台湾入境手续，换乘飞机飞往台湾桃园机场。

这次岛外来台参加庆祝活动的校友，除上海外，还有来自北京、杭州、香港以及美国和澳洲等地校友共九十多人。庆祝大会于4月28日在学校百龄堂举行，由校长杨敦和博士主持。开场时几位在校男女生双手擎起圣约翰大学、圣玛利女校和圣约翰科技大学的校旗，在各校校歌的乐声中依次庄严地步入会场，增添了大会隆重肃穆的气氛。

学校董事长辜振甫夫人严倬云女士（严复孙女、教育系校友）在会上做了热情洋溢的讲话，她当场宣布捐赠一百万新台币作为学校发展经费。香港校友会会长周玉卿接着表示香港校友也向学校捐献新台币一百万元，他幽默地说：“我们不能超过辜严董事长啊！”说得大家莞尔而笑。我想，为学校,特别是为母校献爱心是没有限制的,说“不能超过”,显然是谦辞。

中午在百龄堂开设盛宴,几位海内外校友上台演唱中外名曲助兴。一位北京校友清唱程派《锁麟囊》后,八十三岁高龄的辜严倬云女士也情不自禁上台续唱后半段,博得满场喝彩,这不仅仅字正腔圆,更在于唱词的感人。灾难过去、前嫌尽释、一家团聚。这是多么令人高兴的事情啊。

《锁麟囊》的故事梗概简单,但内容含义深刻。说的是,登州富户薛氏门中之女薛湘灵许配周庭训,嫁前按照当地的习俗,薛老夫人赠女儿一只“锁麟囊”,内装很多珠宝。结婚当日,花轿在中途遇雨,至春秋亭暂避;又来一花轿,轿中为贫女赵守贞,因痛感世态炎凉而啼哭。问明缘由之后,薛湘灵仗义以锁麟囊相赠,雨停之后各自走去。六年后登州大水,薛、周两家逃难,湘灵独漂流至莱州,偶遇娘家老奴胡婆,胡婆携湘灵至当地绅士卢胜筹所设粥棚,恰巧卢员外正在为其幼子天麟雇保姆,湘灵应募。湘灵伴天麟游戏于园中,触景伤情,顿悟贫富无常,她猛然见到六年前自己所赠锁麟囊,不觉感泣。原来,卢夫人即赵守贞,见状盘诘,才知面前的这位“薛妈”便是六年前慷慨赠囊的薛小姐,遂敬之如上宾,薛湘灵一家团圆并与卢夫人结为金兰之好。

辜严倬云女士当时唱的是“大团圆”一折,其中唱词,我还记得有这么几句:“回首繁华如梦渺,残生一线付惊涛。柳暗花明休啼笑,善果心花可自豪。种福得福得此报,愧我当初赠木桃。”

这段唱词唱腔把一家劫后余生,积善得报的喜悦心情淋漓尽致地表现出来。给人们留下了无穷的回味。此时此景,我也不禁百感交集。

校庆活动期间还举行王长龄主教感恩礼拜、校史展出、运动会和游园会,以及“对圣约翰的期许和展望”研讨会。校庆活动结束后,校方组织岛外校友参观故宫博物院和台北市容。

上海校友于5月2日离开台湾,在香港逗留三天,香港校友会安排我们入住湾仔湾景国际酒店,并且在中环上海总会设宴款待。原来香港的圣约翰校友每月有两次定期在这里聚会,已经坚持许多年,一次是年纪大的校友聚叙，一次是圣约翰中学和约青校友，后者虽年轻些，但也已都六七十岁了。这次知道我们来，来的人特别多，竟然坐满七桌。和我同席的大多是在香港打拼多年的医生、建筑师和企业家，虽然我和他们多数人过去彼此并不相识，但席间谈起圣约翰校园的生活细节，却依然令人眷恋和神往。菜肴是由当地一位校友美食家事先预定的，其中一道清炒小豌豆，竟要港币四百元，令人咋舌。尽管如此，我们仍然回味辜严倬云女士唱《锁麟囊》“大团圆”中“种福得福得此报”一段词。

回想起十几年前在上海举行一次世界校友联谊大会，一位海外归国的校友，走近校园内怀施堂的牌坊，便匍匐地上，亲吻脚下的泥土，口中喃喃道:“我回来了！ 我回来了！”旁边的人无不为之动容。这一次有两对耄耋之年的校友伉俪从美国远道而来，跋涉万里，坐着轮椅参加活动，这也令人不胜惊叹和钦佩。可以说，是圣约翰情结使我们在离校几十年后，依然迈开年老的步伐欢聚在一起，如愿“团圆”之梦。此后每隔两三年，香港、台湾等地校友会都主办过世界校友联谊大会，香港主办的一次，还是在租用从香港到新加坡的邮轮上举行的。

这次访问台湾，我又见到我的佩瑛三姐（这时萲猗一家已经自美国返回台湾）。不意相隔二十多年，三姐已九十多高龄，萲猗、镜堂夫妇陪我到宋美龄办的振兴医院去看望她，她躺在病床上，已经没有意识，不认得我，我呼唤她，没有答应，她当然更不会像往常一样叫我的乳名“伊九”了。离开医院时心中黯然。在十五个兄姐中，三姐和我最亲。她于2010年去世，不意那次看望竟成永诀，我只能无限悲怆地追怀幼时她带我在福州西湖划船和后来美国重聚的美好时光。萲猗乃在画画、授画，并在台湾士新大学讲授“美学欣赏”课程，创立“台北女性画会”，2006年带了她的学生画作在北京举行“女性·艺术·台北”画展，萲猗、镜堂夫妇还带我参观台湾的诚品书店。我还见到已故大哥陈绥在台湾出生的侄女陈明清。

三十六、上海中山学社与《近代中国》辑刊

《近代中国》是上海中山学社主办的学术辑刊，一年一辑。二十世纪八十年代末，全国历史学科（或哲学社会科学）规划会议在重庆举行，丁日初作为上海社会科学院经济研究所经济史研究室负责人前往参加。会上决定成立“中国近代经济史丛书编委会”，主任章开沅，丁日初为副主任，另还有若干副主任，具体操作由上海经济研究所承担。编委会成员有宓汝成（中国社会科学院经济研究所）、茅家琦（南京大学历史系），以及洪葭管（上海人民银行金融研究所）。因为上海经济所是承办单位，所以当时在经济所工作的徐元基（后调任上海社会科学院历史研究所研究员）、黄逸平（后任华东师范大学历史系教授）和我也都列为编委。后来编委又增加了王庆成、从翰香（均中国社科院近代史所）、陈诗启（厦门大学海关研究中心）、孔令仁（山东大学历史系）等。这个丛书编委会后来并没有出过什么“丛书”，只是从1984年下半年起出版《近代中国经济史研究资料》（第一期作《近代中国经济史研究通讯》，第二期以后才改为《研究资料》），属于报道各地研究信息性质。1990年5月停刊，前后共出十期。

1990年丁日初和我去湖南张家界参加一次湘潭大学主办的中国近代史学术研讨会，会议期间，丁日初告诉我，历史学规划会议上决定不再给予出版补贴，经济来源断绝了，主任章开沅决定不办了。丁日初心里很着急，认为这个刊物若停刊了，实在太可惜，因为办了十期，在经济史学界颇受欢迎。丁日初很谦逊，同我们商量。我表示，这个刊物还是可以继续办下去。丁日初听我要继续办下去的意见，十分赞同，问我怎么办下去？我建议继续出刊，内容不应再局限在经济史的研究信息，可以扩展到中国近代史各

个领域，但仍以经济史为主要内容，我特别建议刊物要改名。我们商量刊物可取名《近代中国》。《近代中国》这个刊名就这样定下来了。

我和丁日初算是福建同乡，我祖籍福州，他祖籍邵武。我的堂兄陈絜（矩孙，1913—1987），是老共产党党员，“一二·九”运动的重要组织者，1935年在燕京大学由姚依林介绍入党，是龚澎的入党介绍人，二十世纪四十年代下半期任中共地下党闽浙赣区党委社会部部长，丁日初在福州地下工作时期便同他相识。我们常在一起谈工作，聊家庭，彼此相知。我少年时便听说他的父亲丁超五（1884—1967）的名字。当时，丁超五不顾袁世凯的威胁利诱，不选袁而仍选孙中山为正式大总统。后来又追随孙中山进行护法斗争，拒绝曹锟贿选总统。民国十三年（1924），由孙中山指派他为中国国民党“一大”代表。丁超五拥护孙中山的“联俄、联共、扶助农工”三大政策，赞成国共合作。民国十五年在国民党“二大”会上当选为国民党候补中央执行委员，以后在1949年前的历届国民党全国代表大会上连续被选为中央委员。民国十七年任国民党福建省党部筹备处主任、福建省政府委员兼建设厅厅长，因不满蒋介石背叛革命的种种行为，旋即去职。抗日战争前后，潜心《易经》研究，著有《科学的易》一书。1945年夏，丁超五在重庆加入三民主义同志联合会（民联，即今民革前身），任中央监察委员。抗战胜利后，当选为福建省参议会议长。在参议会中，坚持反对内战，反对征兵征粮，并掩护和协助中国共产党的地下组织活动。新中国成立前夕，不顾国民党威胁利诱，断然拒绝去台。新中国成立后，丁被任命为华东军政委员会委员、福建省人民政府副主席（后改称副省长）。1950年，被民革中央任命为民革上海市分部筹备委员会召集人。1955年至1958年，连续被选为第一、二届民革上海市委主任委员。其间，他还先后担任第三、四届民革中央委员和第二、三届全国政协委员。

丁日初的妻子石玗青和我们也都熟悉，岳父石磊曾任国民党福建省党部书记。1949年，他拒绝省长朱绍良逃台之邀。可是，在1951年“镇反”运动中，被错杀。“文革”结束后，项南主政福建，石磊经过复查才获得平反，恢复名誉，并向石磊的家属表示慰问。《中国新闻》向国外发电，通报了中共福建省委决定为爱国民主人士石磊彻底平反的消息。香港《大公报》等境外多家报纸也同时发布了消息。石玗青因为曾协助丁日初的地下活动，多年后也从“反革命直系亲属”一变而为享受“离休”待遇。

丁日初早年参加中国共产党，曾留学日本。他和历史学家唐振常等推动由民革和民盟上海市委共同发起，于1987年成立中山学社。上海中山学社的宗旨是组织和开展上海地区孙中山研究的学术活动，交流社员的研究成果和资料；加强与国内特别是台湾、香港、澳门学术团体和有关单位，以及热心于孙中山学说研究的人士的联系，沟通孙中山研究的信息，搜索、交流研究成果和资料；建立与海外有关孙中山研究的团体、个人的广泛接触和合作，开展学术交流，弘扬孙中山的爱国主义精神。上海中山学社成立时第一任社长为赵祖康，丁日初被选为副社长兼秘书长。丁日初就把《近代中国》挂靠在中山学社，从此成为上海中山学社主办的刊物。

我没有参加任何党派，不论是民盟还是民革，最初并未参加中山学社，只是由于编辑《近代中国》的关系，才于几年后被推选为中山学社理事。我参加中山学社主要是协助丁日初编辑出版《近代中国》刊物，从1990年至2015年，已出版了二十四辑，每辑三十万字左右。

《近代中国》第一辑由丁日初任主编，我和沈祖炜任副主编。第二辑起副主编增加徐元基。从第六辑起不设副主编，增加沈渭滨、杨国强、顾卫民为编辑部成员，但看稿、看清样，仍主要由丁、徐、沈和我四人承担。2002年丁日初去世，中山学社决定由我从第十三辑（2003）起继任主编。我请了复旦历史系同事沈渭滨教授和我同在上海图书馆盛档组工作的丁凤麟（《解放日报》退休高级记者）担任副主编，便于就近商量；还请华东师范大学历史系教授易惠莉也担任副主编。几年来我们几位合作很愉快。

在我担任主编期间，我同丁日初一样，注重学术，稿件择优刊用。我和一些朋友在中山学社一次会议上都反复强调，中山学社既是“学社”，应当以“学”为主，《近代中国》也应当坚持办成学术性的刊物。我多次谈起，近代历史人物受到海峡两岸共同推崇的只有两人：孙中山和蔡元培，鲁迅在大陆被尊为“新文化运动的伟大旗手”，他的著作在台湾则被列为禁书。胡适在台湾受到万人尊崇而在大陆（尤其二十世纪五十年代声势浩大的思想改造运动中）成为主要的批判对象（近年来中国大陆对胡适的评价开始有所提升）。我们可以以孙中山的研究作为沟通两岸学者的桥梁，这也是中山学社成立的初衷。

《近代中国》的来稿，除了从举办历次学术研讨会的稿件中选刊部分外，还接受读者自动来稿。要求内容扎实，不务空论，不以哗众取宠，夺人眼球的稿件取胜。我们刊载了台湾学者如蒋永敬、陈三井、邵宗海、林满红、林素芬、林志宏，以及加拿大王尔敏、美国普莱斯（Don C. Price）、郑竹园、日本中井英基、渡边淳、武上真理子、小岛淑男、韩国朴明熙、金希教、澳大利亚黎志刚以及香港学者的论文，大陆经济史学界资深学者汪敬虞、王方中、宓汝成等人，研究孙中山卓有成就的广州中山大学历史系教授林家有、黄彦等，也多蒙他们赐稿，我们特别注意史坛新秀，有关硕士研究生和博士研究生、博士候选人的力作，我们都非常看重，对于这类论文都优先选用。

我从第十三辑起接任主编，正巧上海中山学社举办“纪念李烈钧、冯玉祥等辛亥先贤诞辰一百二十周年”和“纪念宋教仁先生遇难九十周年”座谈会。上海治中国近代史十多位学者教授在会上发言，他们都是行家，也是我熟悉的朋友。座谈会非常热烈，发言踊跃。其中不乏妙言真义。我决定将这些发言都在第十三辑刊载，占了好几个版面，非常凸出。事后有朋友向我指出，集中刊发这类纪念性的发言，把学术刊物政治化了。我在事后也意识到这个问题，对于一份学术性的刊物，大篇幅地刊发此类纪念文章，并不十分合适。此事引起了我的注意，我后来便引以为戒。

坚持“学术为上”，是刊物的宗旨。曾经有人建议可否抽出若干页面刊登商业广告，以增加经费收入。我不同意这样搞创收。作为学术性辑刊，它的效益就是编好杂志，提高学术质量。刊物宗旨既定，不要随意更改。

保证文字质量是提高刊物质量的重要方面。《近代中国》稿件及清样，早期经过徐元基、沈祖炜、沈渭滨，后来经过丁凤麟、易惠莉诸先生认真校读，因此“鲁鱼帝虎”之类的讹误较少；我因当时在上海图书馆工作之便，对于一些引文常常查引原书核对。一位著名的法学学者一篇关于孙中山与中国法律近代化内容的论文，我查对其引文，发现有数十处舛误，一一予以更正。对陈训慈《运书日记》，逐一改正文字，查对材料。一位朋友见状，便对我说：“没有见到像你这样做主编的，还要替作者去查引文。”我认为，做编辑就是要对书稿负责，对读者负责，文字不能有差错，而引文又往往是作者所忽略的。我在上海图书馆，有查找引文这个便利条件，这是职责所在，不容推却。编辑要查核资料，不得随意主观想象猜测，这方面我也有失误和教训。第十二辑有一篇论文作者“李细珠”，是中国社会科学院近代所研究员。我在文末作者介绍中，根据他的名字，自作聪明，写成“女”，闹出了笑话，后来在下一辑做了更正。可见，编辑，即使细末小事，也容不得马虎。

2009年《近代中国》编至第十九辑，此时我已年届八十，自觉不应再恋栈，便向中山学社当时主事者提出不再担任主编，他们和一些友人希望我再编一辑，编到第二十辑，凑成整数，功德圆满。到2011年我因癌症动手术，乃再次提出免去主编的请求。领导问我谁来接任，我把考虑多时的人选脱口而出：戴鞍钢。戴鞍钢是复旦大学77级毕业（我当时任这个班的班主任），留校任教，后师从周振鹤，攻读博士学位，他的博士论文获得全国首届博士论文奖，现是复旦历史系教授，他长期从事晚清史的教学和研究，治学扎实，总以史家之墨将纷繁复杂的历史呈现在读者面前。文如其人。我的建议得到同意，由戴鞍钢任执行主编，实际上全部由戴负责，但我很惭愧仍挂名主编，多次婉辞未允。

回顾参加《近代中国》十几年来，我只承担编辑工作，其他一切繁琐的编务工作，都由中山学社的同仁承担。由于新一届中山学社领导项斯文、鲍敏中、马铭德诸先生的努力，《近代中国》从第二十二辑起被列入CCSSI（前此已有列入）。

“不论长短论学术”，这是《近代中国》的编辑方针。

一般刊物字数多限定在八千字至一万字左右。我觉得只要文章有质量，就不应限于字数。当时，广东省社会科学院历史研究所黄彦曾问编辑部他有一篇论文字数甚多，能否接受。我们商量后，认为只要有内容、有见解、有质量的学术论文，我们都愿意接受。黄先生投来了大作《中国社会党述评》，“中国社会党”以往史学界较少注意及之，研究成果屈指可数，黄文根据大量原始资料，对有关史实做了深入的研究。我认真阅读后，认为此文不是一般的介绍，而是有述有评，观点寓于评述中，也是很有见解的学术论文。同时，此前学术界对于中国社会党的研究较为忽略，而在寥寥可数的研究成果中，多半对它持否定态度，不少重要史实也未有涉及。黄彦这篇文章认为，首先必须弄清楚“中国社会党究竟都做了些什么”这一类的问题，才能够对它做出更为全面公允的评价。有鉴于此，该文的侧重点是根据所掌握的原始资料对有关史实加以介绍，以利于进一步研究。尽管字数多，共有三万多字，排版之后共有四十六页，有人认为太长，要删约字数，我认为，有质量的文章不论长短。我们还是决定很快予以发表，即使篇幅长，仍将此文一次在同辑中全文刊发。

广东省社会科学院研究员、汕头大学原校长李时岳给我们投了一篇题为《〈天朝的崩溃〉读后》的文章，文章算是有感而发的。《天朝的崩溃：鸦片战争再研究》这本书提出了与传统观念相悖的看法，作者的职称评定曾因此受阻。李文高度评价这本书，难免有“唱反调”、“鸣不平”之嫌。但丁日初和我都认为，就文章学术水准而论，有质量就刊发。

我前已阅读《天朝的崩溃：鸦片战争再研究》这本书，作者茅海建1954年生于上海，中山大学历史系毕业，华东师范大学历史系硕士。时为中国社会科学院近代史研究所助理研究员、副研究员，后升为研究员，现任华东师范大学历史学系特聘教授。一看是华东师范大学毕业，师从陈旭麓，我饶有兴趣地读毕此书。打开目录一看，除“绪论”外，下分“清朝的军事力量”、“骤然而至的战争”、“‘剿’‘抚’‘剿’的回旋”、“广州的‘战局’”、“东南壁垒的倾塌”、“‘抚’议再起”、“平等与不平等”、“历史的诉说”等八章。我看章节标题就很有新意。我读了一星期，觉得这确实是本很有独到见解的新著作，公开出版李时岳的书评，这本身就是对其著作的肯定。

《天朝的崩溃：鸦片战争再研究》书中指出，忠、奸的对立作为叙说历史的主线，是中国传统史学常用的方法。奸臣欺蒙君主、陷害忠良、结党营私、施威作恶，则被视为国运衰颓的根源。作者称之为忠奸理论和“奸臣模式”。这种理论和模式，具有崇正黜邪、劝善惩恶的功能，又有掩护昏君粉饰秕政的作用，屡屡被官僚士子们用来解释那些他们不能解释或不愿解释的历史现象，一些文学作品也照此办理。忠奸理论和“奸臣模式”也就成为人们耳熟能详、最易接受的历史分析法，影响极为深远。我想，此书所以引起某些权威的非议并影响作者的晋升，其因盖在于斯。若此倒失公平，这是学术见解，不能以此排斥和打击作者。

再看看李时岳文章。他以卓越学术成就和正直知识分子的品格写了题为《〈天朝的崩溃〉读后》文章。一开头就说：“我以极大的兴趣读了茅海建著《天朝的崩溃：鸦片战争再研究》，并深深地为作者的才华和功力所打动。”文章接着说：

> 读后如沐春风、如饮甘露，在林林总总的有关论著中，别具一格。给人以清新的享受，用一句现成的套语，可以说是把鸦片战争的研究推上了新台阶。而且在其他民族战争的研究中乃至整个中国近代史的研究中，是不是也存在忠奸理论和“奸臣模式”的影响？是不是也存在“虚骄之气”和“迂阔之论”？是不是也存在“打肿脸充胖子”或阿Q式的精神胜利法以及用假话、大话、空话自欺欺人的现象呢？掩卷之余，令人三思。

我细细捉摸李时岳的读后感，再看看原著，我也深刻领会到，“忠奸理论”和“奸臣模式”不仅不是历史真实的概括，而且极有害于正确总结历史教训。这正如作者在文中郑重指出直接结论是：

> 中国欲取得战争的胜利，只需罢免琦善及其同党、重用林则徐及其同志即可，不必触动中国的现状。也就是说，只要换几个人就行，无须进行改革。它所能得出的最终结论是：为使忠臣得志，奸臣不生，就必须加强中国的纲纪伦常，强化中国的传统。也就是说，鸦片战争所暴露出来的，不是"天朝"的弊陋，不是中华的落伍，反而是证明了中国的圣贤经典、天朝制度的正确性，坏就坏在一部分"奸臣"并没有照此办理。于是，中国此时的任务，不是改革旧体制，而是加强旧体制，忠奸理论和"奸臣模式"没能指出中国失败的真正原因，而是让"奸臣"们承担了本应由中国旧体制承担的责任，从而就像保全皇帝的名誉那样，保全了中国的性理名教、文物制度的地位。在这里，琦善不仅做了道光皇帝的替罪羊，而且还做了中国旧有道统的替罪羊。

我和丁日初商量后，一致认为，好文章不论长短，李时岳这篇书评于是刊发在《近代中国》(第九期)上。

除了李时岳这篇文章，《近代中国》第五辑还刊发了陈敏之关于顾准的文章。

1995年收到顾准弟弟陈敏之给《近代中国》投稿，题为《顾准生平和他的学术思想》。这是作者陈敏之当面交给丁日初的。陈敏之是上海社会科学院部门经济研究所研究员，经济学家，1936年9月在上海职业界救国会由顾准介绍加入中国共产党的老党员。

陈敏之一直在编辑他的胞兄顾准的遗作、撰写了与顾准相关的著作。陈敏之在向丁日初递交文章时说了一席伤感的话，丁日初将这番话转告我，顾准的著述上海不敢接纳出版，《从理想主义到经验主义》在上海投了三个出版社，他们认为"吃不准"，要向上级有关部门送审，陈敏之不想为难上海的出版社，于是投香港三联书店，在1992年6月出版。陈敏之后来编的《顾准文集》，也是问了上海几家出版社，他们认为，顾准是敏感人物，吃不准，都被婉言拒绝出版，陈敏之通过朋友关系投贵州人民出版社，才得于1994年版出版。

《从理想主义到经验主义》一书，几经周转才在香港三联书店出版，陈敏之感慨万千，曾经多次对丁日初等人说："现在，历经艰辛，这本书终于见到了天日。鲁迅在为《白莽作〈孩儿塔〉序》中曾说过这样一句话：'一个人如果还有友情，那么，收存亡友的遗文真如捏着一团火，更觉得寝食不安，给它企图流布的。'这些年来，我手里捏着的不是一团火，而是一团熊熊烈火。现在，当我手里捧着这本装帧朴素的遗著，终于见到了先兄的遗墨。因此而能得以流布，心里感到的欣慰是难以言喻的；胞兄若地下有知，可能会稍稍感到意外吧，因为他根本没有想到他为我写的这些'笔记'，居然还会出版……"

丁日初明白这番诉说所表达的是陈敏之的伤感，更是他的兴奋喜悦之情，同时也是对《近代中国》的期望和信任。丁日初接到陈敏之这篇题为《顾准生平和他的学术思想》的文章，当天就找我（当时他是主编，我是副主编）商量，对我说，文章题目后面四个字是学术问题，而前面四个字却是涉及政治。我们的刊物能够刊发吗？我拿稿子回去细读后表示同意刊发，因为，我过去对顾准有一些了解。

我最初听到顾准的名字，是二十世纪五十年代初"三反"运动初期在华东局统战部时，上海报纸上用大字标题刊载中共上海市委重要干部黎玉（市委秘书长）、曹漫之（市民政局局长）和顾准（市税务局局长）等领导被开除党籍的消息。在统战部一次小型会议上，许涤新说，顾准一向是"福将"，这次也"翻船"了，言下有些惋惜之意。二十世纪七八十年代以来，从报刊上陆续读到一些有关顾准的文章，才开始对顾准其人有些认识。中国经济学泰斗孙冶方，于二十世纪八十年代逝世前郑重指出，他自己于五十年代在中国提出价值规律，就是受到顾准的影响。1975年孙冶方度过七年多漫长的单身监禁的苦难，出狱后获知顾准的部分骨灰洒在三里河的小河中，他每天清晨都要去三里河边散步，以寄托对亡友的思念。顾准生前也曾对张纯音（经济研究所研究员，已故）非常自信地说："冶方如果被放出来，他第一个要见的一定是我。"他们两人情深如此，可是，在历尽劫难以后，竟未能再见一面。这是一桩令人痛心的遗憾。

当丁日初同我商量时，我表示："要刊发就早些刊发，别处不发表，就在《近代中国》发表。"于是丁日初将陈敏之文章以及其他稿件交我处理。

晚上回到家，我重新又把这篇文章阅读一遍，这篇文章让我进一步了解顾准的生平和业绩。从陈敏之文章中，我深感顾准是位具有相当理论水准的老革命。他于1930年（十五岁）便以其在会计学方面的成就和造诣，在上海工商界崭露头角，被誉为"奇特的少年天才"。这时还组织秘密的马克思主义学习小组——进社，1935年加入中国共产党。二十世纪三十年代，有多部会计学著作问世。1934年完成的会计学著作《银行会计》，成为国内第一本银行会计教材，被各大学采用，同时开始在大学任兼职教授；曾任中共江苏省委职委书记和文委副书记。1949年上海解放，随军进入上海，任上海市财政局长兼税务局长。

顾准在1952年的"三反"运动中，主张依照税法规定的税率征收，强调"依率计征，控制计算"，不同意运动式征税，他不仅在会议上讲，还在自己主管的《税务通讯》上连发文章阐述自己的观点，结果受到撤职处分。

1956年顾准调入中国科学院经济研究所（现属中国社会科学院）任研究员后，开始研究商品货币和价值规律在社会主义经济中的地位问题，最早提出并论证了计划体制根本不可能完全消灭商品货币关系和价值规律，写成《试论社会主义制度下商品生产和价值规律》，成为我国提出社会主义条件下市场经济理论的第一人。在随后的反右运动中被划为"右派"分子。1962年下放劳动回到经济研究所，受孙冶方委托研究会计和经济，相继翻译了熊彼特和琼·罗宾逊的经济学著作；1965年，因当时在清华大学读书的外甥宋德楠与几个同学建立“现代马列主义研究会”，被视为组织“反动小团体”，顾准受到牵连，再次被划为“右派”。

在“文革”中，无论是肉体上，还是精神上，顾准都受到更加残酷的迫害。出于来自社会的强大压力以及对顾准的不理解，与顾准患难与共三十多年的妻子汪璧提出与顾准离婚，1968年4月更因不堪迫害而含恨自杀；五个子女宣布与顾准断绝关系，并断绝一切来往。

对于顾准一生悲剧，我深表同情，认为应该把他的生平公诸于世，教育后人。尽管遭受种种迫害，承受与亲人分离的痛苦，可是，顾准仍坚持独立思考，特别关注民主问题，坚持民主社会主义的理想，追问“娜拉走后怎样”（无产阶级取得政权以后怎样）的问题。

1974年12月3日，顾准因肺癌在北京病逝。临终前，他留给病床前的学生吴敬琏最后一句话，“中国的神武景气终将到来”，并要他“待时守机”。顾准的骨灰，一半遵照他的遗嘱，抛撒在他生前曾工作过的三里河路中科院大楼前面的小河里，另一半根据经济所的意见，安放在八宝山公墓后的老山骨灰堂。1980年2月，顾准终于被“恢复名誉，彻底平反”。

陈敏之的文章写道：多数读者只知道顾准是一个会计学家、经济学家，至于他在历史、哲学、政治等领域中的学术思想，则鲜为人知。这不足怪，因为在他连基本工作权利都被剥夺殆尽的年代，能活下来就已经是一种幸运，哪里还谈得上什么读书、思考、写作。现在保存下来并得以公开问世的遗作，是在一种十分奇特的条件下的产物，具有一定的偶然性。因为如果没有1972年冬陈敏之在北京寻找他和同他的晤见，没有1973至1974年这两年间顾准、陈敏之兄弟之间频繁的通信以及在通信中进行的学术讨论，就没有这些文稿面世。陈敏之这样说：“有趣的是1973至1974这两年，他在生活上的处境相对平静，是一个难得的可以充分利用的空隙，那么，他的这些学术思想大概也无法逃脱伴随他的躯壳一起离开这个尘世的命运。”

关于学术问题。我认为《从理想主义到经验主义》是很有价值的著作，它几经周折才由香港三联书店出版。王元化是最早读到此书的一位。他说"读了这些凝聚着智慧和心血的文字，不得不使人为之感动。他的这些笔记是在十年浩劫的那些黑暗日子里写的，没有鼓励，没有关心，也没有写作的起码权利和条件，也许今天写出来，明天就会湮没无闻，甚至招来横祸，这是怎样的毅力！"他欣然命笔为本书作序，序言这样写道："(此书)是近年来我所读到的一本最好的著作；作者才气横溢，见解深邃，知识渊博，令人为之折服"。"他对于从1917年到1967年半世纪的历史，包括理论的得失，革命的挫折，新问题的涌现，都做了认真的思索，这些经过他深思熟虑概括出来的经验教训，成为他的理论思考的背景，从而使他这本书成为一部结合实际独具卓识的著作。"

此前，我还读了陈修良的文章，题目为《坎坷一生的思想家顾准》(见《上海滩》1994年第六期)，文章说："上海，为现代中国奉献了一大批杰出的革命家和卓越的思想先驱。但是，集革命家和思想先驱于一身的人物毕竟是少数，他们是特别出类拔萃的勇士。我想，我们的老战友顾准应该是跻身这一行列而无愧的。"这是对顾准其人其事公正的客观的评价。

的确如此。说顾准"一生坎坷"，并非过分。在他身上，绝对找不到一分奴气或媚骨。"少年得志"，也许过于顺利而增强了他的自信；而自信常常表现为傲气。这种傲视一切的气概，在倡导每个人成为"螺丝钉"、"驯服的工具"的社会里岂能容得；而他又是一个有自己的主见、心口如一、说话毫无遮拦的直白人；这是他的优点更是他致命的弱点。

如今陈敏之在顾准逝世二十周年之际撰文纪念，很有必要。

在十九、二十世纪之交，顾准著述的出版刊发，在中国的知识界、思想界确实刮起了"顾准旋风"。吴敬琏在"中国需要这样的思想家"中说，学识渊博、言辞犀利只是顾准的外部特征，作为思想家，顾准的内在特征是对中国和世界历史中的一系列重大问题提出自己的独到见解，言人所未言。李慎之在《点燃自己照破黑暗的人》一文中引用泰戈尔的诗句来形容顾准说："如果你在黑暗中看不见脚下的路，就把你的肋骨拆下来，当作火把点燃，照着自己向前吧！”并说：“有人说，自进入二十世纪下半期以后，中国就再也产生不出独创的、批判的思想家了。这话并不尽然，我们有顾准。”许多学者读了陈敏之文章都赞叹，顾准是“拆下自己肋骨当作火把”照亮黑暗的革命家和思想者。

除了以上提及的几篇文章，《近代中国》既然为中山学社主办，乃专门立“孙中山研究”一栏。孙中山研究已成为史学界的一门显学，研究的起点较高，我们尽量选刊一些以往较少涉及或论述有所推进方面的论文，如日本学者武上真理子的《孙中山的科学哲学——以〈孙文学说〉中的“生元”说为中心》（第十九辑），林家有的《孙中山民生史观的回顾与思考——从同盟会对民生主义分歧谈起》（第十六辑）等。中国社会科学院近代史研究所研究员李玉贞谙熟俄文，苏俄档案解密后她多次赴俄查阅俄藏档案，根据俄方档案，著文撰述《对清末新政时期孙中山历史定位的浅见》（第十八辑）。

在《近代中国》刊发的文章，我记忆中比较突出的有如上几篇文章。

1

2

图1：在昆士兰与上海商业史研讨会学者（1997），右二为陈绛
图2：与佩仪在澳洲国立大学图书馆（1997）

图1：陈绛（右一）在刘铭传研讨会上与戴逸教授夫妇（1995）
图2：陈绛（左二）与山东历史学会会长戚其章夫妇合影

1
2

图1：1949年春与"约大"读联同学在浦东郊游

图2："约大"校友讨论校史编写，前排左二陈瀛寰（上海校友会会长）、左三鲁平（北京校友会会长）、左四陈绛，2005年在上海陕西北路宋庆龄爱心会所，此处原为宋家故宅，餐桌据云即当年蒋宋结婚时所用者

图3：与夫人在香港浸会大学（1984）

图4：在台北，左甥女郭慕猗、右侄女陈明清

1	2
3	4

1
2

图1：山西徐继畬研讨会后在平遥孔庙前题词："仰之弥高"，后立者任佩仪

图2：上海中山学社学术研讨会，左为日本神户市孙中山纪念馆名誉馆长山口一郎，中为孙中山孙女孙穗芳

1
2

图1：与姜铎（左）在人民大会堂

图2：与美国学者高家龙（前排中）在汪熙（前排左）寓所，后排左起金光耀、汪夫人董幼娴、傅德华（金、傅均复旦历史系教授）

1
2

图1：与“约大”台湾校友会会长辜严倬云在台湾圣约翰科技大学
图2：陈绛在翻阅资料

三十七、权把序言当祭文——追忆刘广京教授

二十世纪七十年代末，中美建交后不久，美国著名历史学家、《在中国发现历史》作者科恩（Paul Cohen）教授来华访问，在复旦大学历史系座谈时，我托他返美时向素未联系的刘广京教授，代为问候。科恩教授慨然允诺，并且告诉我说，他在耶鲁读研究生之时，中文便是刘广京教授一字一句教他的。我告诉他，刘广京教授与我是姑表关系，年长我十岁，他的母亲是我的姑母，是先伯祖宝琛公的女儿；他的祖母是先祖宝瑄公的胞姐，她们两人由姑侄而成婆媳，陈刘两家由是结为两代姻亲。抗日战争期间刘广京教授在内地西南联大求学，不久赴美，我在东南海陬一个小县读中学，当然无从谋面。我只是从美国的中国学研究资料中得知他也是研究中国近代史的，所以托科恩代为联系。

科恩教授不负所托，我很快便接到刘广京教授的来信，从此开始了我们三十多年的来往交谊。我将当时刚在《学术月刊》（1979年第4期）发表的拙文《十九世纪中叶向西方学习思想》寄去求教，文章之立论颇受五十年代出版的费正清、邓嗣禹《中国对西方的反应》（*China's Response to the West*）一书关于"冲突——反应"模式的影响，强调西方的侵略。刘广京教授接到我信后即时回信中委婉地告诉我说，近年来，美国史学界的研究动向，正转向探讨存在于中国本土的现代化因素，这也正是科恩教授后来写作《在中国发现历史》一书中"中国中心观"的主旨所在。八十年代初他应邀到北京大学讲学，来信给我说希望能顺道到上海，我向复旦大学外事处汇报后，发函邀请他来复旦讲学。后来他在上海历史学会做了"美国关于中国近代史研究"的报告，在复旦历史系做了"1867年京师同文馆的争

议”“从轮船招商局早期历史看官督商办的两种形态”两次学术报告，并由当时复旦历史系主任谭其骧教授设宴款待。这两篇讲稿后来先后在《复旦学报》发表。我在《近代史研究》发表《唐廷枢与轮船招商局》一文，提出1883—1884年上海金融风潮后招商局改组是官督商办由“商承”到“官督”形态转捩点的论点，便是受到刘先生后一篇论文的启发。

刘广京教授这一次到上海，很想阅读上海图书馆所藏盛宣怀档案中有关轮船招商局的资料，可是当时盛档整理尚未完竣，碍于规定，未能如愿。他意绪怏怏而走，我也深引为憾。1983年，我得到美国富布莱特奖金（Fulbright scholarship）将赴美国，广京教授获悉后很高兴地回信，热情而详细地告诉我来美注意事项，有许多细节都列上了——这些今天已成为常识，但在当时闭关多年，国门初启，无疑却十分需要。他在信中还附来好几份介绍信，以便我向有关大学联系。我结束在哈佛大学费正清东亚研究中心访问，返国前到伯克利加州大学。在学校东亚图书馆阅读图书，读到该馆珍藏的傅兰雅的许多手稿。在加州大学，刘广京教授为我安排一次学术报告，并宴请当地同行历史学家与我相识。也正是在这一次宴席上，我非常欣喜地邂逅在加州大学东亚图书馆工作的五十年前小学同学张伯渊。接着刘广京教授带我游览伯克利加州大学校区，又亲自驾车邀我到Davis他家中小住三天，受到他夫人Edith的热情款待。临别时，他引我进入他的书室，说：“你看哪些书有用，你拿走，就送给你。”我只挑选了台湾“中央研究院”近代史研究所的《中国近代化区域研究》当时已出版的五六本和联经出版社出版张玉法主编《中国现代史论集》一套十册，还有一本费正清送给他的英文本《美国与中国》；Edith特地到商店选购一册美国印第安人历史画册和一套镶有加州花卉标本的茶杯垫相赠留念。记得有一年Edith在圣诞贺卡上署她的中文名字“怡安”，刘广京母亲收到后，很高兴对人说：“我的洋媳妇会写中国字了。”我们谈起十年浩劫中他的母亲住在北京，被红卫兵强迫遣返福州，受尽当地“造反派”凌辱殴打，含冤去世，谈后竟相对默然无话。我明白刘广京教授一定把巨大的悲痛深埋在心中。我离美前夕，刘广京教授以当时出版不久的、他和费正清合编的《剑桥中国史》第十卷原版（即中译本《剑桥晚晴史》上册）相赠。

回国之后，与刘广京教授一直保留联系，来往信函多以学术交流，可记述者约有几件。当我翻译出版了他和朱昌崚教授合编的《李鸿章与中国早期现代化》（*Li Hung-chang and China's Early Modernization*），中译本由编者改名为《李鸿章评传——中国现代化的起始》，1995年由上海古籍出版社出版，刘广京教授为中译本写了序言。在序言中他引述了严复挽李鸿章联："使平生尽用其谋，知成功或不止此；设晚节无以自见，则士论又当何如？"表达了他对这位生前毁誉参半、身后盖棺未能定论的复杂历史人物的深切理解。另一件事便是台北"中研院"近代史研究所为庆祝他七十五岁寿辰，征文出版专集，我应邀写了《中国早期现代化的难题》，收入祝寿论文集，论文集由美国田纳西大学历史系郝延平和台湾近代史研究所魏秀梅编，取名《近代中国之传统与蜕变·刘广京院士七十五岁祝寿论文集》，论文作者多是刘广京教授知交友好和门人学生，来自世界各地，正如编者在序言中所说，"本书颇具国际性"。其后我翻译出版了《赫德日记——赫德与中国早期现代化》（中国海关出版社，2005），寄给他请教，他当时正在夏威夷度假，回信说："全书虽长，而一两星期一气看完，为平生阅读经验之快事（该书英文本前哈佛初出时已买到，但当时竟看不下去，而此次读译本反而兴趣盎然）。"信中对译文赞赏有加，颇多溢美之词，令我惭恧。此后他每有新著，常常寄赠给我，包括他的论文集《经世思想与新型企业》（台北联经，1990）和他与石汉椿（Richard Shek）合编的《中华帝国晚期的异端》（*Heterodoxy in Late Imperial China*）论文集（夏威夷大学出版社，2004）。刘广京教授生前计划与台湾近代史研究所张玉法、陈永发两先生合撰一部中国近代史，他分担晚清部分，张玉法负责民国时期，陈永发写中共党史，皆各该分担领域的名家，我们正拭目以待佳作问世，他的生前友好门人也正在为他九十岁诞辰筹备祝寿论文集时，不意海外忽传噩耗，我意外地获悉他在夏威夷因心脏病发作，突然去世，十分惊诧也十分惋惜。天不假年，他竟赍志以殁，思之泫然。

刘广京教授道德文章在海内外史学界相知者中，有口皆碑，尤其是台北“中研院”近代史研究所一些学者对他更是赞佩之至（他是“中央研究院”院士）。他的学术贡献，包括对中国近代史和轮船招商局研究，都由他的门人黎志刚教授继承。黎志刚教授香港人，早年毕业于香港中文大学，受教于著名经济史学家全汉升教授，获得硕士学位后，在刘广京教授指导下攻读博士学位，完成有关招商局历史的博士论文，此后数年遍访世界各地大学及图书馆，尤其多次在上海图书馆认真阅读馆藏浩如烟海的盛宣怀档案中有关招商局的全部资料，实现了其先师的遗愿。我常常称赞志刚掌握招商局史料之夥，海内外史学界没有一个比得过他。黎志刚搜集广京教授有关招商局历史遗文，编成《刘广京论招商局》一书，列入《招商局文库》，2012年由北京社会科学文献出版社出版。因2011年年初我身体发生癌变，住院切除，病后衰惫，无以报命，但又觉得义不容辞，便勉力写了与刘广京教授相知相交两三件小事，权作序言。可谓“以诚感人者，人亦诚而应”（程颐语），也正如杰弗逊所言：“真诚是智慧和友谊之书的第一章。”当我回首前尘，惘然于怀，不能自已；斯人已渺，遗篇犹存，曷胜人琴之痛。写这篇短文时，我年八十三岁（2011年8月），也算作刘广京教授的祭文。

三十八、我的三位父辈

我的堂伯父、叔父和姑母很多，都是曾祖父承裘公孙辈，我大都没有见过面。这里只谈谈同我多少有些关系的三位：大伯父陈懋鼎、十一叔父陈懋解和十八姑母陈懋恒。他们都是二伯祖父宝瑨公的子女——幼时听哥哥姐姐说，当时大伯祖父宝琛公从螺洲入城，常住在文儒坊，而宝瑨公入城，常来我们郎官巷家中住下。文儒坊和郎官巷都在全国著名的历史文化街区三坊七巷。文儒坊"陈承裘故居"2006年被列为全国重点文物保护单位，成为三坊七巷景点之一，我的郎官巷旧居也被列为历史文物建筑而被保护下来。

我二伯祖宝瑨的长子陈懋鼎（征宇）（1870—1940），年幼时便才华出众。九岁时写的咏灯花花五绝："万紫千红外，开成一支花。不愁风雨妒，春在读书家。"得到大人的激赏。清光绪十六年（1890），他与父亲宝瑨、叔父宝璐一同进京赴考，结果陈家三人同榜中进士，成为坊间美谈。后来，他历任外务部左参议、弼德院参议、俄文学堂监督、驻英国公使馆二等参赞，驻西班牙公使馆一等参赞、资政院议员等。

1896年9月，在时任刑部主事张元济的策划和倡议下，陈懋鼎和张元济、内阁中书王仪通、工部主事夏楷复四人，联名总理各国事务衙门呈请设立"通艺学堂"（北京大学前身）。陈懋鼎1912年4月，任北洋政府外交部参事兼秘书长，1913年去职。1914年7月，任金陵税关监督兼江宁交涉员。11月任济南道尹兼外交部特派山东交涉员。1915年8月，任参政院参政。嗣任国务院秘书、厦门交涉员、外交部顾问。1918年任参议院议员。

陈懋鼎身为清末民初的外交官、学者。在京为官期间，致力于推动新政；作为清朝外交官，曾任驻英国外交官。

驻外期间，他读了法国著名作家大仲马（1802—1870）的代表作《基督山恩仇记》，被书中的故事情节所吸引。故事讲述十九世纪八十年代法国皇帝拿破仑“百日王朝”时期，法老号大副爱德蒙·唐泰斯受船长委托，为拿破仑党人送了一封信，遭到两个卑鄙小人和法官的陷害，被打入黑牢。狱友法利亚神甫向他传授各种知识，并在临终前把埋于基督山岛上的一批宝藏的秘密告诉了他。唐泰斯越狱后找到了宝藏，成为巨富，从此化名基督山伯爵（水手森巴），经过精心策划，报答了恩人，惩罚了仇人。小说充满传奇色彩，奇特新颖，引人入胜。

陈懋鼎边读边将《基督山恩仇记》以文言文翻译出来，这是第一部中文译本，名取《岛雄记》。此外，他还潜心研究《易经》，撰有《修三居士易稿》，他的诗作后来辑为《槐楼诗钞》。他长期在清廷与北洋政府任职，一生经历了中日甲午战争、戊戌政变、八国联军攻陷北京、辛亥革命、袁世凯当权等重大事件，在诗中多有反映。因此，当时人们高度评价他的诗“有直笔，有隐衷，不愧一代诗史”。

将《基度山恩仇记》用文言文翻成中文的，他是第一人。译稿前几年交给出版社，至今尚待出版。他和戊戌六君子之一林旭是同乡，也是知交。《槐楼诗钞》中有些诗写到林旭。他学问非常好，也非常聪明，和清末民初一些文人有诗词酬唱交往。郑逸梅的掌故笔记提到他，说他多才。黄濬在《花随人圣庵摭忆》也称赞他的才华。我的堂兄矩孙回忆说：“我小时候，解元爷回家，大热天，他穿夏布裤褂，在大厅屋，坐在公座椅上，手执英文本《茶花女遗事》，高声朗诵，诵到高兴时，手拍大腿，叫声‘太史公写不出来啊！’即对我们说：‘你们长大了，也会读到的，就相信了。’”他研究《易经》几十年，是学问精湛的易学家。华东师范大学古籍研究所教授潘雨廷（1925—1991）的《读易提要》一书收有《陈懋鼎〈修三居士易稿〉提要》。他常住北京，后移居上海，我在福建，没有见过他。不过，近年福建省文史馆准备整理重印他的《槐楼诗钞》，已将清样寄来，要我校读作序，我校读后做了诗中提及的人名索引,但序文尚待动笔。

陈懋鼎异母幼弟陈懋解(夙之),我叫他十一叔父,出生时正值兄懋鼎中光绪己丑(1889)恩科解元,所以取名懋解,二十岁(1909)在美国柯克学堂(Cook Academy)毕业,陈家传统重文,当时只有他学工,去康奈尔大学学土木工程,1912年毕业,胡适在那一年才入康大。他曾笑着告诉我,"懋解"的英文名字简写MK,班上同学就叫他"猴子"(monkey)。他后来做过华北水利委员会委员长、南京中央大学工学院院长。二十世纪三十年代初他和茅以升、张含英等发起组织"中国水利工程师学会",被推为董事。商务印书馆的总经理原是王云五,后来是朱经农,王、朱都和国民党关系密切。新中国成立前夕要推一个无党无派的总经理作过渡,1949年1月李拔可、陈叔通等商务董事讨论后,便请陈懋解继任总经理,但他只在1949年初到二十世纪五十年代上半叶做了短短一段时间。

新中国成立前夕,为了避免战争炮火波及,他家从中山公园附近的兆丰别墅,迁到市中心王云五原来住的静安别墅。我在圣约翰大学读书时,星期天常常穿过中山公园去看他,他迁到静安别墅,我参加工作后仍和佩仪常去静安别墅看望。他和张元济是很好的朋友,那段时间我见他常常去淮海路上方花园张元济的家,商量商务馆的事。他的夫人是著名文人李宣龚(拔可)的妹妹。他很侥幸,1966年夏天去香港探亲(那时他儿子在香港,后来去美国),躲过了"文革"浩劫,再也没有回来,原来替他家看房子的女佣在里弄却代他受到"造反派"的批斗挨打。他的两个儿子陈纲、陈约和女儿都在美国,他晚年移居美国,已于多年前病故。

陈懋解的胞妹陈懋恒(1901—1969),字稚常,又名珊,我叫她"十八姑",是我们陈家的才女,她燕京大学毕业,师从顾颉刚先生,是历史学家,著有《明代倭寇考略》、《中国上古史演义》等,前年福建省文史馆还为她编辑出版了《陈懋恒诗文集》。她在"文革"中在里弄被迫劳动时,不幸去世。二十世纪八十年代初,谭其骧先生曾对我说:"你的姑妈十分有才气,可惜走得太早,未尽其才,不得施展所学。"

懋恒十八姑的小孩，也就是我的两位表弟赵之华和赵之云，都是围棋界的杰出人物，1962年都成为新中国第一批四段棋手（当时最高五段），常常击败老一代的围棋国手与陈祖德一起成为引人瞩目的青年棋星。兄之华，1936年出生，在上海市少体校围棋班任教练，“文革”中被打成“牛鬼蛇神”，身心遭受严重摧残，1975年病故。弟之云，1941年出生，曾参与福建省围棋队的筹建，“文革”中下放福建农村，后从事《围棋》月刊编辑、写作和围棋史研究工作。先后撰著围棋专著《围棋实战指南》、《围棋赏析辞典》等数百万字，是当代我国罕有和杰出的围棋史学家，于1996年病故。

赵氏兄弟比我年纪轻。他们不光围棋下得好，文史功底也非常好，研究围棋史。姑母在家里教他们学古琴、作诗词、下围棋。既懂文史，又精棋道，今天这样的人才很难得了。表弟媳许宛云，1965年获全国少年女子组围棋冠军（聂卫平获男童组冠军），她先嫁给哥哥之华，之华病故后嫁给弟弟之云。

十八姑比我大二十八岁，常同我联系，不仅血脉相连，专业也相通。我母亲二十世纪五十年代初来上海时住在她兆丰别墅家，我也陪母亲住在兆丰别墅，足有一年之久。虽然各自繁忙，无暇闲谈，但她的言传身教给我极大的教诲。她为人豪爽果敢，诚笃正直，事业又专注，谙经典史籍，能背诵儒家经典十三经中的十一经，工诗词、骈文，尤擅文史。1928年考入燕京大学历史系，师从顾颉刚，在京期间撰著《明代倭寇考略》、《春秋考异》。先后在圣约翰大学、东吴大学、中西女中等校任教，与中国女子画会陈小翠、陆小曼、周炼霞等女画家交往甚密。1940年为懋鼎伯父续译《枭雄记》、整理《槐楼诗钞》，编写《闽县螺洲太傅陈公年谱》、小说《铁网珊瑚》、《姚长子》及戏剧《乌孙公主》等。1951年应顾颉刚约请著《中国上古史演义》，1953年撰《秦楚演义》、《史可法》，点校《明史》。1955年赴北京协助邓之诚整理《中华二千年史》明清部分，1962—1963年参加《辞海》历史地理编写组工作。遗稿尚有《喇嘛教史略》、《春秋演义》、《双峰梦》、《红巾军》、《葛云飞》等及诗、词、曲、笔记等，被顾颉刚誉为“一代才女”。2010年，我应福建省文史馆的邀约，担任她的遗作《陈懋恒诗文集》的审校，并写了序言。

姑丈赵泉澄，也是燕京大学毕业，在校期间任校学生会主席，师从顾颉刚和钱穆，历史学家，著有《清代地理沿革表》等。

十八姑陈懋恒和姑丈赵泉澄对中国历史地图的绘制也曾作过贡献。1959至1960年间，曾在复旦大学历史地理研究室工作过。复旦史地所邹逸麟教授撰有《陈懋恒、赵泉澄先生印象记》一文做了简要介绍。邹文（《上海滩》2012年第十期）写道：

1959年《辞海》修订工作启动。谭其骧教授被聘为编委和历史地理分册主编。按照谭先生的意见，这次修订《辞海》历史地理部分，不能仅仅根据旧《辞海》的历史地名略加补充和修改，应该制订一份比较能够反映这一学科基本面貌，要有系统的历史地理词目。这就需要从历史典籍里去用心挖掘和搜索。那时，像邹逸麟先生这一批大学毕业不久的学生，正在谭先生主持下编绘《中国历史地图集》，没有时间做这项工作，于是谭先生就约请三十年代在燕京研究院的同学赵泉澄前来帮忙，将赵从上海社科院历史研究所借来复旦史地室承担此项任务。赵先生的具体工作，就是以顾祖禹《读史方舆纪要》为索引，从历代典籍中辑录历史地名。可是《辞海》出版时竟没有他们夫妇的姓名。一直到1999年版，经过他们的后人提出交涉，才补上他们的姓名。

赵泉澄当时家住在上海中山公园兆丰别墅，每日清晨乘车去复旦，单程需要一个多小时，路途很远。赵泉澄先生从不迟到，每天一早到来，就打开布包，拿出毛笔和墨盒，埋头工作，也不和我们聊天。有时我们在工间操时间，和他说上几句有关词目的话，他也只是微笑着答上几句，没有多余之言，甚至让人觉得他有些木讷。午饭后，我们往往会拼上几把椅子，躺下休息一会，他却立即工作，也不肯休息。于是有次邹问谭先生，说赵先生此人很怪，从不与人搭腔，以前你们在燕京时，是不是也这样的？谭先生说，过去不是这样的人，因为他在1957年被打成“右派”，所以现在很有思想顾虑，不敢随便跟别人讲话。邹又问谭，像赵先生这样老实的人怎么会被打成“右派”分子？谭说他也不清楚，不过，这类事是不便多问的。

邹逸麟《印象记》说：“后来我看了《清代地理沿革表》的序言，其中记述他三十年代在故宫积满尘埃的档案室里怎样翻找资料，可见是一位相当勤奋的学者；如今又读了宋路霞的文章，才知道他当年竟然还是燕京的学生会主席，自然是十分活跃的分子，后来怎么会被折磨成那个样子，实在令人伤心。”

姑母陈懋恒，也是谭推荐参与这方面的工作。1964年，中华书局上海编辑所约请谭其骧整理清人胡渭的《禹贡锥指》。谭实在太忙，没有时间参与，就推荐邹逸麟承担此项任务。当时中华书局想尽快出书，提出不用新式标点，不标书名号，只用句逗就行。整理后，邹没有把握，想请谭审阅。谭说他实在没有时间，可以请赵先生的夫人陈懋恒把把关。邹读过姑母的《明代倭寇考略》，对她的学问非常钦佩，但没见过作者本人。一听有这个机会，非常高兴，就拿谭的介绍信去兆丰别墅登门拜访。姑母得知是谭介绍来的，非常热情地接受了他的恳求，邹文说：“我进了她与赵先生的书房。房间里堆满了图书，白色的窗帘挂得很严实。我问，怎么大白天也挂窗帘？她说，这样可以尽量减少外界的影响。可见他们是如何专心致志做学问的。陈先生高度近视，看书的时候，书本几乎贴到脸上。过了一段时间，我去取稿，她对我的初稿提了不少宝贵意见，令我非常感动。”后来因为“文革”爆发，这项工作也就搁下了。到二十世纪八十年代重新启动，那已是后话了。

姑丈在复旦工做了足有一年的时间，将《辞海》历史地理词目初稿做完之后，就离开复旦，调到财经学院去。在“文革”期间，他们一家受到的磨难是可以想象的。到了七十年代，在一次有关《辞海》编纂工作会上，邹又见到姑丈，他写道：“只见他老了许多，背驼了，腰也弯了，雪白的胡须也没剃干净。”邹上去和他打招呼，没有打理，只是呆呆地看着我，似乎没有什么反应。邹逸麟回忆文章最后说：“陈先生一家四口都是极有天分的人才，又勤奋努力，各自在不同领域里成绩斐然。他们都是非常本分的人，既没有打扰社会，也没有侵犯别人，何以最后落到家破人亡的境地？如果我们不对以往的社会环境进行深刻反思，泛泛谈论‘今天为什么出不了大师’，又有什么意义？”读了这段话让我感慨万千。

三十九、编纂《陈宝琛年谱长编》

二十世纪八十年代末、九十年代初，电影《末代皇帝》在海内外放映，陈宝琛是影片中一个主要人物，引起许多人的兴趣。我应《上海滩》杂志约稿，在该刊1989年第四期发表《末代皇帝的师傅陈宝琛》一文，后来海外的亲友从香港《大成》杂志上读到转载的这篇短文。1994年6月福建师范大学历史系、福州市地方志编纂委员会等单位倡议召开"陈宝琛与近代中国社会"学术研讨会，我应邀参加，提交《陈宝琛的近代化思想与事业》一文，会后接受《文汇报》著名记者施宣圆访问，"谈陈宝琛的是非功过"（刊《文汇报》1994年8月28日，收入施宣圆《中华学林名家访谈》文汇出版社2003年），开始对有关陈宝琛的史料有所接触。

1995年我受聘为上海市文史研究馆馆员。除了参加馆内学习和几次外出参观考察，并由馆荐派参加中央文史馆主办的首届"国学论坛"，撰写学术论文《从〈中学〉到〈国学〉——兼论国学的现代性》外，于2002年写《〈落花〉诗所见陈宝琛的晚年心迹》。此后便以收集陈宝琛史料，编纂《陈宝琛年谱长篇》作为充实退休生活的一项工作。

陈宝琛（1848—1935）字伯潜，号弢庵、听水老人。福建闽县（今福州市）螺洲人。十三岁成县学秀才，十八岁中举，二十一岁登同治戊辰（1868）科进士，授翰林院庶吉士。三年后授编修，又三年，擢翰林院侍讲，充日讲起居注官、内阁学士兼礼部侍郎。晚清同治、光绪年间，与宝廷、张佩纶、张之洞等奋发言事，抨击朝政，直声震天下，为清流派主将。中法战争时因举荐唐炯、徐延旭统办军务失当，遭部议连降五级，从此投闲家居达二十五年之久。赋闲期间，热心家乡教育事业，辛亥革命期间出任山西巡抚，1909年复调京充礼学馆总裁，辛亥革命后仍为溥仪师傅，1935年卒于京寓，逊清特谥“文忠”，追赠“太师”。

伯祖父陈宝琛去世时，我才六岁，不太懂事。上了中学，上了大学，特别是在上海经济研究所从事中国近现代史的研究后，我对陈宝琛才开始有一些的了解。

我有志于编纂《陈宝琛年谱长编》，正巧上海交通大学出版社有出版“晚清人物年谱长编系列”的计划，约我承担其中陈宝琛一部。我初步考虑如下方案：

（一）本编根据谱主生平活动、事功及著述，按时间先后排列，分四卷编次：卷一、家居受业（1848—1864），卷二、通籍出仕（1865—1884），卷三、立功桑梓（1885—1908），卷四、辅佐幼主（1909—1935）。谱前另列“先世世系”，置卷首。

（二）本编体例，悉依上海交通大学出版社“晚清人物年谱长编系列”凡例约定。

（三）本编于每年年初记载时事，以见谱主的背景，唯仅择重要者，一般取四五则，并附以当年生卒之时人。

（四）本编日期采用公历纪元，后附农历年号干支，1912年后用民国纪元，后仍附农历干支。凡年、月可考而日期不详者，作“是月”，系于月末；月、日均不详者，作“是年”，系于年末。公元纪年用阿拉伯数字，农历用汉字。

（五）收录信札多未署年、月，或日期全无者，编者根据内容考订日期，用方括弧表示并略加说明，注于页末。未能确定者，作“信札”收录附录。

（六）挽联、诔文、墓志铭等写作日月不详者，列入亡者去世当年。

（七）谱主诗文已收入《沧趣楼诗文集》者，今不收入，仅裁篇名，以便查考，其中无具体写作月、日者，则以目录录入，作“本年诗”或“本年文”，系于该年年末。

（八）引用史料中难以辨认或疑惑之字，以“[ ]”表示。错、衍脱字，用“〈 〉”表示。引用史料中人名有用字、号者，今仍照原文不改，另见附录人名索引。仅于当年初次出现时，用“（ ）”注明其姓名。

（九）本编年谱正文用宋体，所据史料，用仿宋体，但直接用于正文者，仍用宋体；引用史料或录全篇，或择录部分文句。

“长编”目前还没有完稿，在还资料收集阶段，其间我得到许多友好的帮助。中国社会科学院近代史研究所档案馆馆长马忠文不但给我近史所藏劳乃宣给陈宝琛的信函复印件，还为我制做了中国第一历史档案馆藏有关陈宝琛奏章的碟片；上海图书馆历史文献中心梁颖不但让我阅读馆内历史文献中心所藏有关清人手稿，而且还复印了陈宝琛与张佩纶的来往信函几百封；同在中心的吴建伟在整理古籍中见到有关陈宝琛的资料，也都一一为我复印或拍照；台湾“中央研究院”近代史研究所林志宏先生送给我不可多得的民国期刊中所有陈宝琛资料的碟片；福建省文史馆连天雄复印给我郭曾炘《邴庐日记》手抄本和陈宝琛的妹夫高向瀛的《郁离岁纪》；等等。我自己也大量阅读了《清实录》、《德宗本纪》、《宣统政纪》，以及与陈有关的文集、年谱、日记，如《涛园集》、《谢章铤集》、《沈曾植年谱长编》、《那桐日记》、《荣庆日记》，胡嗣瑗《直庐日记》、李慈铭《越缦堂日记》、《翁同和日记》、《郑孝胥日记》、《许宝蘅日记》等等。我的侄女陈星从工程师职位退休后，我就全靠她的帮助输入电脑。资料收集整理，是非常耗费时日的事，目前资料已大体收集完竣，2015年开始编纂，争取用一年时间完稿，希望在2017年陈宝琛诞辰一百七十周年前面世。

四十　先世与家训

我出生在福州三坊七巷之一的郎官巷。我家世居福州螺洲，父亲于清宣统二年（1910）二月，从螺洲迁居城内，次年九月购置郎官巷这座住宅。螺洲陈家是福建名门望族，人称“螺洲陈”。五十年代初，我在每人都必须缴呈的干部自传中，填写自己出生于一个“封建官僚大家族”，完全出于自我贬责。近些年来，作为传统文化载体的世家家训和家风引起了人们浓厚的关注。2013年12月，上海《东方早报》刊载我的访谈录。记者在文前按语写道：“近代以来，由于经历了数千年未有之大变局，传统中国所尊奉的宗亲家族，既在伦理层面被否定，事实层面上亦遭瓦解。这样一来，中国文明的链条在宗亲一环上发生了断裂。事实上，讲究忠孝传家、诗书继世的旧式家族，正是传统中国社会的中坚、人才的渊薮。……我们要讲文化世家的故事，即自陈家始。”访谈录收入最近出版的《百年斯文·文化世家访谈录》（中华书局2015年8月），为此，我在口述自己度过八十多年的岁月之后，似乎有必要谈谈我的家世和我所体验的陈家家风。

家风是家族代代传承的风尚，它像润物无声的春雨，往往是抽象的无形的，很难用一两句话准确概括，但又往往是具体的实在的，潜移默化地体现在日常生活点点滴滴的一举一动中。

陈家在唐末从河南南迁福建，明洪武年间定居螺江，下传到我这一代已十九世。明代嘉靖十一年（1532）六世祖陈淮第一个成为进士后，从此科甲蝉联。十四世祖陈若霖（恕我在口述历史中不敬地直呼历代祖上的名字）起，开始显达，十七世陈宝琛更是位居清逊帝溥仪的太傅，成为祖上知名度最高的一位。陈若霖之后，五代都有人中进士、举人，综计明清两代，陈家中进士二十一名，中举人一百一十名。陈家螺洲祖屋厅堂和祠堂上悬挂“世进士”、“父子兄弟叔侄同榜进士”、“六子科甲”以及“南元”、“解元”等匾额，是许多陈家后人每引以为荣的鞭策。

陈若霖是陈宝琛的曾祖父，乾隆进士，道光朝官至刑部尚书、四川总督、工部和刑部尚书，我们叫他“尚书公”。福建有出地方剧《陈若霖斩皇子》，是闽剧的保留剧目，描绘他在人们心目中是一个刚正不阿、不怕权贵的清官。陈宝琛的父亲、我的曾祖父陈承裘，出生时正好陈若霖在湖广总督任上按狱，道光皇帝赏赐玄狐马褂，于是取名“承裘”，小字“楚恩”。陈承裘共有七个儿子，前六个是正室所生，陈宝琛最大，我祖父是第六个，后来偏房张夫人生了第七个。七个儿子，除了一个早殇，其余六人前三个进士，后三个举人，这也就是“六子科甲”匾额的由来。

陈宝琛的祖父陈景亮（弼夫）官做到云南布政使，我们叫他“布政公”。他于道光二十年（1840）中顺天乡试南元。和陈若霖一样，他为官正直，秉公执法，素性倔强，不畏强势，任户部坐粮厅监督、陕西乾麟督粮道，擢山东盐运使，咸丰十年（1860）任山东按察使，同年调任云南布政使。咸丰二年（1852）太平军包围武昌，巡抚同各司道商议防堵，无人肯去，他挺身而出，率两千官兵驰援襄阳道台罗遵殿，罗感泣涕零地说：“我与陈弼夫观察素未谋面，乃能破格相救如此。”咸丰九年（1859）罗调任福建巡抚，上任前特地绕道济南去看望他。陈景亮治军严明，曾有营兵牧马，马吃了稻苗，他马上追究责任。有人为此请命，景亮回敬说：“民以粮为命，吃了稻苗等于要人的命。”硬把牧马兵打了四十大板。陈景亮在山东当盐运使时，正遇上黄河冲缺，兰仪盐地都被水淹，盐务大受影响。人不可一日无盐，盐来自无穷无尽的海水，理应不费分文。中国历代都有对盐实行管制，一方面是要让老百姓都有盐吃，另一方面也是政府重要的税收来源，这显然对官民双方都是有利的。曾有当过盐官的人对陈景亮说：“盐官俗称‘盐糊涂’，不求甚解，名利兼收；倘若认真，自寻烦恼。”他听后不以为然，说：“如果当官的都存此心，那就完了。”他下令借钱给盐商，让他们修理盐灶滩地，盐业很快便有了起色。他早年任兵部职方司总办，专管武职处分，包括八旗都统、副都统以及参佐领以下官员有关弹劾之事。担任这些都统、副都统的多是亲王、郡王和侍郎，人们往往不敢遵守法规对他们依法处理。有一个担任都统的亲王推荐一名武官试箭没有中的，讨论处分时，同僚暗示说，这个人是亲王保荐的，要从宽处理。他说："司官只有依照定例办事，若果因为是亲王保荐，便违例处理，怎么能够服人心？"同僚笑他"太戆"，他说："我心口如一，不知其他。"他在官员初次考察（京察）时，没有通过，当时北京官场流传："陈弼夫素好倔强，得罪了王公，现在中暗箭了。"有人暗示他引退，他不为所动，表示："我守职尽责，不为利害欣戚。"道光二十二年（1842）他在兵部已十五年，当总办也已八年，兵部的尚书、侍郎等几个头目商量说："陈弼夫在部内任职多年，至今还一缺未补，我们要专折奏请给他补缺。"大家都同意，告诉他，要他先自拟一篇奏稿。他表示不可，说："夙夜办公，是司员的职责，此事断不可行。朝廷定例乃天下之公，不是为一人而设。现在因司员一人而破例补缺，人们以为是我钻营的结果，我何以自辩？我此后更难当差了。"同僚都赞叹他："宁可辞掉荣誉而不肯倖进，真是古人之风，难得难得！我们无不佩服。"

陈若霖、陈景亮父子这种耿直的风骨遗传在陈宝琛身上，使他在晚清同光年间成为清流派的一名健将。陈宝琛的父亲、我的曾祖父陈承裘在咸丰朝中了进士以后，没有利用他的祖父和父亲的人脉关系，遨游宦海，在官场上一显身手，而是淡泊仕进，回到螺洲，养亲教子。陈宝琛早年敢言直谏，弹劾贪官污吏背公营私，抨击当局权贵畏难昏庸，特别著名的是在"庚辰午门案"中，慈禧偏护身边的太监，他犯颜切谏，触忤了这位皇太后，赢得了朝野的赞扬。他与张之洞、张佩纶、宝廷等号称"清流"。中法战争中因荐人失察，受到降五级处分后回福建，在家乡举办教育事业，创设福建铁路。1908年慈禧太后病死，第二年陈宝琛应召"出山"．1911年补授山西巡抚，当时庆亲王奕劻当政，贿赂公行。他上任前照例要去庆王府辞行，奕劻的门客向他索要红包，被他严正拒绝。这件事张佩纶的孙子、他的女婿、也是我的姑丈张子美先生编他的《年谱》有记载。后来陆钟琦接任山西巡抚，辛亥革命中陆被阎锡山率领的新军杀了；陈宝琛改派为溥仪的师傅。他的后半生由此改变。

我的祖母是浙江巡抚王有龄的孙女。太平天国李秀成攻破杭州城时，王有龄在衙中自缢，后来谥“壮愍”。当时李秀成进了衙门，看到后说，这个人，各为其主，有忠心，还厚殓了他。我小时候听父亲评价李秀成，说这个人虽然造反，还不错，懂得忠义，能够优礼忠臣。

三伯祖宝璐，学问很好，名气不如陈宝琛大。他中进士后，当过礼学馆顾问，福建致用书院山长（院长）。1913年初去世时，年五十六岁。陈宝琛说他“治古文辞垂四十年，博极群籍，而尤肆力于经”。他对《易经》特别有研究，有《艺兰室文存》，受到许多人推崇。

三伯祖的次子、五伯父懋咸曾任南京国民政府最高法院推事。他以学问、清廉、能干著称。但是南京国民政府只重视国民党员，他由于儒家“君子不党”的思想，也看不惯国民党的腐败，不肯加入国民党，因此得不到提拔，一直是刑事第一庭的首席推事，不能提为庭长。院长是国民党元老居正，对他很尊重，但也不能提拔他。不久居正改任司法院长，国民党派焦易堂来当最高法院院长。当时最高法院的积案很多，急待清理，焦易堂提出印行一种表格，办案只要按表格填写，不须认真研究、论证、审理。他极力反对，当众批评这是“草菅人命”，与焦当场争论、冲突，同事们都不同意焦的意见，不能推行。1937年抗战爆发，焦易堂宣布战时特殊情况，这个方案必须实行，不必讨论。他十分不满，愤而辞职。抗战初，他在上海赋闲，居正来电请他出任上海孤岛第二特区地方法院院长（第一特区高等法院位于公共租界，第二特区地方法院位于法租界）。汪精卫投敌后，在南京组建伪政权，不断派人威胁、利诱，并派特务暗杀法院人员（当时被刺杀的有第一特区高等法院的推事郁华——郁达夫的哥哥及钱某），并且由日军出面，带领汉奸劫收。伯父按重庆事先的命令：“如武力劫夺，可全员洁身引退。”日本宪兵队怀疑法院有人与重庆方面有联系，将院内十余人全部逮捕。他被捕后，一个日本军曹审问他。军曹和他语言不通，用笔谈。军曹叫他写出简历，他写了举人出身，京师法律学堂毕业。军曹说，你是几十年老资格的法官了，为什么不接受南京政府（指汪伪政府）的任命？他回答说：我受本国政府的任命，怎能背叛？军曹问：如由日军直接任命，你能接受否？他回答说："你我为交战国，如我国占东京，任命你，你能接受否？"军曹见他大义凛然，写了"正义"两字作罢。陈家先人的事迹彰显了家风的传承。父亲的家信中也称赞五伯父"人极忠实，不作虚誉……吾族趋于衰替，他对后起之秀，必有无限期望"，勉励我"无负长者期许，力争上流。世业虽空，家声勿坠"。

家训是家风的文字载体。陈家没有唯一的家训，我所知道见之于文字的，有十四世祖尚书公（若霖）的"务存厚道以培家运；勿因小忿而失至亲"；十六世祖光禄公（承裘）的"忠孝只佳名，非愚无以尽实际；聪明原美质，守正方不入岐趋"；"创业历艰辛，安享当思能负荷；处盈防满溢，吃亏还算占便宜。"此外，大伯祖父陈宝琛为其三孙矩孙（絜）堂兄写的一副对联："持其志勿暴其气，敏于事而慎于言"；他手录诸葛亮《诫子书》中名句，给我父亲的直幅："静以修身，俭以养德；非淡泊无以明志，非宁静无以致远。夫学须静而才须学业。非学无以广才，非志无以成学。"虽没有用家训的名义，但都可以看出对后辈子孙的诫勉。陈绳（贻直）嫡堂兄生前曾写信告诉我：他于二十世纪八十年代初夜访矩孙堂兄，向他请教"吾家传世家训为何"，矩兄沉吟片刻说："吾家发迹于尚书公。公平生最重厚道，常以之训诫后人，实则'厚道'两字当为吾家家风之本。"螺洲老屋大厅两侧悬有一副楹联："谦卦六爻皆吉，恕字终身可行。"因此"谦恕"更为处世之准则。陈宝琛临终遗嘱"谦恭处世，和平持家"。他写给贻直兄的联句："与其过纵何如谨，到得能诚自会明。"也写了同样的联语给我胞兄叔常。这些都反映了儒家道德的要求和对人处事的准则。

我的叔伯辈都是以《易》卦取名，字号也取自《易经》。陈宝琛六个儿子名和字号，懋复（字泽来，号幾士）、懋侗（字泽野，号愿士），懋艮（字泽敦，号止士）、懋蒙（幼殇）、懋需（字泽信，号须士），懋随（字泽贞，号时士），都是典出《易经》。我的父亲名懋丰，字泽穰，号来章（《易经》"丰卦六五：来章"）；四伯父懋豫，号用刚（豫卦第十六，"象曰：豫，刚应而志行，顺而动，豫"）；五伯父懋咸，号虚谷（咸卦第三十一，"《象》曰：山上有泽，咸；君子以虚受人"）；六伯父懋师，号容民（师卦第七，"象曰：地中有水，师君子以容民畜众"）。这些用《易•卦》为孙辈取名和字，大概是曾祖父承裘光禄公的创意，由此也可看出陈家先人对儒家元典的尊奉和儒学传统的深厚底蕴。

陈家重视对儿孙的教育，在那个时代，当然是严格的"读圣贤书"的儒学教育，走科举之路。"诗书传家"是陈家引以为自豪和自励的传统。陈宝琛回忆他早年，他的父亲陈承裘就以名节勉励他，担心他"堕入俗尚"。平时常常对他讲述祖德和庭训，以及"道咸间所闻见士夫贤不肖行事，与夫生平亲接名臣硕士言论丰采"。陈宝琛说他的母亲林太夫人对他们兄弟要求也十分严格。他童时和几个弟弟早晨入私塾，放学回家，言谈不恭谨，站立不端正，书读错了句子，忘掉书中的义理，都要受到母亲的责备。陈宝琛二十一岁就中进士，入翰林，曾祖父常常写信告诫他不要躁进；他出任江西、甘肃学政，曾祖父又叮嘱他不要不顾是非，瞻前顾后。中法战争中陈宝琛受到降职处分，曾祖父劝慰他说："我担忧的就是你被提拔得太快了。"曾祖父的六个儿子都中举，邻里都来祝贺，他却沉痛地说："我的母亲临终时，握着我的手说：'你不要追慕有钱人，能够好好读书，作个好秀才，我就瞑目了。'"后来二伯祖宝瑨、三伯祖宝璐和二伯祖的大儿子懋鼎同时考中光绪庚寅（1890）恩科进士。我的父亲考中最后一科秀才，县试第五名，府试第二十名，那年他才十九岁，1905年科举停办了，于是去日本留学；不然的话，我想他一定会继续走举人——进士这一条传统科举之路。

陈宝琛在十九世纪八十年代中叶贬官投闲，废居故里，他在家乡二十多年主要精力放在兴办教育、培养人才上面。他曾出任福建著名的鳌峰书院山长，与林纾共同创办福建最早的新式学堂苍霞精舍；为派遣学生留学日本作准备而创办东文学堂；还创办福建最早的实业学校蚕桑公学。1902年陈宝琛改鳌峰书院为全闽大学堂，是福建最早的官办学堂，后改名福建高等学堂；他认为教育根本在于小学，而关键在于师资，1903年将东文学堂改组扩充为全闽师范学堂，任第一任监督，亲撰“化民成俗，其必由学；温故知新，可以为师”的训联，作为办学的宗旨。1907年校名改为福建优级师范学堂，也就是今天福建师范大学前身，因此他被尊为福建师大的首任校长，他的六子陈懋随（立鸥）于1997年捐资十万美元在福建师大和家乡螺洲创设陈宝琛教育基金。他还支持他的夫人、光绪状元王仁堪的胞姐王眉寿创办乌石山女塾，在全闽师范学堂附设女子师范传习所。陈宝琛也很注意培养自己儿孙接受良好的教育。他命前面三个儿子读了家塾后送入福州最著名、管教最严谨的教会学校鹤龄英华中学，（著名化学家侯德榜、数学家陈景润、南京国民政府主席林森都是英华校友，我的堂兄陈岱孙、胞兄陈绶、陈纯、陈绮，也都在鹤龄英华中学就读。他们在进入英华之前，都在家塾受教。）我自己虽然没有读过家塾，但是前面已经谈过，每年寒暑假父亲都要教我读儒家经典。德育在教育中居于首位。我们兄弟、堂兄弟这一辈都是以“纟”旁取名，下一辈用什么偏旁取名，请示陈宝琛，他说：“现在做人最要紧，就用‘亻’旁吧。”他所谓“做人”，就是要做儒家理想中的“君子”。所以他的孙子名“佶”“佑”“倜”“供”等，我的胞侄名“俱”、“倣”等，我的两个儿子“任”、“传”，都是用单人旁取名。

我的父亲是我们时代最后的儒者。他不饮酒、不抽烟、不佞佛、不信教、不求名、不逐利，洁身自好、淡泊简朴地度过他平凡的一生。他中秀才后，科举制度废除，他在他的义父、光绪状元王仁堪家，和王家表兄弟一同学英文，老师是福建马尾船政学堂毕业的学生，准备去英国留学（大伯父曾任驻英使馆参赞），只因祖母早年孀居，不忍远离，才改去日本。1913年他从日本大学毕业回国后，见到清朝已被推翻，便从此家居不出。旧居郎官巷中段原有一座孝子牌坊，是为颂扬清代嘉庆年间巷内孝子何旭履而立。抗战初为了防止日本军舰入侵，封锁闽江口，这座牌坊被拆毁填江。牌坊上端镌刻“孝子”两字的横匾没有运走，铺在巷内路面上，父亲见了，便雇工将它砌嵌在巷内拐弯处的墙上。小时父亲曾经对我讲起这个孝子的故事。父亲当然不是出于保护历史文物的用意，而是出于对孝子的尊重，惋惜孝子令名不要因此而湮没无闻。(郎官巷内还有一个字纸炉，外面写着“敬惜字纸”四字，幼时父母都提醒我说，见到地上有字的纸，不可踩踏，要捡起扔入字纸炉，这实际上是表示对传统文化的尊重。)小的时候另一件事却给我留下很深的印象。2012年10月上海市文史馆等单位主办的第三届敬老崇文论坛，我做了《“义利之辨”的现实意义——兼记幼承庭训点滴》的演讲，其中谈到一次偶然的事情，父亲立即引《论语》“己所不欲，勿施于人”来批评我。这篇演讲后由《解放日报》转载，其中“幼承庭训点滴”一段最近又被收入上海市学习型社会建设与终身教育促进委员会办公室编的《爱上这座城》(中国福利会出版社2015年2月出版)。父亲就是这样不失时机地用儒家的道德准则来要求和规范我的日常生活。我的大儿子出生时，他来信引经据典写道：大儿“吾以‘任’字取名时，联想到‘重’字。《孟子》曰：‘伊尹圣之任者也’”；又曰：“‘其自任以天下之重也’。吾之心意以‘任’为名，以‘明重’为字，亦可以为谱名。”次儿出生时，他来信写道：“取名我想以‘传’字为名，今岁吾年七十，《曲礼》‘七十曰老而传’，注：‘传家事任子孙’，谱名以‘明达’为名，并以为字’，‘有明德者，其后必有达人’，语见《左传》，汝以为何如。”两个儿子童稚时，父亲信中附来手抄唐诗五言十首，叫我选择其中“为所喜欢者当作唱歌唱曲，非所喜欢者勿去强他，并可于其中之容易认识之字渐渐教他，由少积多，不可求急。将来不怕文字不认识，所求者，胸中多有优良书卷文章”。

父亲谈到自己幼年读书体会说：“吾四岁念诵五言唐诗，兼认其中现字。五岁开春上学，开卷始按字读书，继而念诵经书，虽不晓其文义，但在十岁内所念诵之书至今尚多烂熟若流，十岁之外则否，非书在手，不能成诵。可见童穉所习，记忆最熟。”足见他对儿童教育的重视，他还来信说要佩仪嘱咐保姆教导孩子，“开发他的知识，不专是技能和智慧方面，凡是平时言语举动随时随地都可教说匡正，使其近情尽理，这是大有益的”，说明他更重视的是我们今天所常说的儿童素质教育。过了一个多月，他又用端正的蝇头小楷摘抄《孟子》的名句叫我教小孩。他写道：“读古人书有诗与文。二者异曲同工，互相为用（此专就古代典籍而言，后世文章则不如是）。诗以《诗经》为首要，书以《尚书》为开先。唯《书经》古奥艰深，极难诵读，《孟子》之书，义正辞达，文词通畅，最宜诵习。今先节取二十余则，以供儿童诵读。其中虚字（如之、而、者、矣、焉、哉、乎、也等字），儿童了解不易，唯有高声朗诵，句读分明，使于背诵烂熟中得到体会。”我童年受到母亲的诗教，前面已经谈过。父亲晚年希望我能够像他过去教我那样，用中华传统文化来熏陶、培养他的孙辈。可是我的两个孙子（琥、玖），出生海外，汉字一个也不认得，连汉语也说得结结巴巴，岂能寄奢望于他们呢，对此我只能徒呼负负、永愧于心而已。

图1：刘广京像
图2：年轻时的大哥陈绥（伯履）
图3：祖父画的团扇
图4：陈宝琛像

1	2
3	4

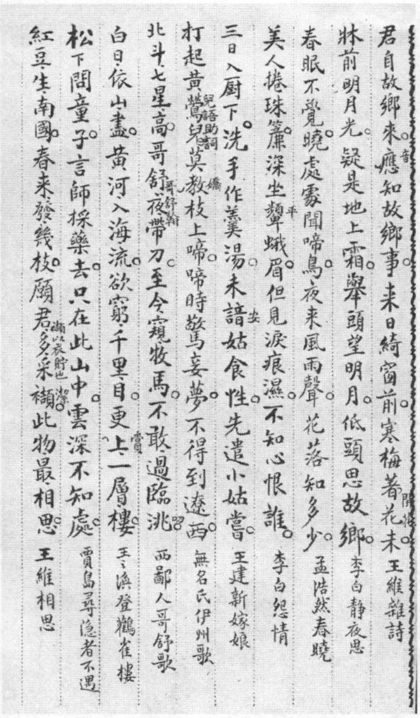

君自故鄉來。應知故鄉事。來日綺窗前。寒梅著花未。 王維雜詩

牀前明月光。疑是地上霜。舉頭望明月。低頭思故鄉。 李白靜夜思

春眠不覺曉。處處聞啼鳥。夜來風雨聲。花落知多少。 孟浩然春曉

美人捲珠簾。深坐顰蛾眉。但見淚痕濕。不知心恨誰。 李白怨情

三日入厨下。洗手作羹湯。未諳姑食性。先遣小姑嘗。 王建新嫁娘

打起黃鶯兒。莫教枝上啼。啼時驚妾夢。不得到遼西。 無名氏伊州歌

北斗七星高。哥舒夜帶刀。至今窺牧馬。不敢過臨洮。 西鄙人哥舒歌

白日依山盡。黃河入海流。欲窮千里目。更上一層樓。 王之渙登鸛雀樓

松下問童子。言師採藥去。只在此山中。雲深不知處。 賈島尋隱者不遇

紅豆生南國。春來發幾枝。願君多采擷。此物最相思。 王維相思

1 | 2

图1：父亲手书唐人绝句

图2：五伯父陈懋咸

图1：十一叔陈懋解（前排左三）与张元济（中）等合影
图2：十八姑陈懋恒一家
图3：与郭志坤（右）在虹桥陈寓（2014年11月30日）

附录一　我的生平事略年表

1929年

3月27日出生在福建福州城内郎官巷。

1940年

7月，在闽侯县立圣庙中心学校小学毕业；秋，考取从福州迁往永泰的格致中学初中。

1941年

4月，日本攻陷福州，格致中学内迁邵武，随母从永泰步行至南平。

9月，日军撤离，返福州，在家从师学习。

1942年

7月，转入三一中学续学，不久，以同等学力考入时迁闽清的私立福建学院附属高中。

1945年

高中毕业，升入福建学院经济系。

1947年

9月，转学上海，被圣约翰大学录取。

1949年

9月，大学毕业，被授予文学士学位；10月，考取上海复旦大学经济研究所。

1950年

7月，提前毕业，调入中共中央华东局统战部工作。

1953年

5月1日，与同事、上海大夏大学教育系毕业的任佩仪结婚。

12月31日，长男任出生（早产）。

1955年

5月22日，次男传出生。

1957年

2月，调入中国科学院上海经济研究所，开始从事经济史研究。

1958年

上海经济研究所和上海历史研究所从中国科学院剥离，与上海财经学院、华东政法学院合并成立上海社会科学院。由原经济研究所归入经济史组。

1963年

随黄逸峰赴北京参加世界科学大会。

1964年

11月，参加“四清”工作队，到金山县廊下公社参加“四清运动”，后转到佘山公社。

1966年

6月，返回上海原单位。参加“文化大革命”。

1968年

下放奉贤海边上海市直属机关“五七”干校（上海社会科学院属第六兵团）。

1969年

11月，到黑龙江呼玛县兴华公社“插队落户”。

1972年

7月，受兴华公社委派，与郑菊生同赴牡丹江一带调查社员政治历史问题。

1973年

8月29日，途中遭遇车祸，额头上缝十三针，可谓“九死一生”。

1976年

5月，调回上海。
9月，被临时安排在上海人民出版社当编辑。

1977年

10月，调入复旦大学历史系，曾任77级班主任和中国近代史教研室主任，历史系学术委员。

1983年

8月，获得1983—1984年度美国富布赖特奖金访问美国，在哈佛大学费正清东亚研究中心，其间曾在康奈尔大学、柏克莱加州大学作研究和讲学。

1984年

9月，回国。

1986年

赴北京接受美国驻华大使洛克代表美国方面授予富布赖特奖状。

受《辞海》编委会聘请，与熊月之同任《辞海》第五版编委兼中国近代史分科主编；后续任第六、七版编委兼分科主编，《大辞海》中国近代史部分主编。

1991年

11月，参加日本史学界组织的“太平洋战争再考察”国际研讨会。

1993年

获得国务院颁发的“为高等教育事业做出突出贡献”的政府特殊津贴。

1994年

8月，自复旦大学退休，因指导博士研究生未结束，延聘。

1995年

1月，受聘为上海市文史研究馆馆员。

1996年

9月，离开复旦大学，参加上海图书馆盛宣怀档案资料整理工作，后参加上图中国家谱资料整理选编。受聘为上海图书馆历史文献中心研究员。

1997年

3月，赴澳大利亚参加昆士兰大学主办的上海市企业史学术研讨会。会后在堪培拉任儿家中居住一年。

2002年

接替丁日初出任第二届上海市经济史学会会长，此后继任第三、四届会长。

5月，参加秋季高考上海历史学科命题，此后连续三年参加高考命题工作。

2003年

任《近代中国》主编。

2004年

4月，在澳门文化局和澳门博物馆主办"郑观应文物展"工作《招商局与郑观应》演讲。

2006年

担任专家组成员，审查上海版中学历史课程教材。

2007年

3月，上海成立盛宣怀档案研究中心，受聘为研究员。

4月，赴台湾参加圣约翰科技大学校庆活动。

2011年

1月28日，因肠癌在上海中山医院作切除手术；3月12日出院。

2013年

是年，应上海交通大学出版社约稿，开始编纂《陈宝琛年谱长编》工作。

2015年

5月，受聘为《辞海》第七版编委兼中国近代史分科主编。

附录二　著述略表

（一）著作

1.《伟大的十年　辉煌的成就》（苏绍智、陈绛、陶家祥），上海人民出版社1959年版。

2.《上海资本主义工商业的社会主义改造》（上海社会科学院经济研究所经济史组合著），上海人民出版社1980年版。

3.《旧中国的买办阶级》（黄逸峰、姜铎、唐传泗、陈绛），上海人民出版社1982年版。

4.《上海近代经济史》第一卷，（丁日初主编，上海社会科学院经济研究所经济史组合著），上海人民出版社1994年版。

5.《轮船招商局·盛宣怀档案资料选辑之八》（汪熙、陈绛编），上海人民出版社2002年版。

6.《中国家谱资料选编·经济卷》，上海辞书出版社2013年版。

（二）主编

1.《辞海·中国近代史分科》（主编熊月之、陈绛），第五、六、七版，上海辞书出版社1999、2009、2015年版。

2.《大辞海·中国近现代史卷》（中国近代史部分主编熊月之、陈绛），上海辞书出版社2013年版。

3.《近代中国》，辑刊，第1—12辑（1991—2002，编辑部成员、副主编）；第13—22辑（2003—2015，主编，第21辑起执行主编戴鞍钢）。上海社会科学院出版社出版。

（三）译校

1. 陈翰笙著《帝国主义工业资本与中国农民》(陈绛译，汪熙校)，复旦大学出版社1984年版。
2. [美]郝延平著《近代中国商业革命》(陈潮、陈任译，陈绛校)，上海人民出版社1991年版。
3. [美]刘广京、朱昌崚合编《李鸿章评传：中国近代化的起始》(陈绛译)，上海古籍出版社1995年初版，1996年第二次印刷。
4. 《李鸿章与朝鲜(1870—1894)》，([韩]金基赫著)，《韩国研究论丛》第一辑，上海人民出版社1995年版。
5. [美]庞百腾著《沈葆桢评传：中国近代化的开始》(陈俱译，陈绛校)，上海古籍出版社1995年版。
6. [美]费正清等著《赫德日记—赫德与中国早期现代化》(陈绛译)，中国海关出版社2005年版。
7. [美]卫三畏著《中国总论》(陈俱译、陈绛校)，上海古籍出版社2005年版。

（四）文章

1. 《公私合营工业两年来的发展》，《解放日报》1958年1月20日。
2. 《贯彻总路线过程就是正确处理人民内部矛盾的过程》，《文汇报》1958年7月6日。
3. 《经济发展既要高速度又要按比例》，《解放日报》1959年7月17日。
4. 《关于这个资本原始积累问题的探讨——陈绛、唐传泗、黄苇在上海经济学会年会上提出的论文的摘要》，《文汇报》1962年2月16日。
5. 《关于中国资本原始积累问题的讨论综述》，《文汇报》1962年2月16日(署名“史济今”)。
6. 《中国资本原始积累》，陈绛、唐传泗、黄苇，《江汉学报》1962年1期。

7.《关于洋务运动和旧中国产业革命的若干问题——上海经济学会1963年年会讨论综述之四》,《文汇报》1963年3月26日(陈绛整理)。
8.《旧中国的早期买办是怎么来的?》,收入《帝国主义是怎样侵略我国的?》第一辑,上海人民出版社1965年版。
9.《〈中国资本主义工商业的社会主义改造〉评介》,《学术月刊》1963年10月。
10.《十九世纪中叶向西方学习的思想》,《学术月刊》1979年1月。
11.《论洋务派工业技术的引进活动》,《吉林社会科学论丛·洋务运动讨论专辑》,吉林大学社会科学学报编辑部1980年2月。
12.《〈海国图志〉的增订与魏源的治学精神》,《书林》1980年1月。
13.《读宓汝成著〈帝国主义与中国铁路〉》,《经济研究》1981年9月;又见《经济学文摘》,1982年2月。
14.《十九世纪下半叶帝国主义对中国的经济、文化侵略》,《文科月刊》1983年3月。
15.《开平矿务局经济活动试析(1878—1900)》,《复旦学报·社会科学版》1983年3月。
16.《中国史学界关于洋务运动研究的新进展》(英文),美国《清史问题》(*The Late Imperial China*),第7卷第1期。
17.《林乐知与〈中国教会新报〉》,《历史研究》1986年4月。
18.《洋务运动与儒学传统》,《复旦学报》1986年4月。
19.《清季西方资本与长江航运的近代化》、《上海社会科学院季刊》,1987年4月。
20.《论辛酉政变》(作者:陈绛、杨苏荣),《复旦学报》1987年5月。
21.《丁日昌与晚清海防论》,《军事历史研究》1987年第3期。
22.《从1883年上海经济环境看洋务企业的发展》,第六届全国洋务运动史学术讨论会论文,未发表。
23.《末代皇帝的师傅陈宝琛》,《上海滩》1989年4月,(香港《大成》

转载)。

24.《张謇与周学熙企业活动比较》,《复旦学报·社会科学版》1989年5月。

25.《中国近代化的艰难起步》,《北京社会科学》1990年4月。

26.《唐廷枢与轮船招商局》,《近代史研究》1990年2月。

27.《中国近代化的艰难起步》,北京:鸦片战争一百五十周年学术讨论会论文,1990年8月。

28.《中国对外关系》,王国安主编《世界汉语教学百科辞典》,汉语大词典出版社1990年12月。

29.《评〈中国的现代化〉的名词翻译—兼及若干译本的译名问题》,《近代中国》第十辑,1991年2月。

30.《中国近代化的艰难起步》,《太平洋文集》(4)/《鸦片战争与中国现代化》,中国社会出版社1991年8月。

31.《在华西人与中国早期近代化》,《近代史研究》1991年2月,获“1986—93年上海市哲学社会科学优秀成果奖”。

32.《论太平洋战争对中国的影响》,《军事历史研究》1992年4月。

33.《西学传播与晚清社会的蜕变》,《复旦学报·社会科学版》1993年3月。

34.《抗日战争の遗产》,收入《太平洋战争》(日文),东京大学出版会1993年。

35.[澳]麦克尔·R·葛德利《从南洋视角看华人经营》,《近代中国》第四辑,上海社会科学院出版社1994年。

36.《江南制造局的建立及历史地位》,纪念江南造船厂暨中国民族工业诞生一百三十周年(1865—1995)/中国工业发展战略研讨会论文集,1995年。

37.《陈宝琛的近代化思想与事业》,《近代中国》第五辑1995年。

38.《档案研编与史学研究六人谈》(合作),《上海档案》,1995年2月。

39.《矻矻以求，厚积而薄发》，《安徽史学·史学沙龙/专家学者谈治学》1996年。
40.《我近来读过的10本书》，《福州晚报·名家荐书》1996年9月8日。
41. *Western Learning and Social Trans mutation in the Late Qing*, in Frederic wakeman Jr. and Wang Xi, ed., *china's Quest for Modernization: A Historical Pers pective,* the Institute of East Asian Studies, University of California, Berkeley,1997.
42.《记澳洲首次召开的上海商业史学术讨论会》，《近代中国》第八辑，1998年。
43.《德占胶澳：近代中外经济关系的一个实例分析》，《德国研究》1998年4月。
44.《英美学者笔下的严复》，《江海学刊》1998年3月。
45.《中国早期现代化的难题》，载《近代中国之传统与蜕变·刘广京院士七十五岁祝寿论文集》，台湾“中央研究院”近代史研究所1998年。
46.《赫德日记选译》，《近代中国》第十辑2000年。
47.《〈落花〉诗所见陈宝琛的晚年心迹》，《近代中国》第十二辑2002年。
48.《百年经济话沧桑》，《世纪》2001年第1期;《山西老年》2001年5月转载。
49.《中国早期现代化先驱—沈葆桢致吴氏兄弟手札读后》，《档案与史学》2001年。
50.《坚韧不拔、光明磊落的宋教仁》，《近代中国》第十三辑，2003年。
51.《蔡松坡将军的精神遗产》，《近代中国》第十三辑，2003年。
52.《从一个家族看传统教育向现代教育的嬗变—以福州螺洲陈氏家族为例》，《历史教学》2004年第1期。
53.《江南制造局的创立对中国早期现代化的意义》，《船史研究》第

19期，江南造船厂建厂一百四十周年（1865—2005）纪念特刊，2005年。

54.《辜振甫·陈宝琛及其他》，《世纪》2005年第5期。

55.《我与经济所20年》，载《天命年回首·上海社会科学院经济研究所建所五十周年征文选》，上海社会科学院出版社2006年9月。

56.《李敏周殒命新新公司》，《世纪》2006年第2期。

57.《从沈葆桢到刘铭传—论清中央政府对台湾治理的深化：刘铭传与台湾建省》，《海峡两岸纪念刘铭传首任台湾巡抚一百二十周年学术研讨会论文集》，2007年。

58.《獬豸触不直，白水长流芳——纪念林白水烈士就义80周年》，《福建文史》2007年3月。

59.《集邮杂忆二则》，《世纪》2008年第1期。

60.《严译〈原富〉的时代意义》，《历史教学问题》2008年4月。

61.《招商局珍档》，（胡政主编，担任其中档案点评四件：1.《李鸿章札总办轮船招商公局》/《企业开张的第一天》，2.《轮船招商局规》/《资本主义经营原则的生动体现》，3.《轮船招商总局章程》/《推行资本主义方针的里程碑》，4.《李鸿章奏招商局全数收回由》/《中法战争中的权宜之计》，中国社会科学出版社2009年。

62.《上海图书馆盛宣怀档案中的轮船招商局》，《上海档案史料研究》第六辑，2009年3月。

63.《潘世兹教授—我永远尊敬的师长》，载徐以骅主编《上海圣约翰大学（1874—1952）》，上海人民出版社2009年。

64.《从中学到国学—兼论国学的现代性》，中央文史研究馆首届国学论坛，《近代中国》第二十辑，2010年。

65.《盛宣怀与张謇》，《上海档案史料研究》第九辑，2010年11月。

66.《“螺洲陈”在三坊七巷的姻亲》，《近代中国》第二十一辑，2011年，收入《“三坊七巷与台湾”文化研讨会论文汇编，2011年12月。

67.《周而复“靖国神社事件”续志》,《世纪》2013年第1期。

68.《〈孟子〉“义利之辨”的现实意义》,《解放日报》2012年10月20日,收入上海市文史研究馆、上海市精神文明办公室、上海市老年基金会《敬老崇文文集》,中西书局2013年9月。

69.《中国家谱中的经济史》,《近代中国》第二十二辑,2014年。

(五)校注

1. 陈兰彬《使美记略》校注,《近代中国》第十七辑,2007年

2. 文廷式《知过轩谭屑》点注,《近代中国》第十八辑,2008年

3.《陈宝琛致弟宝瑨家书》,《历史文献》第十四辑,2010年4月。

4.《陈宝琛遗墨》(陈星整理),《历史文献》第十六辑,2012年4月。

(六)序跋

1. 王振忠著《近600年来自然灾害与福州社会》序,福建人民出版社1996年。

2. 毛德鸣编著《大独裁者——镜头中的希特勒》序,香港艺林出版社2000年。

3. 上海金融史研究的新成果—序《上海金融的制度,功能与变迁(1897—1997)》,《近代中国》第十一辑,2001年。

4.《研究晚清经济史的津梁——志〈晚清经济史事编年〉》出版,《近代中国》第11辑,2001年。

5. 陈潮著《晚清招商局新考》序,上海辞书出版社2007年。

6. 陈俱译《沈葆桢评传:中国近代化的开始》序,上海古籍出版社1995年。

7.《陈懋恒诗文集》序,海峡文艺出版社2011年。

8. 上海图书馆历史文献中心《江南制造局翻译馆》序,上海科学技术文献出版社2011年。

9.《〈李鸿章评传：中国近代化的起始〉译后记》，上海古籍出版社1995年初版，1996年第二次印刷。

10.《〈赫德日记—赫德与中国早期现代化〉译后记》，中国海关出版社2005年。

11.《胡政主编〈招商局珍档〉序》，中国社会科学出版社2009年。

12.《〈摇曳丹青〉跋尾》，《东方早报·上海书评》，2013年3月17日。

13.《招商局珍档》序，胡政主编，中国社会科学出版社2009年版。

（七）审校

1. 上海图书馆历史文献研究所编《盛宣怀档案名人手札选》两册，（特约审校：陈绛、徐元基），复旦大学出版社1999年。

2. 上海图书馆历史文献研究所编《上海图书馆藏盛宣怀档案萃编》（审校：陈绛、丁凤麟），上海古籍出版社2008年。

3. 福建省文史研究馆整理《陈懋恒诗文集》审校：陈泽山、陈绛、许宛云），海峡文艺出版社2011年。

（八）访谈

1. 施宣圆《陈宝琛的是非功过》，《文汇报·学林》1994年8月28日；收入施宣圆《中华学林·名家访谈》，文汇出版社2003年。

2. 林志宏、张鼎《陈绛先生访谈》，《史林》2013年增刊。

3. 郑诗亮、沈奕《陈绛谈螺洲陈家》，《东方早报·上海书评》2013年12月22日；《作家文摘》摘载2013年12月31日；收入《百年斯文·文化世家访谈录》，中华书局2015年。

（九）学术顾问

《二十世纪盛宣怀研究》编委会（常州市政协文史委员会/盛宣怀研究会，江苏古籍出版社2002年）

学术顾问：夏东元、陈绛、徐元基

《上海研究译丛》（上海社会科学院历史研究所，上海古籍出版社）

顾问：张仲礼、陈绛、魏斐德

（十）编委：

《中国近代经济史丛书》编委会，1985年。

《中国资本主义工商业的社会主义改造》编委会，当代中国出版社1997年。

徐以骅主编《上海圣约翰大学（1879—1952）》圣约翰大学校史编辑委员会，上海人民出版社2009年。

熊月之、周武主编《圣约翰大学史》编委会，上海人民出版社2007年。

孙逊、吴孟庆、沈祖炜主编《中国地域文化通览·上海卷》编委会，中华书局2013年。

（十一）学术职务：

中美关系史专业研究委员会第一、二届理事

中国经济史学会第二届理事、中国近代经济史研究会副会长

上海市经济史学会会长（第二、三、四届）

后　记

《陈绛口述历史》书稿即将付印，出版社要我写篇"后记"，那就长话短说。

2013年1月30日下午，上海文史研究馆沈飞德同志到江南大厦同我讲了口述历史的打算，他说了许多设想，我听后很兴奋，认为这是带有抢救性质，很有文献价值和教育意义的文史工作。沈飞德见我有共识，便要我认领一位馆员口述历史的整理工作。我当时也有编稿在手，觉得有所为难。但是，考虑到身为馆员，对文史馆交办的任务不得迟疑。当时选择《陈绛口述历史》的整理工作，主要缘于沟通之便，我与陈老是同乡（福建人）、同学（复旦），又是同馆员。我费了两个多月时间搜集了有关陈老的材料，作了概貌的了解。沈飞德同志对此甚为重视，4月12日上午，他陪我前往陈老住所一起开始采访。紧接着，我对陈老的著述和片断回忆文章作了一番梳理，列了他个人经历、事业、交往和见闻中的重点与亮点，归为三十六个专题，让陈老就此深入回忆。随后，利用星期假日在陈老方便时前往采访，每次访谈集中两三个专题，时间不超过三个小时，每成稿两三个专题即送陈老审读。

我们的工作紧锣密鼓地进行。2014年1月3日下午，上海文史馆口述历史研究中心举行了馆员口述历史编撰工作会议。会议将我的撰写大纲印发给与会代表讨论，与会者认为《陈绛口述历史》提纲符合口述历史中心编委会的编撰思想，体现了以"我"为本，符合讲述"我本人"、"我的先辈"、"我交往人的人"和"我见闻的人的活动"的要求。设想是美好的，可是到了成稿时又有相当的距离，而且进展很慢。这里有口述者和整理人双方互动的原因。就口述者而言，陈老非常低调，文中有关褒扬性的评语，如“创新勇气”、“治学之道”、“钻研精神”等统统被删去了，原因是说“做得不够”，这正是陈老先生的谦逊。我希望他讲讲故事，陈老却说，我一辈子埋首学术，平凡平淡，没有什么惊世之事。所涉事件不肯多讲，就“遇上潘汉年案”一节，在采访时反复问及有无牵累，他总是说没有。直至第五次采访才说出专案组把他的“日记”继而将“家书”抄去，由此引起恐惧，害怕小孩受惊又将两个小孩送乡下去避匿。《为小说<上海的早晨>提供素材》一节，也是多次采访所成。所以陈绛的口述历史是我边记录整理，他边审读边补充，因为有关人和事又进一步勾起了对往事的联想和回忆，于是不断在文中作了许多补充。由此，文章越写越长。

同时，陈老治学极为严谨。当整理文章送他审时，一审再审，涉及人事，慎之又慎，生怕偏颇而失实，斟酌检点，反复修改。他总觉得口讲与笔写有差异，前者疏松，后者严密。于是在审稿时陈老总是将某些口语化的句子改得严谨些，在人物之后加括号注，注其生卒年或字号，有的还加外文等夹注。他认为这样更加方便读者。陈老对每处引文一一查核原著，他翻箱倒箧寻找原作查证后才放心。书稿对“美国东亚研究中心”与“哈佛—燕京图书馆”表述有偏差，他给我写了三百余字的电子邮件予以解释。文中说陈老夫人“在学校偷安无事”，我改之为“在学校平安无事”，陈老不同意改，他说，“文革”中乱哄哄，又在停课中，何来平安？他坚持用“偷安无事”。带有文学色彩成语多被删改，如改“乐滋滋”为“得以安慰”，改“兴高采烈”为“高兴”等等，陈老认为这样平实。文中有“展开了激烈的评挤运动”句子，编辑提出了责疑，认为是“评级”之误。陈老为“挤”一字求证，特地拄着拐杖去上海图书馆寻找出处，在《社会科学》2006年第4期第19页，核实是“评挤”并复印一份给我。其严谨精神实在感人。

接受选题之初，我主张口述史与回忆录应有所区别，口述史应是口述者家世、个人经历、事业、交往和见闻中的细节和亮点，但要避免面面俱到。馆长和中心的负责人也同意我的意见，特别是不应“面面俱到，包罗万象”。我在开列写作大纲时立意以专题表述，不追求“全面周到”。陈老的看法却有所不同，他认为“不全面就会片面了解，就会造成漏洞和不真实”，于是在后来的四稿五稿，陈老又添加了不少内容，有的在行文加括号说明，虽然有些离题，但了解陈老的为人处世之道以及当年的环境有所参考。可以说，从体例到内容，我们不断深入交流、互动，逐渐趋于共识，最后形成此稿。

《陈绛口述史》是最早启动的，算是第一个落笔的，至今将近进行了三年时间，先后登门采访二十三次，其中在医院采访四次，电话和电子邮件无数次，几易其稿，仅陈老先生审读打印稿，审改了五遍。确实进行了一番艰辛的劳作。时间精力花费了不少，从中我也学习了许多，陈老的为人之道和治学精神深深感动了我。在断断续续的采访中，这位具有儒雅气质的学长连说了几个“无”字：“无欲则刚”、“无有旁骛”、“无二法门”、“无有一私”等，这不是文字游戏，确实反映了他的谦逊和质朴。《道德经》有言：“大音希声，大象无形。”其意谓，最好的音乐是没有声音，最大的形象是没有形象。笔者从中更感到意义之厚重，它正渗透着陈老先生的学术人生之灵魂。我领悟并概括其思想：“无欲则刚”，彰显了他一种学术创新勇气；“无有旁骛”，专致学术，展现了他一种特立独行的治学之道；“无二法门”，甘于清苦，体现他一种学术钻研精神；“无有一私”，乐于笔耕，昭示他一种学术献身精神。为此，有感于陈老先生的学术人生，又撰写一篇短文。这正是我整理《陈绛口述历史》的心得体会，也作为《陈绛口述历史》的被删部分的弥补。上海文史研究馆原馆长沈祖炜、副馆长沈飞德以及上海书店出版社完颜绍元、沈佳茹分别审读了书稿，提出了中肯的修改意见，口述历史研究中心副秘书长周峥嵘协力帮助，郁陈琳从复旦大学图书馆搜集并下载陈老部分论文、郭剑华帮助两次录像，在此一并表示衷心的感谢。

郭志坤

2015年12月6日

图书在版编目（CIP）数据

陈绛口述历史／陈绛口述；郭志坤撰稿．—上海：上海书店出版社，2016.1

（上海市文史研究馆口述历史丛书）

ISBN 978-7-5458-1195-7

Ⅰ．①陈… Ⅱ．①陈… ②郭… Ⅲ．①陈绛—回忆录 Ⅳ．①K825.81

中国版本图书馆CIP数据核字（2015）第261702号

责任编辑 沈佳茹
技术编辑 丁 多
装帧设计 郦书径

陈绛口述历史（上海市文史研究馆口述历史丛书）
陈 绛 **口述** 郭志坤 **撰稿**

出 版 上海世纪出版股份有限公司上海书店出版社
（200001 上海福建中路193号 www.ewen.co）
发 行 上海世纪出版股份有限公司发行中心
印 刷 江阴金马印刷有限公司
开 本 640×965 mm 1/16
印 张 16.5
字 数 210 000
版 次 2016年1月第1版
印 次 2016年1月第1次印刷
ISBN 978-7-5458-1195-7/K.209
定 价 52.00元

ORAL HISTORY

上海市文史研究馆
口述历史丛书

第一辑

杨小佛口述历史

沈　寂口述历史

童祥苓口述历史

邓伟志口述历史

姜义华口述历史

第二辑

丰一吟口述历史

陈　绛口述历史

汪观清口述历史

刘耋龄口述历史

林丙义口述历史

第三辑（即将出版）

颜梅华口述历史

高云龙口述历史

曹圣洁口述历史

吴彤章口述历史

邹逸麟口述历史